Testgetriebene Entwicklung mit JavaScript

W0226977

Sebastian Springer ist Diplom-Informatiker (FH) und arbeitet als JavaScript-Entwickler bei der Mayflower GmbH in München. Neben seiner Tätigkeit als Consultant unterrichtet er als Dozent an der Hochschule Rosenheim. Er ist außerdem als Autor für verschiedene Fachmagazine und Referent auf Konferenzen zum Thema Web- und JavaScript-Entwicklung tätig.

Papier
plus⁺
PDF.

Zu diesem Buch – sowie zu vielen weiteren dpunkt.büchern – können Sie auch das entsprechende E-Book im PDF-Format herunterladen. Werden Sie dazu einfach Mitglied bei dpunkt.plus⁺:

www.dpunkt.de/plus

Sebastian Springer

Testgetriebene Entwicklung mit JavaScript

**Das Handbuch für den
professionellen Programmierer**

Management
und Software
GmbH
Irschenhauser Str. 16
81379 München

Sebastian Springer
info@sebastian-springer.com

Lektorat: René Schönfeldt
Copy-Editing: Sandra Gottmann, Münster-Nienberge
Herstellung: Birgit Bäuerlein
Umschlaggestaltung: Helmut Kraus, www.exclam.de
Druck und Bindung: M.P. Media-Print Informationstechnologie GmbH, 33100 Paderborn

Bibliografische Information der Deutschen Nationalbibliothek
Die Deutsche Nationalbibliothek verzeichnet diese Publikation in der Deutschen Nationalbibliografie;
detaillierte bibliografische Daten sind im Internet über http://dnb.d-nb.de abrufbar.

ISBN:
Buch   978-3-86490-207-9
PDF   978-3-86491-647-2
ePub   978-3-86491-648-9

1. Auflage 2015
Copyright © 2015 dpunkt.verlag GmbH
Wieblinger Weg 17
69123 Heidelberg

Die vorliegende Publikation ist urheberrechtlich geschützt. Alle Rechte vorbehalten. Die Verwendung
der Texte und Abbildungen, auch auszugsweise, ist ohne die schriftliche Zustimmung des Verlags
urheberrechtswidrig und daher strafbar. Dies gilt insbesondere für die Vervielfältigung, Übersetzung
oder die Verwendung in elektronischen Systemen.
Es wird darauf hingewiesen, dass die im Buch verwendeten Soft- und Hardware-Bezeichnungen sowie
Markennamen und Produktbezeichnungen der jeweiligen Firmen im Allgemeinen warenzeichen-,
marken- oder patentrechtlichem Schutz unterliegen.
Alle Angaben und Programme in diesem Buch wurden mit größter Sorgfalt kontrolliert. Weder Autor
noch Verlag können jedoch für Schäden haftbar gemacht werden, die in Zusammenhang mit der
Verwendung dieses Buches stehen.

5 4 3 2 1 0

Vorwort

Sie entwickeln Webapplikationen mit JavaScript und haben immer ein ungutes Gefühl, wenn Sie Ihre ungetestete Applikation releasen. Oder Sie arbeiten an einer Applikation, die bereits seit mehreren Jahren existiert, und bei jeder Änderung entstehen neue Fehler?

Dann wird es höchste Zeit, dass Sie sich mit testgetriebener Entwicklung für Ihre JavaScript-Applikation beschäftigen.

Was bietet Ihnen dieses Buch?

Dieses Buch soll Ihnen dabei als Hilfestellung und Wegbegleiter dienen. Es behandelt grundlegende Themen wie die Installation und das Setup der Umgebung, aber auch weiterführende Themen wie die Integration von Tests in eine bestehende Anwendung oder den Umgang mit externen Abhängigkeiten.

Der Schwerpunkt liegt auf der Erstellung von Unit-Tests. Andere Aspekte von Tests wie beispielsweise Performance-, Integrations- oder Akzeptanztests werden nicht betrachtet, da dies den Umfang des Buchs sprengen würde.

Damit Sie dieses Buch sinnvoll nutzen können und es Ihnen auch für die tägliche Arbeit einen Mehrwert bringt, sollten Sie bereits über Erfahrung in der Entwicklung mit JavaScript verfügen und vertraut mit der Syntax der Sprache sein.

Wie können Sie dieses Buch lesen?

Das Buch ist so geschrieben, dass jedes Kapitel möglichst unabhängig von den übrigen gehalten ist und Sie so auch nur bestimmte, für Sie interessante Kapitel lesen können.

In den ersten beiden Kapiteln lernen Sie die Grundlagen der testgetriebenen Entwicklung mit JavaScript kennen und erhalten mit der Installation und Vorstellung verschiedener Testframeworks eine praktische Arbeitsgrundlage.

Das dritte Kapitel hat Workshop-Charakter. Hier sehen Sie, wie Sie mit einfachen Aufgaben, den sogenannten Katas, Ihre Fertigkeiten abseits des Arbeitsalltags trainieren und immer weiter ausbauen können. Dieses Kapitel geleitet Sie Schritt für Schritt durch die Bearbeitung einer solchen Aufgabe.

Nachdem Sie sich nach den ersten drei Kapiteln ein grundlegendes Verständnis der testgetriebenen Entwicklung angeeignet haben, erfahren Sie im vierten Kapitel, wie Sie eine flexible Infrastruktur unter Verwendung serverseitiger Testframeworks aufbauen können, mit der Sie verschiedenste Browser auf mehreren Systemen in Ihre Tests einbeziehen.

Kapitel 5 stellt Ihnen die sogenannten Test Doubles vor. Das sind Strukturen, die Sie im Rahmen Ihrer Tests verwenden können, um zusätzliche Informationen über Abläufe innerhalb der Tests zu gewinnen und Ihre Tests unabhängiger zu machen.

Im bisherigen Verlauf des Buchs lag der Schwerpunkt auf dem Testen von JavaScript-Strukturen. In der Realität ist JavaScript in den meisten Fällen sehr eng an die HTML-Struktur Ihrer Applikation geknüpft. Im sechsten Kapitel sehen Sie daher, wie Sie mit dieser Art von Abhängigkeit umgehen können.

Das siebte Kapitel zeigt Ihnen den Umgang mit asynchronen Operationen und deren Absicherung durch Unit-Tests. Außerdem beinhaltet dieses Kapitel das Testen von Quellcode mit Abhängigkeiten von einem Webserver, ohne dass Sie für jeden Test eine komplette Serverinfrastruktur zur Verfügung stellen müssen.

Kapitel 8 behandelt Workflows und Best Practices im Zusammenhang mit Neu- und Bestandscode, wenn es um die Einführung von testgetriebener Entwicklung geht.

In Kapitel 9 entfernen Sie sich etwas vom Browser und erfahren, wie Sie serverseitiges JavaScript in Form von Node.js-Applikationen testgetrieben entwickeln können. Auch hier lernen Sie verschiedene Frameworks und deren Einsatz kennen.

Das zehnte und letzte Kapitel stellt schließlich noch einige Werkzeuge vor, die das Testen von JavaScript-Applikationen einfacher machen.

Code zum Download

Den Beispielcode aus diesem Buch können Sie auf der Webseite zum Buch herunterladen. Sie finden sie unter *www.dpunkt.de/javascript_tdd*

Danksagung

An dieser Stelle möchte ich mich bei allen bedanken, die an der Erstellung dieses Buchs beteiligt waren. Vor allem Freunde und Kollegen waren eine wertvolle Quelle für Hinweise und Verbesserungsvorschläge.

Außerdem geht ein großes Dankeschön an den dpunkt.verlag und im Besonderen an René Schönfeldt, der das Buch mit viel Geduld von der ersten Idee bis zur Fertigstellung begleitet hat.

Nicht fehlen darf natürlich ein Dank an meine Frau Alexandra, die mich immer tatkräftig unterstützt hat.

Sebastian Springer

Inhaltsverzeichnis

1 Testgetriebene Entwicklung

JavaScript ist eine dynamische Skriptsprache für Webapplikationen. Mit ihr können Sie von einer einfachen Formularvalidierung über kleine Anwendungen bis hin zu komplexen Webapplikationen, die umfangreiche Businessprozesse abbilden, alles umsetzen.

Ein zentrales Merkmal einer Webapplikation, das sie von einer gewöhnlichen Webseite unterscheidet, ist, dass sie eine gewisse Applikationslogik beinhaltet. Durch dieses programmierte Verhalten reagiert die Applikation auf bestimmte Ereignisse wie beispielsweise die Interaktion eines Benutzers. Je mehr Logik in einer Applikation enthalten ist, desto wahrscheinlicher wird es, dass sich Fehler einschleichen. Diesem Problem können Sie begegnen, indem Sie Ihre Software testen.

Hierfür existieren zahlreiche Möglichkeiten. Die einfachste besteht aus dem manuellen Testen Ihrer Applikation, d.h., Sie entwickeln eine neue Funktionalität, testen sie im Anschluss und lassen sie im nächsten Schritt von unabhängigen Testern prüfen. Die Schwachstelle von solch manuellen Tests ist, dass sie nur mit hohem Aufwand reproduzierbar sind. Das bedeutet: Wenn Sie ein neues Feature entwickelt haben, müssten Sie eigentlich sämtliche Funktionalität Ihrer Applikation überprüfen, um sicherzustellen, dass keine bestehende Funktionalität negativ beeinflusst wird. An dieser Stelle kommen automatisierte Tests ins Spiel.

In diesem Kapitel erfahren Sie mehr über die Hintergründe der testgetriebenen Entwicklung und welche Auswirkungen diese Methode auf Ihre tägliche Arbeit hat. Außerdem sehen Sie, welche Voraussetzungen Sie für erfolgreiche testgetriebene Entwicklung erfüllen müssen und welche Vorteile Ihnen daraus entstehen.

1.1   Was ist testgetriebene Entwicklung?

TDD   Bevor Sie sich weiter mit testgetriebener Entwicklung (engl. Test-Dri-ven Development, TDD) beschäftigen, ist es zunächst hilfreich, wenn Sie eine klare Vorstellung haben, was dieser Begriff bedeutet und welche Konsequenzen der Einsatz dieser Methode mit sich bringt.

Bei der testgetriebenen Entwicklung schreiben Sie zuerst einen sogenannten *Unit-Test* und führen ihn aus. Dieser schlägt daraufhin fehl, da die Funktionalität noch nicht existiert. Danach entwickeln Sie den Teil der Software, der dafür sorgt, dass der Test erfolgreich durchlaufen kann. Im Anschluss daran können Sie Ihren Quellcode verbessern. Dieser letzte Schritt wird als *Refactoring* bezeichnet.

Unit-Test

Ein Unit-Test oder auch Modultest wird in der Softwareentwicklung ange-wendet, um die funktionalen Einzelteile (Module) von Computerprogram-men zu testen, d.h., sie auf korrekte Funktionalität zu prüfen.

(de.wikipedia.org/wiki/Modultest)

Testgetriebene Entwicklung ist eine Methode, die nicht auf eine bestimmte Plattform oder Programmiersprache beschränkt ist. Die einzige Voraussetzung, die Sie für testgetriebene Entwicklung erfüllen müssen, ist, dass Sie über ein Testframework verfügen. Diese existieren allerdings für beinahe jede Programmiersprache. So gibt es beispiels-weise Implementierungen für C, Java und PHP. Aber auch JavaScript macht hier keine Ausnahme. Sowohl für clientseitiges JavaScript im Browser als auch für serverseitiges JavaScript, das beispielsweise mit Node.js umgesetzt wird, existieren verschiedene Frameworks, von denen Sie einige im Verlauf dieses Buchs näher kennenlernen werden.

Umdenken in der Entwicklung   Testgetriebene Entwicklung bedeutet in erster Linie ein Umdenken im Entwicklungsprozess. Statt wie gewohnt eine Funktionalität zu implementieren und diese danach zu testen, schreiben Sie bei der test-getriebenen Entwicklung zuerst den Test und danach die eigentliche Funktionalität. Wenn Sie das erste Mal mit testgetriebener Entwick-lung in Berührung kommen, wird diese Herangehensweise sehr unge-wohnt und umständlich für Sie sein. Auch werden Sie im Vergleich zur traditionellen Entwicklung ohne vorherige Tests viel langsamer sein.

Dieses Buch zeigt Ihnen, wie Sie diese Einstiegshürde überwinden und das Potenzial der testgetriebenen Entwicklung in JavaScript voll ausschöpfen können. Außerdem erfahren Sie, wie Sie mit verschiedens-ten Problemstellungen im Alltag umgehen können.

1.2   Woher kommt testgetriebene Entwicklung?

Zu Beginn eine gute Nachricht: Testgetriebene Entwicklung ist kein Modephänomen, das bald wieder verschwinden wird. Bereits im Jahr 1999 finden Sie Erwähnungen von testgetriebener Entwicklung im Werk von Kent Beck über Extreme Programming. Seine ersten Berührungen mit testgetriebener Entwicklung hatte Beck bei der Entwicklung des ersten Unit-Test-Frameworks der xUnit-Serie für Smalltalk mit dem Namen SUnit im Jahr 1994. In seinem Buch *Kent Beck's Guide to Better Smalltalk* erwähnt er dieses Testframework zum ersten Mal.

Extreme Programming

Extreme Programming ist eine Methode der agilen Softwareentwicklung, in der testgetriebene Entwicklung von zentraler Bedeutung ist. Im Gegensatz zu Scrum und anderen agilen Methoden beschäftigt sich Extreme Programming mit überwiegend techniknahen Vorgehensweisen. Dabei wird zwischen insgesamt fünf Werten wie beispielsweise Kommunikation und Respekt, 14 Prinzipien, die unter anderem Qualität und kleine Schritte bei der Entwicklung umfassen, und schließlich zahlreichen Praktiken unterschieden. Eine dieser Praktiken, die Sie als Entwickler bei der agilen Softwareentwicklung einsetzen sollen, ist die testgetriebene Entwicklung. Weitere Praktiken, die der testgetriebenen Entwicklung recht nahestehen, sind beispielsweise Pair Programming oder Refactoring.

Das erste Buch zur testgetriebenen Entwicklung

2002 erschien ein Buch von Kent Beck mit dem Titel *Test-Driven Development By Example*, das sich ausschließlich dem Thema der testgetriebenen Entwicklung widmet. Dieses Buch bietet Ihnen als Leser durch die Verwendung eines anschaulichen Beispiels einen guten Einstieg in die Thematik. Im letzten Teil des Buchs erfahren Sie außerdem mehr über Patterns im Umgang mit Unit-Tests. Eine wichtige Lehre, die Sie aus diesem Buch ziehen können, ist, dass testgetriebene Entwicklung nicht für eine bestimmte Programmiersprache gilt, sondern das Konzept stattdessen allgemeingültig ist und in nahezu jeder Programmiersprache angewandt werden kann.

Frühere Erwähnungen von testgetriebener Entwicklung

Kent Beck ist allerdings nicht der Erfinder von testgetriebener Entwicklung. Vielmehr hat er diese Art der Programmierung wiederentdeckt und ihr zu neuem Glanz verholfen. Bereits in den 1960er-Jahren wurde testgetriebene Entwicklung im Mercury-Projekt der NASA eingesetzt. Bei dem Mercury-Projekt handelt es sich um das erste bemannte Weltraumprogramm der NASA. Hierbei wurde in sehr kurzen Zyklen von jeweils einem halben Tag entwickelt und das Ergebnis dann einem Review unterzogen.

Testgetriebene Entwicklung und JavaScript

Die ursprüngliche Variante der testgetriebenen Entwicklung von Kent Beck war für die Sprache Smalltalk gedacht. Durch den Erfolg dieser Methode wurde die testgetriebene Entwicklung allerdings recht schnell auch für andere Programmiersprachen wie beispielsweise Java übernommen. Der Einsatz von testgetriebener Entwicklung ist sehr eng an die Verfügbarkeit von Testframeworks geknüpft, die es Ihnen als Programmierer leichter machen, Tests zu schreiben. Diese Grundvoraussetzung ist auch in JavaScript gegeben. Sie können hier auf zahlreiche Testframeworks zurückgreifen. Mehr zum Thema Testframeworks erfahren Sie im zweiten Kapitel.

Da es sich bei der testgetriebenen Entwicklung um eine Methode handelt, die wie bereits erwähnt nicht an eine bestimmte Plattform oder Programmiersprache gebunden ist, können Sie diese Vorgehensweise auch in JavaScript einsetzen. Im Jahr 2010 hat Christian Johansen mit seinem Buch *Test-Driven JavaScript Development* das erste Werk veröffentlicht, das sich intensiv mit dem Thema der testgetriebenen Entwicklung in JavaScript auseinandersetzt. Seit dieser Zeit etabliert sich das Testen von JavaScript-Code zunehmend. Dies macht sich vor allem durch besser getestete Applikationen, aber auch durch die Anwendung von testgetriebener Entwicklung in JavaScript bemerkbar.

Im Folgenden erfahren Sie, wie die testgetriebene Entwicklung im Kern funktioniert.

1.3   Wie funktioniert testgetriebene Entwicklung?

Der testgetriebenen Entwicklung liegt ein recht einfaches Schema zugrunde: Red, Green, Refactor. Diese drei Begriffe beschreiben, wie Sie vorgehen, wenn Sie testgetrieben entwickeln.

- Der erste Schritt, *Red*, besteht darin, dass Sie einen Test schreiben. Dieser Test muss fehlschlagen, da noch keinerlei Quellcode zur Problemlösung geschrieben wurde.
- Das einzige Ziel des nächsten Schrittes, *Green*, besteht darin, dass der Test erfolgreich ablaufen kann. Sie müssen nun gerade so viel Quellcode schreiben, wie nötig ist, um den Test funktionsfähig zu machen.
- Im dritten und letzten Schritt können Sie mit einem gezielten *Refactoring* Ihren Quellcode verbessern und Redundanzen entfernen.

Diese drei Schritte der Entwicklung wiederholen sich bei der testgetriebenen Entwicklung in einer Endlosschleife. Sie bildet den Kern dieser Vorgehensweise. Neben den drei Schritten gibt es jedoch noch einige Dinge, die Sie beachten sollten, damit testgetriebene Entwicklung wirklich funktionieren kann. Welche das genau sind, erfahren Sie im Verlauf dieses Buchs. Außerdem möchte ich Ihnen einige Best Practices und Werkzeuge mit auf den Weg geben, die Ihnen die Arbeit mit testgetriebener Entwicklung erheblich vereinfachen.

Endlosschleife

Der nächste Abschnitt widmet sich zunächst der Frage, warum Sie testgetrieben entwickeln sollten und welche Vorteile Ihnen daraus in der Praxis entstehen.

1.4   Warum sollte man testgetrieben entwickeln?

Die Diskussion, ob eine Applikation testgetrieben entwickelt werden sollte, ist beinahe so alt wie die testgetriebene Entwicklung selbst. Das häufigste Argument gegen die testgetriebene Entwicklung besteht darin, dass diese Entwicklungsmethode erheblich mehr Zeit kostet als herkömmliche Entwicklung, bei der Tests allenfalls nach der Implementierung erstellt werden.

Argumente gegen testgetriebene Entwicklung

Auf kurze Sicht ist diese Aussage durchaus korrekt. Die Beschäftigung mit der Aufgabenstellung, die Erstellung der Tests und die häufige Ausführung dieser Tests nimmt Zeit in Anspruch. Doch wenn Sie bedenken, dass lediglich 20 % des Aufwands in die Erstellung einer Software fließen und 80 % in die nachgelagerte Wartung, Erweiterung

*Argumente für
testgetriebene
Entwicklung*

und Fehlerbehebung, rechnet sich der zeitliche Mehraufwand, den Sie investieren, recht schnell wieder.

In diesem Abschnitt erfahren Sie, warum Sie testgetrieben entwickeln sollten. In der nachfolgenden Liste finden Sie die wichtigsten Argumente, die für eine testgetriebene Vorgehensweise bei der Applikationsentwicklung sprechen. Diese werden im Anschluss näher erläutert.

- Besseres Problemverständnis
- Testbarer Code
- Kein ungetesteter Code
- Saubere Architektur
- Weniger Redundanz im Code
- Kein überflüssiger Code
- Konzentration auf das Wesentliche

Besseres Problemverständnis

Die testgetriebene Entwicklung zwingt Sie dazu, sich mit dem zu lösenden Problem auseinanderzusetzen. Dieser wesentliche Aspekt der Vorgehensweise spricht eindeutig für die testgetriebene Entwicklung, da Sie dadurch Missverständnisse und Logikfehler vermeiden können. Sie beginnen also nicht auf gut Glück mit der Entwicklung, sondern starten mit einer Analyse- und Konzeptphase. Erst wenn Sie das Problem erfasst haben, können Sie damit beginnen, es in einzelne Komponenten zu zerlegen und Tests für diese Komponenten zu schreiben. Diese Tests bilden jeweils den Einstieg in die Red-Green-Refactor-Schleife.

Testbarer Code

Da Sie den Quellcode Ihrer Applikation testgetrieben entwickeln, also zuerst die Tests implementieren und danach die eigentliche Funktionalität, entsteht testbarer Code. Die Testbarkeit von Quellcode ist nicht als Selbstverständlichkeit zu sehen. Nehmen Sie eine bestehende Applikation, die nicht mit dem Hintergedanken entwickelt wurde, dass der Quellcode zu einem späteren Zeitpunkt getestet werden soll. Diese Art von Applikation ist in den meisten Fällen nur mit einem unverhältnismäßig hohen Aufwand im Nachhinein testbar, da die einzelnen Bestandteile eine sehr enge Kopplung aufweisen und Abhängigkeiten nicht per Dependency Injection von außen an die Funktionen übergeben werden. Entwickeln Sie Ihren Quellcode allerdings anhand von Tests, ergibt sich dieses Problem nicht, da der Code grundsätzlich testbar ist.

Kein ungetesteter Code

Bei der testgetriebenen Entwicklung schreiben Sie nur Code, der für die erfolgreiche Ausführung von Tests erforderlich ist. Das bedeutet, dass Sie grundsätzlich nur getesteten Code schreiben. Diese Tatsache bietet Ihnen als Entwickler die Sicherheit, dass Sie sich bei der weiteren Entwicklung auf den bisher erstellten Quellcode verlassen können und nicht mit bösen Überraschungen rechnen müssen, die aus unerwarteten Fehlfunktionen Ihres Quellcodes resultieren.

Saubere Architektur

Ein weiterer wichtiger Aspekt der testgetriebenen Entwicklung ist, dass sie auch Einfluss auf die Architektur Ihrer Applikation hat. Durch die Tatsache, dass Sie sich zuerst mit der eigentlichen Problemstellung befassen, entwickeln Sie bereits eine grundlegende Architektur der Implementierung. Die Aufteilung der Lösung in eine Vielzahl einzelner Teillösungen trägt einen weiteren Teil zu einer sauberen Architektur bei. Diese Aufteilung sorgt dafür, dass jeder Teil unabhängig vom Rest des Systems getestet werden kann, und hilft damit, die einzelnen Komponenten voneinander zu entkoppeln. Ein Problem in einer Komponente führt somit nicht zwangsweise zu einem kompletten Systemausfall.

Weniger Redundanz im Code

Testgetriebene Entwicklung sorgt dafür, dass Redundanzen im Quellcode bewusst reduziert werden. Als Redundanzen werden dabei Duplikate im Quellcode bezeichnet. Genau für diesen Zweck existiert der dritte Schritt Refactor. Hier werden die Duplikate im Quellcode entfernt, um die Qualität weiter zu steigern. Je weniger Duplikate eine Applikation im Quellcode aufweist, desto wartungsfreundlicher ist sie. Denken Sie beispielsweise an potenzielle Fehler in einer Software. Tritt ein solcher Fehler in einem Stück Code auf, den Sie mehrmals an verschiedenen Stellen in Ihrer Applikation kopiert haben, müssen Sie an jeder dieser Stellen die Fehlerbehebung vornehmen. Gehen Sie nun von einer umfangreicheren Anwendung aus, ist die Wahrscheinlichkeit, dass Sie eine dieser kopierten Stellen übersehen, durchaus groß.

Kein überflüssiger Code

Bei der testgetriebenen Entwicklung beschäftigen Sie sich in erster Linie mit Ihrem Problem und versuchen, es in kleinere Teile zu zerlegen. Für jedes dieser Teilprobleme schreiben Sie im Verlauf der wiederkehrenden testgetriebenen Entwicklungszyklen mehrere Tests. Der Quellcode, den Sie im Verlauf dieser Zyklen entwickeln, soll dafür sorgen, dass die Tests erfolgreich ablaufen können. Das bedeutet, dass Sie keinen überflüssigen Quellcode verfassen, sondern stattdessen nur Code, der direkt zur Lösung Ihres Problems beiträgt.

Konzentration auf das Wesentliche

Bei der testgetriebenen Entwicklung formulieren Sie Ihre Problemstellung in Form von Tests. Das bedeutet, dass Ihre komplette Entwicklung auf das zu lösende Problem ausgerichtet ist. Durch diese Vorgehensweise verhindern Sie, dass Sie während der Programmierung abschweifen und Ihre Ressourcen an Stellen gebunden werden, die nicht direkt zur Lösung des eigentlichen Problems beitragen.

Sie sehen, dass die testgetriebene Entwicklung eine Reihe von Vorteilen mit sich bringt, die vor allem bei Projekten zum Tragen kommen, die auf eine längere Laufzeit ausgelegt sind. Bei sehr kurz laufenden Projekten oder Prototypen ist es fraglich, ob die Vorteile dieser Entwicklungsmethode wirken können. Kommt die testgetriebene Entwicklung für Ihr Projekt infrage, müssen Sie eine Reihe von Voraussetzungen erfüllen. Im folgenden Abschnitt erfahren Sie, was Sie benötigen, um erfolgreich testgetrieben entwickeln zu können.

1.5   Voraussetzungen für testgetriebene Entwicklung

Grundsätzlich ist die testgetriebene Entwicklung eine sehr leichtgewichtige Methode. Das bedeutet, dass Sie nur wenige Voraussetzungen erfüllen müssen. Die Voraussetzungen können Sie ganz grob in Werkzeuge und Methoden unterteilen. Zunächst lernen Sie, welche Werkzeuge für die testgetriebene Entwicklung erforderlich sind.

1.5.1   Werkzeuge

Wie nahezu jede Methode der Softwareentwicklung, baut auch die testgetriebene Entwicklung auf einem Satz an Werkzeugen auf. Da diese Entwicklungsmethode allerdings unabhängig von einer bestimmten Programmiersprache und Plattform ist, können die eingesetzten Werkzeuge variieren. Generell können Sie davon ausgehen, dass die testgetriebene Entwicklung mit JavaScript umso besser funktioniert, je größer die Integration der einzelnen Werkzeuge in Ihre Entwicklungsumgebung ist.

Den Kern der Werkzeuge bildet die Entwicklungsumgebung, die Ihnen einen Texteditor mit zahlreichen Zusatzfunktionen wie Autovervollständigung von Kommandos oder Syntaxhervorhebung bietet. Konkrete Beispiele für Entwicklungsumgebungen für JavaScript sind Aptana Studio auf Basis von Eclipse, WebStorm, NetBeans oder Sublime Text. *Entwicklungsumgebung*

Bei der testgetriebenen Entwicklung sollten Sie so wenig wie möglich durch die Methode selbst bei Ihrer eigentlichen Arbeit behindert werden. Die Entwicklungsmethode steht also im Hintergrund. Für den konkreten Entwicklungsprozess heißt das, dass Sie möglichst wenige Kontextwechsel vollziehen müssen. Ein Kontextwechsel bezeichnet in diesem Fall den Wechsel zwischen verschiedenen Applikationen, also beispielsweise das Umschalten zwischen Entwicklungsumgebung und Browser oder einem Tool zur Versionsverwaltung. Wird die Notwendigkeit der Zugriffe auf andere Applikationen minimiert, können Sie sich weitestgehend ungestört auf Ihr eigentliches Problem und eine testgetriebene Lösung konzentrieren.

Zur Reduzierung der Kontextwechsel bieten verschiedene Entwicklungsumgebungen ein Plug-in-Konzept an, mit dessen Hilfe Sie beispielsweise Ihr Testframework direkt in die Entwicklungsumgebung integrieren können. Dies bietet Ihnen die Möglichkeit, dass Sie Ihre Tests ausführen können, ohne zuvor in den Browser oder auf die Kommandozeile wechseln zu müssen. Außerdem sehen Sie das Ergebnis der Tests direkt in der Entwicklungsumgebung und können bei Bedarf bei einem Fehlschlag der Tests gleich zur entsprechenden Stelle im Quellcode gelangen. *Plug-in-Konzept*

Über die verschiedenen Werkzeuge und deren Einsatz erfahren Sie im Verlauf dieses Buchs noch erheblich mehr. Zunächst sehen Sie nun aber, welche weiteren Voraussetzungen Sie für eine erfolgreiche testgetriebene Entwicklung erfüllen sollten. Neben den Anforderungen an die Software existieren noch weitere, weniger gut greifbare Voraussetzungen.

1.5.2 Methoden

Softwareentwicklung ist ein Teamsport und so sind Soft Skills auch bei der testgetriebenen Entwicklung von sehr großer Bedeutung. Die testgetriebene Entwicklung ist in erster Linie an Routine und Disziplin geknüpft. Der Kern dieser Methode besteht aus der immer wiederkehrenden Schleife aus Red, Green und Refactor. Diesen Zyklus müssen Sie bei der Entwicklung stets einhalten. Vor allem, wenn Sie mit der testgetriebenen Entwicklung erst beginnen, erfordert diese Einhaltung ein gehöriges Maß an Disziplin, da Sie der Zyklus und die einhergehende Erstellung der Tests zurückwerfen, was die Entwicklungsperformance angeht.

Je länger Sie testgetrieben arbeiten und je besser Sie die Konzepte hinter dieser Methode verstehen, desto besser können Sie die Vorteile für sich ausnutzen.

Wie bei jedem Einstieg in eine neue Technologie oder Entwicklungsmethode sollten Sie sich die Hürde zu Beginn nicht zu hoch stecken. Im Idealfall beginnen Sie mit einigen einfachen Trockenübungen, den sogenannten Code-Katas.

Code-Kata

Der Begriff Kata stammt aus der japanischen Kampfkunst und lautet übersetzt Form. Kata steht für eine bestimmte Folge von Bewegungen, die immer wieder wiederholt wird. Der Zweck dieser Übung ist, dass die Kämpfer durch die häufige Wiederholung der Bewegungsabläufe diese verinnerlichen. Ein ähnliches Konzept verfolgen die Code-Katas. Dabei handelt es sich um abgegrenzte Programmieraufgaben, anhand derer Sie beispielsweise die testgetriebene Entwicklung üben können. Bei der Lösung von Code-Katas kommt es weniger auf die Lösung des eigentlichen Problems an, sondern vielmehr auf den Lösungsweg und die Verwendung der Entwicklungsmethode. Arbeiten Sie regelmäßig Code-Katas ab, dann ist es durchaus üblich, häufiger die gleiche Aufgabenstellung zu bearbeiten. Sie können dabei allerdings die Herangehensweise variieren und beispielsweise bei einem Durchgang die Problemlösung nur asynchron lösen und bei einem weiteren Versuch einen rein objektorientierten Ansatz verfolgen.

Pair Programming

Eine noch größere Wirkung als die Anwendung von Code-Katas im Alleingang erzielen Code-Katas, wenn Sie sie in Pair Programming lösen. Pair Programming bezeichnet einen Ansatz, bei dem zwei Entwickler im Paar an der Erarbeitung einer Softwarelösung arbeiten. Üblich ist hier eine Aufteilung der beiden Entwickler in einen sogenannten *Driver* und einen *Navigator*. Der Driver hat die Kontrolle über die Tastatur und damit direkten Einfluss auf den Quellcode. Der Navigator gibt dem Driver vor, was entwickelt werden soll. Ein weiteres wichtiges Element von Pair Programming ist, dass die beiden Entwickler in regelmäßigen Abständen die Rolle wechseln. Eine Möglichkeit ist beispielsweise, dass nach einer Periode von fünf Minuten die Rollen gewechselt werden. Eine Alternative dazu besteht darin, dass ein Entwickler einen fehlschlagenden Test repariert, ein Refactoring vornimmt und dann den nächsten fehlschlagenden Test erstellt. Der Zweck von Pair Programming ist, dass sich beide Entwickler über das Thema und die Vorgehensweise austauschen. Außerdem wird beim

Pair Programming davon ausgegangen, dass zwei Entwickler mehr wissen als ein einzelner Entwickler und so zu einer besseren Lösung kommen können.

Eine weitere Steigerung der Kommunikation und des Know-how-Zugewinns im Rahmen der testgetriebenen Entwicklung erreichen Sie, indem Sie an Coding-Dojos teilnehmen.

Coding-Dojo

Der Begriff Dojo stammt, wie auch schon Kata, aus dem Japanischen und bezeichnet dort einen Raum, in dem Kampfkunst geübt wird. Ein Coding-Dojo ist demnach ein Raum beziehungsweise eine Veranstaltung, in der Entwickler ihre Fertigkeiten in der Gruppe trainieren können. Ein Coding-Dojo ist streng genommen eine Steigerung von Pair Programming in Verbindung mit einer Code-Kata. Eine gute und sinnvolle Teilnehmeranzahl für ein Coding-Dojo liegt zwischen vier und acht Personen. In einem Coding-Dojo wechseln die Teilnehmer, ähnlich wie beim Pair Programming, die Rollen Driver und Navigator. Die übrigen Teilnehmer, die gerade keine der beiden Rollen ausfüllen, halten sich im Hintergrund, können sich allerdings bei problematischen Stellen oder ungelösten Fragen durchaus beteiligen.

Wie Sie sehen, ist die testgetriebene Entwicklung mit einem langfristigen Lernprozess verknüpft, bei dem Sie sich in kleinen Schritten und im Idealfall in der Gruppe mit anderen Programmierern stets weiterentwickeln.

Neben den hier vorgestellten Werkzeugen und Softskills, müssen Sie noch eine weitere Voraussetzung für die testgetriebene Entwicklung erfüllen. Wie der Name dieser Entwicklungsmethode bereits andeutet, bilden Tests die Grundlage der Entwicklung. Der folgende Abschnitt soll Ihnen als eine kurze Einführung in Unit-Tests dienen.

1.6 Testgetriebene Entwicklung und Unit-Tests

Modultests

In der Softwareentwicklung bildet der Unit-Test, auch Modultest genannt, die kleinste Einheit der Softwaretests. Der Name Unit-Test leitet sich aus der Tatsache ab, dass mit dieser Art von Tests abgeschlossene Einheiten von Quellcode getestet werden. In den meisten Sprachen sind diese kleinsten Einheiten Funktionen, so auch in JavaScript. Auf der Basis der Funktionen werden dann Applikationen erstellt. Diese Vorgehensweise hat den entscheidenden Vorteil, dass die Grundlage der Applikation solide ist, wenn die Basis verlässlich ist.

Die Funktionen, die getestet werden, erhalten generell eine bestimmte Anzahl an Argumenten und geben einen definierten Wert zurück. Unit-Tests setzen genau an dieser Stelle an und testen den Rückgabewert einer Funktion für verschiedene Eingaben und prüfen, ob die Rückgabe den Erwartungen entspricht. Um Ihnen als Entwickler hier das Leben zu erleichtern, existiert eine große Zahl von Testframeworks. Den Ursprung der Testframeworks bilden die sogenannten xUnit-Frameworks. Das erste dieser Frameworks wurde von Kent Beck für Smalltalk implementiert und später auf Java portiert. Aber auch für JavaScript existieren viele Testframeworks. Über diese verschiedenen Testframeworks, die Ihnen in JavaScript zur Verfügung stehen, erfahren Sie in Kapitel 2 mehr. Dort werden dann unter anderem die unterschiedlichen Arten von Frameworks, deren Installation und Verwendung erklärt.

Zunächst lernen Sie jedoch die Vor- und Nachteile von Unit-Tests kennen.

1.7   Vor- und Nachteile

Wie jede Technologie haben auch die Unit-Tests ihre Vor- und Nachteile. Eine Technologie können Sie nur erfolgreich einsetzen, wenn Sie über deren Eigenheiten Bescheid wissen und damit die Vorteile maximal zur Geltung bringen und die Nachteile abschwächen oder ganz umgehen können.

1.7.1   Vorteile

Die nun folgenden Abschnitte sollen Ihnen zeigen, welche Vorteile Sie aus der Erstellung von Unit-Tests für Ihre Applikation ziehen können.

Feedback

Mit Unit-Tests erhalten Sie als Entwickler Rückmeldung von Ihrem Quellcode. Dieses Feedback besteht aus einem Erfolg oder einem Fehlschlag des Unit-Tests. Läuft der Unit-Test erfolgreich ab, bedeutet das, dass Ihr Quellcode sich so verhält, wie Sie es in Ihrem Test spezifiziert haben. Der entscheidende Vorteil von Unit-Tests in diesem Fall ist nicht nur das unmittelbare Feedback bei der Entwicklung einer bestimmten Funktionalität, sondern das regelmäßige und kontinuierliche Feedback während des gesamten Entwicklungsprozesses.

Im Idealfall lassen Sie sämtliche Unit-Tests in regelmäßigen Abständen ablaufen und erfahren so, ob durch bestimmte Änderungen am Quellcode noch alle Funktionen fehlerfrei benutzbar sind.

Probleme finden

Hand in Hand mit dem kontinuierlichen Feedback geht der nächste Vorteil. Durch die regelmäßige Ausführung der Tests erfahren Sie sehr früh von potenziellen Problemen. Haben Sie Ihre Tests so formuliert, dass Sie verschiedene Aspekte einer Funktion testen, schlägt ein Test fehl, sobald sich das Verhalten dieser Funktion aufgrund von Anpassungen verändert.

Ihre Stärke spielen die Unit-Tests auch hier wieder mittel- und langfristig aus. Durch mehr oder weniger enge Kopplung in Ihrer Applikation kann es teilweise zu Fehlern kommen, wenn Sie die Signatur Ihrer Funktionen anpassen. Und an genau dieser Stelle setzen Unit-Tests an. Ändern sich bestimmte Voraussetzungen im System, die Ihren Einheiten zugrunde liegen, schlagen die Unit-Tests für genau diese Einheiten fehl und Sie werden über das potenzielle Problem informiert.

Dokumentation

Grundsätzlich sind Unit-Tests ein Mittel zur Erhöhung der Qualität Ihrer Software, da grundlegende Funktionalität abgesichert wird. Neben dieser qualitätssichernden Aufgabe erfüllen Unit-Tests einen weiteren, nicht zu vernachlässigenden Zweck: sie dokumentieren die Details Ihrer Applikation.

Da Sie einen Unit-Test schreiben, um eine bestimmte Funktion zu testen, ob sie sich so verhält, wie Sie es von ihr erwarten, erklärt der Test, von welchen Eingaben für eine Funktion Sie im Normalfall ausgehen und mit welchem Rückgabewert diese Funktion auf die Eingabe reagiert. Sie sollten allerdings nicht nur die Standardfälle durch Unit-Tests absichern, sondern auch prüfen, wie sich die Funktion in Grenzbereichen oder bei klaren Fehlern verhält. Auch hier erhält ein anderer Entwickler, der den Quellcode der Tests liest, einen Einblick in die Funktionsweise und das Verhalten Ihrer Schnittstellen.

Sicherheit

Wenn Sie sich schon länger mit der Entwicklung von Webapplikationen beschäftigen, kennen Sie bestimmt die Situation, dass Sie gerade an einem Feature arbeiten und kleine Anpassungen am Kern Ihrer Applikation vornehmen müssen, damit das neue Feature integriert werden kann. Sie committen Ihre Anpassungen in Ihr Versionskontrollsystem. Sie testen Ihr neues Feature im Idealfall erneut auf einem unabhängigen Testsystem und stellen keine Probleme fest. Einige Zeit später erhalten Sie eine Fehlermeldung von Ihren Testern oder im schlimmsten Fall von den Benutzern der Applikation. Sie suchen nach dem Problem und stellen fest, dass es durch die Integration des neuen Features verursacht wurde.

Diese und ähnliche Situationen spielen sich täglich ab. Häufen sich derartige Probleme, werden die Entwickler immer vorsichtiger, wenn es darum geht, neue Features zu integrieren beziehungsweise zentrale Stellen der Applikation anzupassen. Ab einem bestimmten Punkt schlägt diese Vorsicht in Unsicherheit um. Das Ende dieses Negativtrends bildet schließlich die Tatsache, dass die Applikation nicht mehr mit einem vertretbaren Aufwand erweitert werden kann, da neue Features ein zu hohes Risiko bergen. Die Applikation ist damit am Ende ihres Lebenszyklus angelangt.

Damit Sie bei der Entwicklung Ihrer Applikation nicht vor derartige Probleme gestellt werden, sollten Sie auf Unit-Tests zur Absicherung Ihrer Applikation setzen. Durch die Absicherung der Basis Ihrer Applikation können Sie sicherstellen, dass Sie keine bösen Überraschungen bei der Erweiterung der Funktionalität erleben. Eine solide Basis von Unit-Tests bringt Ihnen also Sicherheit und Rückendeckung bei der Weiterentwicklung Ihrer Applikation.

Refactorings

Technical Debt abbauen

Refactorings sind ein fester Bestandteil der testgetriebenen Entwicklung. Der dritte Schritt im Zyklus heißt hier Refactor. Aber nicht nur im Zuge der testgetriebenen Entwicklung, sondern auch bei der klassischen Entwicklung von Applikationen sollten Sie regelmäßige Refactorings durchführen. Ein Refactoring dient üblicherweise dazu, Technical Debt, also technische Schulden, abzubauen. Technical Debt entsteht immer während der Entwicklung. Jedes neue Feature, jede zusätzlich eingeführte Komplexität, jedes Stück kopierter Quellcode fügt neue technische Schulden zu Ihrer Applikation hinzu. Grundsätzlich lässt sich Technical Debt bei der Entwicklung von Applikationen nicht vermeiden. Teilweise ist es auch beabsichtigt, bewusst Technical Debt aufzubauen. Wichtig ist hier nur, dass Sie sich im Verlauf der Entwicklung Ihrer Applikation immer wieder Zeit nehmen müssen, um diese technischen Schulden abzubauen. Häufen sich diese übermäßig an, haben sie einen erheblichen negativen Einfluss auf die Wartbarkeit und Erweiterbarkeit Ihrer Applikation.

Fehler beim Refactoring

Refactorings bedeuten in der Regel, dass Sie Quellcode verbessern oder modernisieren, wobei die Schnittstellen zu anderen Modulen oder zur Außenwelt unverändert bleiben. Die Möglichkeit, dass sich durch Refactorings Fehler in die Applikation einschleichen, ist durchaus gegeben. Und gerade, wenn Sie sich beim Refactoring im Kern Ihrer Applikation bewegen, steigt das Risiko, dass sich dabei Fehler in die

Applikation einschleichen. Hier sind Unit-Tests ein sehr gutes Mittel, um derartigen Problemen vorzubeugen. Starten Sie ein Refactoring stets auf einer Basis von funktionierenden und erfolgreich ablaufenden Unit-Tests. Dann können Sie sicher sein, dass Ihre Applikation vor dem Refactoring fehlerfrei funktioniert hat. Führen Sie auch während des Refactorings stets Ihre Tests aus, steht am Ende eine funktionsfähige und verbesserte Version Ihrer Applikation und Sie müssen sich kaum Sorgen darüber machen, ob noch alle Features Ihrer Applikation einwandfrei arbeiten.

Integration

Unit-Tests erleichtern die Integration einzelner Module oder Funktionen in das Gesamtsystem. Da die Unit-Tests die Schnittstellen in Ihrer Software testen, können Sie genau abschätzen, wie sich Ihr System in bestimmten Situationen verhält. So sind Sie schließlich auch in der Lage, eine derart definierte Schnittstelle in Ihrer Applikation zu verwenden. Die Tests reduzieren also generell die Unsicherheit in Ihrem System.

Im Falle der Integration einzelner Funktionen in Ihre Applikation bilden die Unit-Tests nur einen Teil der Lösung. Diese Tests stellen lediglich die Funktionsfähigkeit der einzelnen Einheiten sicher. Die Absicherung der Integration in eine Applikation übernimmt eine andere Kategorie von Tests: die Integrationstests. Ein Integrationstest setzt an der Stelle an, wo der Einflussbereich der Unit-Tests endet, und zwar an den Schnittstellen zwischen mehreren Einheiten. Mit Integrationstests stellen Sie sicher, dass verschiedene Module in einer bestimmten Umgebung zusammenarbeiten und im Zuge Ihrer Applikation fehlerfrei funktionieren können. *Integrationstests*

Software-Design

Der letzte Vorteil, den ich Ihnen im Rahmen dieses Kapitels vorstellen möchte, ist der Einfluss von Unit-Tests auf das Design Ihrer Software. Durch die klare Strukturierung der Problemstellung in Form der Unit-Tests können Sie sich bei der Entwicklung auf eine problemfokussierte Umsetzung Ihrer Software konzentrieren. Ihre Software entsteht nicht anhand von Anforderungen, die in entfernter Zukunft liegen und eventuell niemals umgesetzt werden müssen. Sie entwickeln Ihre Software stattdessen so, dass die aktuelle Problemstellung gelöst werden kann. Durch die Integration verschiedener Testfälle wird Ihre Applikation so generisch wie nötig. Diese Vorgehensweise beugt dem Over-Engineering vor, das von einigen Entwicklern verfolgt wird. *Kein Over-Engineering*

YAGNI　　Um dies zu erreichen, wird stets versucht, die Basis der Applikation so allgemein zu halten, dass sämtliche Problemstellungen ohne umfangreiche Umbauten gelöst werden können. Auf diese Weise werden aber viel Energie und viele Ressourcen in Lösungen für Probleme gesteckt, die möglicherweise für die Applikation niemals relevant werden. Dieses Prinzip ist Bestandteil von Extreme Programming und trägt den Namen YAGNI, *You Ain't Gonna Need It*, auf Deutsch: *Du wirst es nicht brauchen.*

In der Praxis bedeutet das, dass Sie sich auf das zu lösende Problem fokussieren sollten. Unit-Tests unterstützen Sie dabei, indem Sie das zu lösende Problem als konkreten Testfall beschreiben. Mit Tests sind Sie außerdem in der Lage, bestimmte Design-Elemente im Test festzuhalten. Sie können also Schnittstellen und deren Verhalten modellieren und der Test wird fehlschlagen, wenn sich die Software nicht an diese Vorgaben hält.

1.7.2　Nachteile

»Wo viel Licht ist, da ist auch viel Schatten.« Das zumindest sagte Johann Wolfgang von Goethe. Dieses Zitat gilt jedoch auch für Unit-Tests. Bei allen Vorteilen weisen sie auch einige Nachteile auf. Diesen Nachteilen sollten Sie sich bewusst sein, damit Sie mit ihnen umgehen und sie wo immer möglich vermeiden können.

Aufwand in Erstellung und Wartung

Mehr Test- als produktiver Code　　Unit-Tests bestehen, genau wie Ihre eigentliche Applikation, aus Quellcode und dieser Quellcode muss geschrieben werden, was naturgemäß Aufwand verursacht. Sie können in der Regel davon ausgehen, dass die Menge an Codezeilen, die für Ihre Tests erstellt werden, die Zahl der Zeilen von produktivem Code um einiges übersteigt. Wenn Sie sich allein vor Augen halten, dass Sie für eine Funktion zumindest einen positiven Test, also einen Test, bei dem der Standardworkflow getestet wird, und einen negativen Test, also einen Test, der zu einem Fehlschlag führt, schreiben müssen. Entwickeln Sie eine Funktion, die an den Grenzen der Wertebereiche Ihrer Argumente ein bestimmtes Verhalten aufweisen soll, müssen Sie für diese Fälle ebenfalls Tests erstellen.

Tests pflegen　　Ein weiterer Punkt, an dem Aufwand entsteht, ist die Pflege der Unit-Tests. Ein Unit-Test wird in der Regel nicht nur einmal geschrieben und dann zu einem späteren Zeitpunkt wieder gelöscht, sondern begleitet die Software beziehungsweise die Einheit, die er absichert, über den kompletten Lebenszyklus. Das bedeutet auch, dass sich der

Test mit der Applikation ändern muss. Für Sie wird sich immer wieder die Situation ergeben, dass Sie zusätzliche Parameter in die Signatur einer Funktion einfügen oder entfernen müssen oder dass sich der Rückgabewert der Funktion in einer bestimmten Konstellation ändert. Für genau diese Arten von Änderungen müssen Sie die bestehenden Unit-Tests unter Umständen anpassen und neue Tests hinzufügen. Das heißt, dass eine Änderung an einer Funktion nicht nur die Anpassung des Quellcodes der Funktion selbst nach sich zieht, sondern auch eine Änderung in mindestens einem Unit-Test.

Im Idealfall geht eine solche Änderung nicht von der Anpassung der Funktion aus, sondern Sie passen Ihre Unit-Tests zuerst an und schreiben dann entsprechend den Code Ihrer Applikation um, damit die Tests wieder erfolgreich durchlaufen.

Keine hundertprozentige Sicherheit

Ihre Unit-Tests sind nur so gut, wie Sie sie geschrieben haben. Das bedeutet, dass das bloße Vorhandensein eines Unit-Tests noch nicht garantiert, dass in der getesteten Routine kein Fehler auftreten kann.

Hat Ihre Funktion beispielsweise Seiteneffekte auf andere Bereiche des Quellcodes, lässt sich dies nicht optimal durch einen Unit-Test absichern. Das bedeutet, Sie rufen die Funktion auf und innerhalb der Routine werden Werte, die außerhalb der Funktion liegen, modifiziert. Prüfen Sie dann lediglich auf den Rückgabewert der Funktion, haben Sie nicht alle Auswirkungen der Funktion abgesichert.

Seiteneffekte

Verlassen Sie sich nun auf Ihre Tests und bauen Ihre Applikation auf einer solchen Basis auf, kann es durchaus vorkommen, dass Sie auf Probleme und Fehler stoßen, die im Quellcode auftreten, der eigentlich durch Unit-Tests abgesichert ist. Solche Fehler erschüttern das Vertrauen in die Zuverlässigkeit von Unit-Tests. Dadurch rechtfertigt sich dann auch nicht mehr der Aufwand, der betrieben werden muss, um die Tests lauffähig und aktuell zu halten.

Bei der Konzeption Ihrer Unit-Tests sollten Sie demnach einige Zeit investieren, damit Ihre Tests stabil und zuverlässig sind. Sie sollten von vornherein festlegen, welche Eingaben Sie erwarten und zu welchen Ausgaben diese führen. Außerdem sollten Sie spezifizieren, was passieren soll, wenn ein Eingabewert außerhalb des gültigen Bereichs liegt. Seiteneffekte von Methoden sollten, wo immer möglich, vermieden werden, da sie den Testaufwand erheblich erhöhen und die Wartbarkeit einer Applikation negativ beeinflussen.

Code Coverage

Eine Softwaremetrik, die aus der Verwendung von Unit-Tests entsteht, ist Code Coverage, die Testabdeckung. Diese Zahl gibt an, wie viele Prozent beziehungsweise Zeilen des Quellcodes Ihrer Applikation durch Unit-Tests abgesichert sind.

Jede Zeile, die von mindestens einem Test durchlaufen wird, wird als getestet angesehen. Der Nachteil dieser Metrik ist, dass sie lediglich auf weiße Flecken auf der Landkarte hinweist. Somit sehen Sie, welche Teile Ihres Quellcodes noch nicht getestet sind. Diese Metrik liefert allerdings keinerlei Rückschlüsse auf die Qualität Ihrer Unit-Tests.

Wesentlich schlimmer als diese Tatsache ist allerdings, dass Sie nicht sicher sein können, dass alle möglichen Kombinationen der Logik innerhalb Ihrer Funktion getestet sind. Nehmen Sie an, Sie haben zwei Bedingungen, die Sie getrennt voneinander prüfen. Ist die erste Bedingung erfüllt, wird ein bestimmter Codeblock ausgeführt, und ist die zweite Bedingung erfüllt, wird ein weiterer Codeblock ausgeführt. Sie können nun die einzelnen Bedingungen unabhängig voneinander testen und erhalten eine hundertprozentige Testabdeckung. Der Fall, dass beide Bedingungen erfüllt sind und beide Codeblöcke ausgeführt werden, ist in diesen beiden Tests noch nicht abgedeckt, obwohl die Abdeckung 100 % beträgt.

Keine Aussage über Qualität der Tests

Die Testabdeckung ist also ein wirksames Mittel, um noch nicht getesteten Quellcode innerhalb Ihrer Applikation aufzuspüren. Sie ist jedoch untauglich zur Bewertung der Qualität Ihrer Unit-Tests.

Nun, da Sie sowohl die Vorteile als auch die Nachteile von Unit-Tests kennengelernt haben, möchte ich Ihnen noch einige Anforderungen an Unit-Tests vorstellen. Diese sollten Sie erfüllen, um nachhaltige Tests zu entwickeln.

1.8   Anforderungen an einen Unit-Test

Bei der Erstellung von Tests sollten Sie einige Dinge beachten, damit die Tests ihren Zweck erfüllen können. In diesem Abschnitt stelle ich Ihnen die verschiedenen Anforderungen vor und beleuchte die Hintergründe dieser Anforderungen.

1.8.1   Codequalität

Grundsätzlich sollten Sie die gleichen Qualitätsmaßstäbe, die für Ihre Applikation gelten, auch für Ihre Tests setzen. Wie Sie bereits erfahren haben, existieren die Tests parallel zum Code Ihrer Applikation. Das bedeutet, dass sie auch ebenso erweiterbar und wartbar sein müssen wie die Applikation selbst. Haben Sie Konventionen, wie Sie Ihren Quellcode zu schreiben haben, sollten Sie sich an diese auch beim Verfassen von Tests halten. Dadurch fällt es Ihnen zu einem späteren Zeitpunkt leichter, den Quellcode der Tests zu lesen und zu verstehen.

1.8.2   Unabhängigkeit

Unit-Tests sollen unabhängig von ihrer Umgebung sein. Das bedeutet, dass Sie jeden Test so formulieren sollten, dass er sowohl einzeln ausgeführt werden kann als auch in beliebiger Kombination mit anderen Tests.

Ein Antipattern in diesem Zusammenhang ist, dass Tests aufeinander aufbauen. Das bedeutet, dass ein bestimmter Test erst erfolgreich ablaufen kann, wenn ein anderer Test zuvor erfolgreich abgelaufen ist. Diese Aneinanderreihung von Tests in einer definierten Reihenfolge hat den Nachteil, dass beim Fehlschlagen eines Tests in der Kette auch alle nachfolgenden Tests fehlschlagen. Die Ursache des Fehlschlags der folgenden Tests liegt nicht unbedingt darin begründet, dass die zu testende Funktionalität nicht zur Verfügung steht, sondern dass lediglich der Test fehlschlug, der die Umgebung vorbereiten sollte.

Ein weiterer Nachteil abhängiger Tests ist, dass Sie nicht mehr die Möglichkeit haben, einen einzelnen Test ablaufen zu lassen, sondern ihn immer in Kombination mit einem anderen Test ausführen müssen.

1.8.3   Dokumentation

Unit-Tests stellen im weitesten Sinne eine Dokumentation von Entwicklern für Entwickler dar. In einem Unit-Test formulieren Sie Ihre Erwartungen bezüglich der Verwendung Ihrer Funktionen. Aus diesem Grund sollten Sie Ihre Tests auch am besten so formulieren, dass sie sprechend und selbsterklärend sind. Im Verlauf dieses Buchs erfahren Sie, wie Sie Ihre Tests so benennen, dass die Ausgabe der Ergebnisse einen schnellen Rückschluss auf mögliche Fehlerursachen liefert.

Nicht nur die Benennung der Tests dient der Dokumentation, auch der Quellcode der Tests selbst dokumentiert. Sie sollten hier besonders auf eine sprechende Benennung von Variablen achten.

Wichtig ist bei der Formulierung von Tests außerdem, dass Sie auf eine sehr gute Lesbarkeit des Quellcodes achten sollten. Das bedeutet, dass Sie möglichst keine Statements zusammenfassen und auch nicht mit der Verwendung von Leerzeilen sparen sollten, wenn es um die logische Gruppierung von Kommandos geht.

1.8.4   Ressourcen

Im Idealfall führen Sie Ihre Tests sehr häufig aus. Aus diesem Grund müssen Sie auch den Ressourcenverbrauch Ihrer Tests im Auge behalten. Durch die häufige Ausführung der Tests ist die Zeit, die die Tests in Anspruch nehmen, die wichtigste Ressource. Nimmt die Ausführung Ihrer Tests zu viel Zeit in Anspruch, müssen Sie damit rechnen, dass die Tests nicht mehr so häufig ausgeführt werden.

Zudem sollten Sie allgemein schonend mit Systemressourcen umgehen. Das bedeutet, dass Sie darauf achten sollten, dass die Tests nicht über Memory Leaks verfügen, die dazu führen, dass immer mehr Arbeitsspeicher benötigt wird. Dies gilt vor allem in Anbetracht dessen, dass Ihre Tests im Normalfall im Browser ausgeführt werden. Starten Sie den Browser nicht in regelmäßigen Abständen neu, kann der Speicherverbrauch Ihrer Tests durchaus zu einem Problem werden.

1.8.5   Nur ein Testfall pro Test

Das primäre Ziel von Unit-Tests ist die Absicherung der Funktionalität auf Funktionsebene. Das bedeutet, dass ein Test fehlschlagen muss, falls eine Funktion sich nicht wie erwartet verhält. Diese Anforderung können Sie nur erfüllen, wenn ein Test genau einen Aspekt abtestet. Prüfen Sie gleich mehrere Dinge in einem Test, können Sie den Fehlschlag des Tests nicht mehr ohne Probleme auf einen Blick einer bestimmten Ursache zuordnen.

Sobald Sie allerdings den Quellcode eines Tests lesen müssen, um Rückschluss auf einen Fehlschlag zu erhalten, erfüllt dieser Test nicht mehr seinen Zweck. Ziel soll es ja schließlich sein, dass Ihnen mit den Tests ein Mittel zur Verfügung steht, mit dem Sie sehr schnell die Ursache eines potenziellen Problems herausfinden können.

Im Verlauf dieses Buchs wird immer wieder auf diese Anforderungen an Unit-Tests Bezug genommen. Sollte Ihnen die eine oder andere Anforderung momentan noch zu abstrakt erscheinen, so werden Sie zu einem späteren Zeitpunkt anhand von konkreten Beispielen die jeweiligen Anwendungsfälle sehen.

1.9   Zusammenfassung

In diesem Kapitel haben Sie erfahren, woher die testgetriebene Entwicklung ursprünglich stammt und dass diese Methode weder an eine bestimmte Programmiersprache noch an eine Plattform gebunden ist. Sie haben außerdem Argumente kennengelernt, die für die testgetriebene Entwicklung und deren Einsatz in der Praxis sprechen.

Sie haben des Weiteren Informationen über die technische Basis der testgetriebenen Entwicklung, die Unit-Tests, erhalten und dabei erfahren, warum es sinnvoll ist, Unit-Tests in Ihrem Projekt einzusetzen.

Im nächsten Kapitel lernen Sie die verschiedenen Werkzeuge kennen, die bei der testgetriebenen Entwicklung zum Einsatz kommen.

2 Frameworks

Im ersten Kapitel dieses Buchs wurden Ihnen die Grundlagen der test-getriebenen Entwicklung nahegebracht. Bevor Sie nun mit der testge-triebenen Entwicklung beginnen können, benötigen Sie noch eine funktionierende Arbeitsumgebung. Dieses Kapitel stellt Ihnen die verschiedenen Arten von Testframeworks vor und geleitet Sie Schritt für Schritt durch den Installations- und Konfigurationsprozess. Am Ende dieses Kapitels verfügen Sie über eine funktionsfähige Arbeitsumgebung, in die die verschiedenen Werkzeuge integriert sind, sodass Sie umgehend mit der Arbeit beginnen können.

Sie erhalten außerdem Tipps und Tricks aus der Praxis im Umgang mit diesen Werkzeugen.

2.1 Die Frameworks im Überblick

Die Grundlage testgetriebener Entwicklung sind Unit-Tests. Zur Erstellung dieser Tests sollten Sie auf ein bestehendes Framework zurückgreifen. Der Einsatz eines derartigen Frameworks nimmt Ihnen eine Vielzahl von Aufgaben ab, mit denen Sie im Umgang mit Unit-Tests täglich konfrontiert werden.

Im Gegensatz zu anderen Sprachen wie beispielsweise Java oder PHP, bei denen es mit JUnit und PHPUnit quasi Standard-Frameworks zur Erstellung von Unit-Tests gibt, existiert in JavaScript eine große Vielfalt von Testframeworks. Nahezu jedes Framework in JavaScript bringt sein eigenes Testframework mit. So ist QUnit beispielsweise das Testframework hinter jQuery, doch wird zur Absicherung der Qualität des Dojo-Toolkits verwendet und Siesta kommt beim Testen von ExtJS zum Einsatz.

Zahlreiche Testframeworks

Bei den verfügbaren Testframeworks lassen sich generell mehrere Arten unterscheiden. Es existieren Frameworks, bei denen Sie die Tests mithilfe einer HTML-Datei direkt im Browser ausführen können.

Demgegenüber stehen Frameworks, die Ihnen eine komplette Infrastruktur zur Verfügung stellen.

Im Verlauf dieses Kapitels lernen Sie beide Arten von Frameworks und deren generelle Verwendung kennen. Den Anfang machen die clientseitigen Frameworks QUnit und Jasmine.

2.2   Clientseitige Frameworks

Ein clientseitiges Testframework bezeichnet in JavaScript ein Testframework, das nur im Browser ausgeführt wird und ganz ohne Serverkomponente auskommt. Das bedeutet, dass Ihnen eine HTML-Infrastruktur zur Verfügung gestellt wird, innerhalb derer Sie sowohl Ihren Quellcode als auch Ihre Tests laden. Die Tests werden anschließend auf Basis des Quellcodes ausgeführt und das Ergebnis grafisch aufbereitet dargestellt.

Im Zuge dieses Kapitels lernen Sie mit QUnit und Jasmine zwei der populärsten Vertreter der clientseitigen Testframeworks kennen.

2.3   QUnit

QUnit wurde im Zuge von jQuery entwickelt, da die Entwickler die Notwendigkeit eines Testframeworks sahen, um ihren eigenen Code abzusichern. Die enge Kopplung zwischen jQuery und QUnit wurde allerdings im Jahr 2009 durch die Entwickler aufgehoben, sodass Sie QUnit mittlerweile auch losgelöst von jQuery verwenden können. Seit 2008 hat das Projekt eine eigene Website, *http://qunitjs.com*, und kann von dort heruntergeladen werden.

Wie jQuery ist auch QUnit ein Open-Source-Framework, das auf GitHub weiterentwickelt wird. Den aktuellen Quellcode finden Sie unter *http://github.com/jquery/qunit*.

Installation

Da es sich bei QUnit um ein clientseitiges Testframework handelt, ist die Installation mit sehr wenig Aufwand verbunden. Die aktuelle stabile Version von QUnit finden Sie, wie bereits erwähnt, auf *http://qunitjs.com*. Auf der Startseite gibt es einen Download-Bereich. Hier können Sie sich die beiden Dateien herunterladen, die Sie zum Betrieb von QUnit benötigen. Bei der Verwendung von QUnit sind Sie nicht an ein bestimmtes System gebunden. Die einzige Voraussetzung ist das Vorhandensein eines JavaScript-fähigen Browsers.

Grundsätzlich benötigen Sie die JavaScript-Datei, die den Quell-code von QUnit enthält. Ihr Name lautet qunit-<major>.<minor>.<patch>.js, wobei <major>, <minor> und <patch> für den jeweiligen Teil der Versionsnummer stehen. Der Name lautet nach diesem Schema beispielsweise qunit-1.12.0.js.

Neben dem Quellcode benötigen Sie außerdem ein Stylesheet, das für die Formatierung der Ergebnisse verantwortlich ist. Der Name dieser Datei lautet analog zur JavaScript-Datei qunit-<major>.<minor>.<patch>.css, also beispielsweise qunit-1.12.0.js.

Zusätzlich zu diesen beiden Dateien müssen Sie noch selbst eine Datei erstellen. Diese Datei stellt den Test-Runner dar. Er bindet sowohl den Quellcode als auch das Stylesheet von QUnit ein und stellt die Infrastruktur zur Ausgabe der Tests zur Verfügung. Außerdem binden Sie in dieser Datei Ihren eigenen JavaScript-Quellcode und Ihre Tests ein.

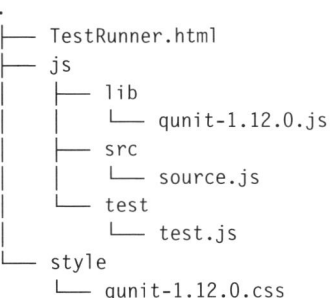

Listing 2–1
QUnit-Verzeichnisstruktur

```
.
├── TestRunner.html
├── js
│   ├── lib
│   │   └── qunit-1.12.0.js
│   ├── src
│   │   └── source.js
│   └── test
│       └── test.js
└── style
    └── qunit-1.12.0.css
```

Listing 2–1 gibt Ihnen einen Überblick über eine mögliche Verzeichnis-struktur, die Sie für ein Projekt mit QUnit verwenden können. Auf der obersten Verzeichnisebene liegt die Datei TestRunner.html, die für die Ausführung der Tests verantwortlich ist. Auf gleicher Ebene liegt das style-Verzeichnis, das das QUnit-Stylesheet enthält. Außerdem existiert ein js-Verzeichnis, in dem sämtliche JavaScript-Dateien gespeichert werden. Dieses enthält im Unterverzeichnis lib den Quellcode von QUnit, im Verzeichnis src liegt der eigentliche Quellcode Ihrer Applikation und im test-Verzeichnis befinden sich schließlich die zugehörigen Tests.

Im ersten Schritt müssen Sie sich um den Test-Runner kümmern. In Listing 2–2 finden Sie den dafür notwendigen Quellcode.

Listing 2–2

QUnit – TestRunner.html

```
<!DOCTYPE html>
<html>
    <head>
        <meta charset="utf-8">
        <title>QUnit Example</title>
        <link rel="stylesheet" href="style/qunit-1.12.0.css">
    </head>
    <body>
        <div id="qunit"></div>
        <div id="qunit-fixture"></div>
        <script src="js/lib/qunit-1.12.0.js"></script>
        <script src="js/src/source.js"></script>
        <script src="js/test/test.js"></script>
    </body>
</html>
```

Die TestRunner.html-Datei bindet die einzelnen Komponenten ein, die erforderlich sind, damit Ihre Unit-Tests ablaufen können. Die wichtigsten dieser Komponenten sind Ihr Quellcode und die Tests für diesen. In Listing 2–3 sehen Sie den Inhalt der Datei source.js im Verzeichnis js/src.

Listing 2–3

QUnit – source.js,

Datei mit Quelltext

```
function add (a, b) {
    return a + b;
}
```

Die Datei test.js im Verzeichnis js/test enthält schließlich Ihre Tests. In Listing 2–4 sehen Sie den entsprechenden Quellcode.

Listing 2–4

QUnit – test.js,

Datei mit Tests

```
test('Addition of 1 and 1', function () {
    equal(add(1, 1), 2, '1 and 1 equals 2');
});

test('Addition of 1 and 3', function () {
    equal(add(1, 3), 5, '1 and 3 equals 5');
});
```

Mit diesen Dateien haben Sie alle Voraussetzungen erfüllt, die notwendig sind, um Ihre Applikation zu testen. Sie können nun die TestRunner.html-Datei in Ihrem Browser öffnen und damit die Tests ausführen. Abbildung 2–1 zeigt Ihnen das Ergebnis der Tests. Besonders hervorgehoben sind dabei fehlschlagende Tests, da hier akuter Handlungsbedarf zur Fehlerbehebung besteht.

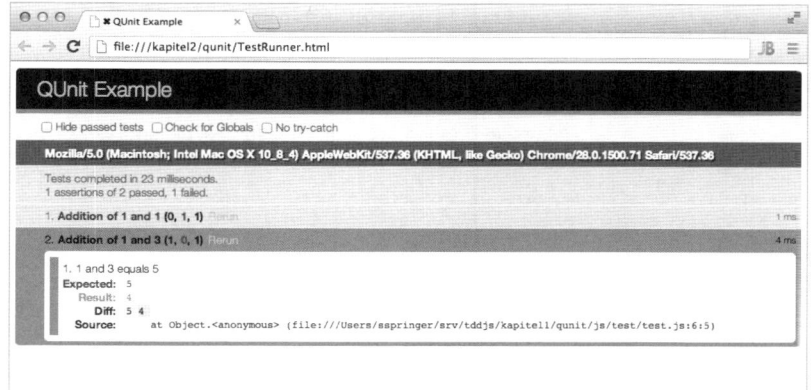

Abb. 2–1
Ausführung der
QUnit-Tests

Im folgenden Abschnitt lernen Sie den Aufbau von Tests mit QUnit kennen.

Tests mit QUnit

Wie Sie bereits in Listing 2–4 gesehen haben, beginnt ein Test generell mit einem Aufruf der test-Funktion, die Ihnen QUnit zur Verfügung stellt. Das erste Argument ist eine Zeichenkette, die beschreibt, was der Test macht. Diese Zeichenkette wird von QUnit in der Zusammenfassung der Ergebnisse als Repräsentation des Tests angezeigt. Sie sollten hier also einen relativ kurzen und beschreibenden Text verwenden. Das zweite Argument ist eine Callback-Funktion. Sie enthält die eigentliche Logik des Tests. Ein Test besteht in QUnit generell aus einem Aufruf einer sogenannten Assertion. Mit den Assertions prüfen Sie, ob sich Ihr Quellcode so verhält, wie Sie es erwarten. Neben einer Assertion kann ein Test außerdem noch beliebigen Quellcode enthalten, der erforderlich ist, die Umgebung für die Assertion bereitzustellen.

Den Kern der Unit-Tests bilden allerdings die Assertions. In Tabelle 2–1 sehen Sie die verschiedenen Assertions, die Ihnen QUnit zur Verfügung stellt.

Tab. 2–1

QUnit – Assertions

Assertion	Bedeutung
ok	Prüfung auf den Boolean-Wert true
equal	Nichtstrikte Prüfung auf Gleichheit
deepEqual	Rekursive Prüfung auf Gleichheit für beispielsweise Arrays oder Objekte
strictEqual	Strikte Prüfung auf Gleichheit
notEqual	Negierung der nichtstrikten Prüfung auf Gleichheit
notDeepEqual	Negierung der rekursiven Prüfung auf Gleichheit
notStrictEqual	Negierung der nichtstrikten Prüfung auf Gleichheit
Throws	Prüfung, ob eine Funktion eine Exception wirft

Neben den reinen Tests stehen Ihnen in QUnit zusätzliche Möglichkeiten zur Verfügung. So können Sie Ihre Tests beispielsweise mit der module-Funktion logisch gruppieren.

Listing 2–5

QUnit-Gruppierung

```
module('Addition Test', {
    setup: function () {console.log('Setup');},
    teardown:function () {console.log('Teardown');}
});
test('Addition of 1 and 1', function () {
    equal(add(1, 1), 2, '1 and 1 equals 2');
});
```

Die Gruppierung, die Sie in Listing 2–5 mit dem Aufruf der module-Funktion erreichen, resultiert in der Ergebnisübersicht der Tests darin, dass die Zeichenkette, die Sie als erstes Argument an die module-Funktion übergeben, den entsprechenden Tests vorangestellt wird. Eine Gruppierung reicht dabei von einem Aufruf der module-Funktion bis zum nächsten Aufruf dieser Funktion.

Ein weiteres Feature, das Sie im Zuge der Gruppierung erhalten, ist die setup- und teardown-Funktionalität. Diese beiden Funktionen geben Sie in einem Objektliteral als zweites Argument beim Aufruf der module-Funktion an. Dabei wird die setup-Funktion vor jedem Test des Moduls ausgeführt. Sie können mit dieser Funktion die Umgebung für den Test vorbereiten und beispielsweise Objekte erstellen oder Ähnliches. Die teardown-Funktion wird im Gegensatz zur setup-Funktion nach jedem Test des Moduls ausgeführt. Dies ist die Stelle, an der Sie den Quellcode ablegen, der dafür sorgt, dass die Umgebung nach einem Test wieder aufgeräumt wird.

Ein weiteres, weit verbreitetes Testframework ist neben QUnit das unabhängige Framework Jasmine.

2.4   Jasmine

Jasmine wurde, im Gegensatz zu QUnit, nicht im Zuge eines Java-Script-Frameworks entwickelt, sondern gänzlich unabhängig. Eine weitere Besonderheit von Jasmine ist, dass es sich bei diesem Framework nicht um ein traditionelles Unit-Test-Framework handelt, sondern um ein Behaviour Driven Development Framework. Sie können Jasmine allerdings auch für herkömmliche Unit-Tests verwenden. In der Praxis ergibt sich der einzige Unterschied zwischen einem traditionellen Unit-Test-Framework und einem Behaviour Driven Development Framework in der Erstellung der Tests in einer veränderten Syntax.

Jasmine erfreut sich aktuell aufgrund seiner umfangreichen Features und seiner angenehmen Syntax einer großen Verbreitung. Im Verlauf dieses Buchs werden die meisten Beispiele in Jasmine erstellt. Die Unterschiede zu anderen Frameworks sind meist so gering, dass Sie mit einigen Umbauten die Beispiele auch mit anderen Frameworks nachvollziehen können.

Installation

Jasmine ist, wie auch schon QUnit, ein Open-Source-Projekt. Das bedeutet, dass Sie es kostenlos verwenden und in Ihr Projekt einbinden können. Die Entwickler von Jasmine setzen vollständig auf die Infrastruktur von GitHub. Die Seite des Projekts können Sie unter *http://pivotal.github.io/jasmine/* erreichen. Hier finden Sie alle notwendigen Ressourcen für einen schnellen Einstieg in Jasmine. Die Seite enthält sowohl eine Dokumentation zur Verwendung als auch Verweise zum Download von Jasmine.

Einen sehr einfachen Einstieg in Jasmine bietet das Stand-alone-Release von Jasmine. Dieses Release besteht aus einer ZIP-Datei, die alle Komponenten enthält, die Sie zum Start benötigen. Damit Sie Jasmine verwenden können, müssen Sie lediglich die Datei von *https://github.com/jasmine/jasmine/tree/master/dist* herunterladen und in ein Verzeichnis Ihrer Wahl entpacken. Der Name der Datei lautet ähnlich wie bei QUnit schon `jasmine-standalone-<major>.<minor>.<patch>.zip`. Nach dem Entpacken erhalten Sie eine Verzeichnisstruktur, wie Sie sie in Listing 2–6 finden.

Listing 2–6
Jasmine –
Verzeichnisstruktur

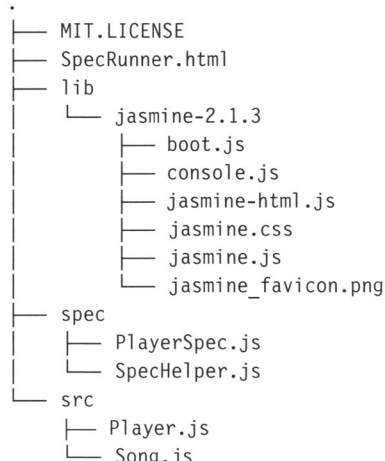

```
.
├── MIT.LICENSE
├── SpecRunner.html
├── lib
│   └── jasmine-2.1.3
│       ├── boot.js
│       ├── console.js
│       ├── jasmine-html.js
│       ├── jasmine.css
│       ├── jasmine.js
│       └── jasmine_favicon.png
├── spec
│   ├── PlayerSpec.js
│   └── SpecHelper.js
└── src
    ├── Player.js
    └── Song.js
```

Die Struktur ähnelt der, die Sie schon bei QUnit kennengelernt haben. Die Basis bildet die Datei `SpecRunner.html`. Öffnen Sie diese Datei in Ihrem Browser, werden Ihre Tests ausgeführt. Zu diesem Zweck binden Sie in dieser Datei neben Jasmine Ihren eigenen Quellcode und Ihre Tests ein. Das Beispiel, das mit dem Jasmine Stand-alone-Release mitgeliefert wird, enthält mit den Dateien `Player.js` und `Song.js` bereits zwei Dateien mit Quellcode, die im Verzeichnis `src` liegen. Die Tests befinden sich im Verzeichnis `spec` in der Datei `PlayerSpec.js`.

Wahrscheinlich ist Ihnen bereits aufgefallen, dass in Jasmine nicht die Rede von Tests, sondern von Specs ist. Hier macht sich die Herkunft von Jasmine bemerkbar. In vielen Frameworks für Behaviour Driven Development ist von Specs oder Spezifikationen anstatt von Tests die Rede.

Damit Sie die Unterschiede zwischen QUnit und Jasmine deutlicher sehen, passen Sie im Folgenden das Beispiel aus dem Stand-alone-Release von Jasmine so an, dass es den gleichen Zweck erfüllt wie bereits das Beispiel von QUnit. Die Datei `SpecRunner.html` müssen Sie im Gegensatz zu QUnit nur an zwei Stellen anpassen; nämlich dort, wo Sie Ihren Quellcode und Ihre Tests einbinden. In Listing 2–7 sehen Sie den entsprechenden Ausschnitt der Datei.

Listing 2–7
Jasmine – Anpassung der
SpecRunner.html-Datei

```html
<!-- include source files here… -->
<script type="text/javascript" src="src/source.js"></script>

<!-- include spec files here… -->
<script type="text/javascript" src="spec/test.js"></script>
```

Wenn Sie sich die Datei `SpecRunner.html` genauer ansehen, werden Sie sehen, dass hier noch einiger JavaScript-Quellcode enthalten ist, der dafür sorgt, dass die Tests ausgeführt werden und ein entsprechender Bericht angezeigt wird. Diesen Quellcode müssen Sie allerdings nicht ändern, da dieser ohne Anpassungen funktioniert.

Im nächsten Schritt müssen Sie die Datei anlegen, die Ihren Quellcode enthält. Diese trägt den Namen source.js und liegt im Verzeichnis src. Der Inhalt dieser Datei gleicht dem aus dem Beispiel von QUnit und ist in Listing 2–8 zu finden.

```
function add (a, b) {
    return a + b;
}
```

Listing 2–8
*Jasmine – source.js,
Datei mit Quelltext*

Diese Funktion soll nun mit Jasmine getestet werden. Legen Sie hierfür eine neue Datei mit dem Namen test.js im Verzeichnis spec an. Listing 2–9 zeigt Ihnen den Quellcode der Datei.

```
describe("add", function () {
    it ('Addition of 1 and 1', function () {
        expect(add(1, 1)).toEqual(2);
    });

    it('Addition of 1 and 3', function () {
        expect(add(1, 3)).toEqual(5);
    });
});
```

Listing 2–9
*Jasmine – test.js,
Datei mit Tests*

Mit dieser Infrastruktur können Sie nun Ihre Tests ausführen. In Abbildung 2–2 sehen Sie das Ergebnis des Testlaufs.

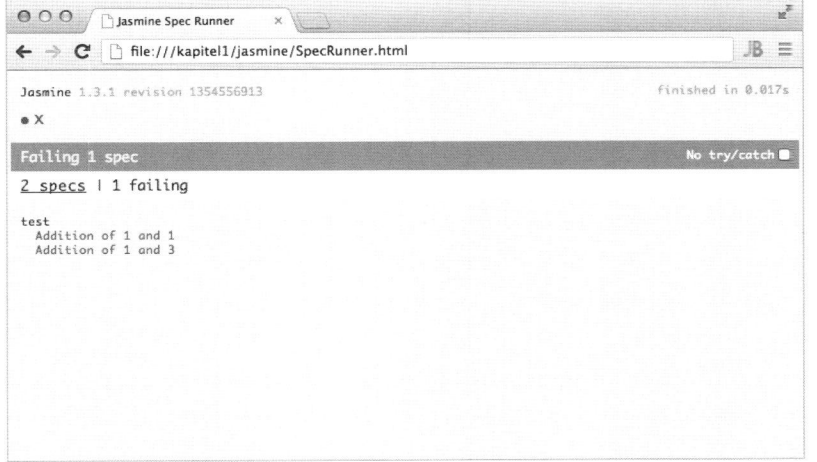

Abb. 2–2
*Ausführung von
Jasmine-Tests*

Der nächste Abschnitt beschreibt, wie Sie Ihre Tests mit Jasmine erstellen.

Tests mit Jasmine

Die Formulierung der Tests in Jasmine unterscheidet sich teilweise erheblich von der in QUnit. Wo Sie in QUnit die Option haben, Ihre Tests zu gruppieren, ist die Gruppierung in Jasmine verpflichtend. Der Aufruf der describe-Funktion leitet eine Gruppe von Tests ein. Das erste Argument dieses Funktionsaufrufs ist eine Zeichenkette, die das zu testende Objekt beschreibt. Diese Zeichenkette wird im Bericht über die Ergebnisse der Tests zur Gruppierung verwendet. Das zweite Argument, das Sie der describe-Funktion beim Aufruf mitgeben, ist eine Callback-Funktion. Sie enthält die Tests dieser Gruppe.

Innerhalb der Callback-Funktion der describe-Funktion definieren Sie die einzelnen Tests mithilfe der it-Funktion. Ein Test besteht wiederum aus einem Aufruf der it-Funktion. Diesem Aufruf übergeben Sie als erstes Argument einen beschreibenden Text. Dieser Text wird im Bericht als Repräsentation des Tests angezeigt. Das zweite Argument, das Sie an die it-Funktion übergeben, ist eine Callback-Funktion. Die Callback-Funktion enthält die eigentliche Testlogik.

Der Kern eines Tests, der mit Jasmine formuliert ist, ist wie bei anderen Testframeworks auch die Assertion; nur dass die Assertions in Jasmine aus mehreren Teilen bestehen. Im ersten Schritt rufen Sie die expect-Funktion mit dem zu testenden Wert als Argument auf. Das von der expect-Funktion zurückgegebene Objekt stellt Ihnen dann die sogenannten *Matcher* zur Verfügung. Ein Matcher ist mit den Assertions in QUnit vergleichbar. In Tabelle 2–2 sehen Sie eine Auswahl von Matchern.

Tab. 2–2
Jasmine-Matcher

Matcher	Bedeutung
toBe	Typsichere Prüfung auf Gleichheit
toEqual	Erweiterte Prüfung auf Gleichheit anhand einer internen Funktion
toMatch	Prüfung gegen einen regulären Ausdruck
toBeDefined	Prüft, ob ein Ausdruck definiert ist
toBeTruthy	Prüft, ob ein Ausdruck wahr ist, nicht typsicher
toBeFalsy	Prüft, ob ein Ausdruck falsch ist, nicht typsicher

Neben den hier vorgestellten Matchern verfügt Jasmine über zahlreiche weitere Matcher. Sollte innerhalb Ihrer Applikation allerdings ein Spezialfall existieren, der sich mit den bestehenden Matchern nicht oder nur sehr umständlich abdecken lässt, bietet Ihnen Jasmine die Möglichkeit, eigene Matcher zu erstellen und diese einzubinden. Weitere Informationen zu diesem Thema finden Sie in der Online-Dokumentation unter *http://pivotal.github.io/jasmine/*.

Wie Sie in Listing 2–9 bereits sehen konnten, müssen Sie mit Jasmine Ihre Tests strukturieren. Neben der reinen Strukturierung stellt Ihnen die describe-Funktion mit den Funktionen beforeEach und afterEach ein Feature zur Verfügung, das wie die setup- und teardown-Funktionen von QUnit wirkt. Mit beforeEach bereiten Sie die Umgebung für Ihre Tests vor und mit afterEach räumen Sie die Umgebung auf. Listing 2–10 zeigt Ihnen den Einsatz dieser beiden Funktionen.

```
describe("add", function () {
    beforeEach(function () {console.log('Setup');});
    afterEach(function () {console.log('Teardown');});

    it ('Addition of 1 and 1', function () {
        expect(add(1, 1)).toEqual(2);
    });
});
```

Listing 2–10
Jasmine – beforeEach und afterEach

Die Aufrufe von beforeEach und afterEach müssen jeweils innerhalb eines describe-Blocks stattfinden. Dabei ist es allerdings nicht relevant, an welcher Stelle Sie beide Funktionen aufrufen. Jasmine sorgt intern dafür, dass die Callback-Funktionen jeweils vor beziehungsweise nach den Tests ausgeführt werden.

Sowohl dem Aufruf von beforeEach als auch dem von afterEach übergeben Sie eine Callback-Funktion als einziges Argument. Diese wird vor beziehungsweise nach jedem Test im aktuellen describe-Block ausgeführt.

Um Ihre Tests noch genauer steuern zu können, erlaubt Ihnen Jasmine, Aufrufe von describe zu verschachteln. Das bedeutet, dass Sie innerhalb der Callback-Funktion einer describe-Funktion ein weiteres Mal describe aufrufen und so eine Gruppe von Tests in einer anderen Gruppe erstellen können. Für die beforeEach- und afterEach-Funktionen bedeutet das, dass zuerst die äußere beforeEach-Funktion und dann die innere Funktion aufgerufen wird. Bei afterEach ist der Fall genau umgekehrt. Zuerst wird die innere afterEach-Funktion ausgeführt, danach die äußere.

2.5   Nachteile clientseitiger Frameworks

Die Ausführung der Tests in einem Browser, wie Sie es hier am Beispiel von Jasmine und QUnit gesehen haben, birgt einige entscheidende Nachteile für den Entwicklungsprozess.

Wechsel zwischen
Entwicklungsumgebung
und Browser

Negativ wirkt sich vor allem der Wechsel von der Entwicklungs-umgebung in den Browser aus. Sie müssen häufig zwischen verschiedenen Werkzeugen hin und her wechseln. Sie schreiben einen Test in Ihrer Entwicklungsumgebung, führen ihn im Browser aus, stellen ein Problem fest, wechseln zurück zur Entwicklungsumgebung, beheben das Problem und müssen anschließend wieder in den Browser wechseln, um den Test erneut auszuführen. Die testgetriebene Entwicklung lebt von schnellem Feedback und einer sehr häufigen Ausführung der Tests. Dies wird durch den ständigen Wechsel zwischen Entwicklungsumgebung und Browser erheblich erschwert.

Nur ein Browser

Ein weiterer Nachteil der Ausführung der Tests im Browser ist, dass Sie die Tests in genau einem Browser ausführen. Ihr Ziel sollte allerdings sein, die Tests in möglichst vielen Browsern auszuführen.

Für diese beiden Problemstellungen existieren zahlreiche Lösungen, die es Ihnen erlauben, Ihre Tests aus der Entwicklungsumgebung heraus auf mehreren Browsern auszuführen. Der Kern dieser Lösungsansätze besteht aus serverseitigen Testframeworks. In den nachfolgenden Abschnitten werden diese näher behandelt.

2.6   Serverseitige Frameworks

Ähnlich wie schon bei den clientseitigen Frameworks, gibt es auch bei den serverseitigen Lösungen nicht die eine Standardlösung, stattdessen existieren mehrere Implementierungen parallel, jede mit ihren eigenen Vor- und Nachteilen. In den nächsten Abschnitten lernen Sie mit JsTestDriver und Karma zwei Vertreter dieser Kategorie der Testframeworks kennen.

2.7   JsTestDriver

JsTestDriver ist ein serverseitiges Testframework, das schon seit mehreren Jahren existiert und in der Praxis erprobt ist. Ein Seiteneffekt davon ist, dass es zahlreiche Erweiterungen für dieses Framework gibt und die Integration in andere Systeme wie beispielsweise die Entwicklungsumgebung oder Continuous-Integration-Systeme wie Jenkins problemlos möglich ist.

JsTestDriver wird als Open-Source-Projekt im Zuge von *http://code.google.com* entwickelt. Die Seite des Projekts finden Sie unter *https://code.google.com/p/js-test-driver/*. Bevor Sie mit dem Einsatz von JsTestDriver beginnen, sollten Sie einige Details über die Komponenten von JsTestDriver und deren Zusammenspiel wissen.

Funktionsweise

Im Gegensatz zu den clientseitigen Frameworks, die Sie bis jetzt kennengelernt und bei denen Sie Ihre Tests durch einen einfachen Seitenaufruf im Browser ausgeführt haben, bestehen die serverseitigen Testframeworks aus mehreren Komponenten. In Abbildung 2–3 sehen Sie eine schematische Übersicht der einzelnen Teile, die erforderlich sind, damit Sie Ihre Tests mit JsTestDriver ausführen können.

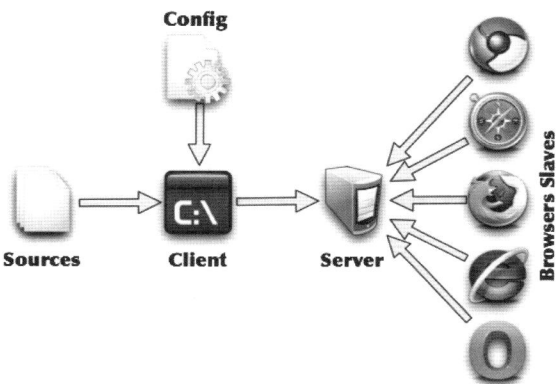

Abb. 2–3
Komponenten von
JsTestDriver

Der Kern von JsTestDriver besteht aus der Serverkomponente. Diese ist in Java geschrieben und muss im Hintergrund ausgeführt werden, damit Ihre Tests ablaufen können. Sobald der Server gestartet ist, können Sie die Browser an den Server binden. Diese Browser werden dann dazu verwendet, die Tests auszuführen. Aufbauend auf dem Server müssen Sie für jeden Testlauf einen Clientprozess starten. Dieser basiert wiederum auf Java und enthält die Informationen, wo die Tests liegen und welche davon ausgeführt werden.

Die Kommunikation zwischen Browser und Server findet über TCP statt. Das bedeutet, dass Sie nicht darauf beschränkt sind, nur lokale Browser für einen Testlauf zu verwenden, stattdessen können Sie sich von verschiedenen Maschinen mit dem Server verbinden. So ist es beispielsweise möglich, dass Sie den Server auf einem Linux-System ohne grafische Oberfläche ausführen und dann die Browser eines Windows-, eines Linux- und eines Mac-Systems mit dem Server verbinden und dort die Tests ausführen lassen.

Kommunikation zwischen
Browser und Server

Die Möglichkeiten der Testausführung enden jedoch nicht bei den Desktop-Betriebssystemen. Entwickeln Sie beispielsweise eine mobile Webapplikation, können Sie auch die Browser von mobilen Geräten mit dem Server verbinden und dort dann Ihre Tests ausführen.

Der nächste Abschnitt beschäftigt sich nun damit, wie Sie Ihre Infrastruktur aufsetzen können.

Installation

Für den Betrieb von JsTestDriver benötigen Sie Java. Ansonsten müssen Sie keine weiteren Voraussetzungen erfüllen. Damit Sie dieses Framework verwenden können, ist das Java-Archiv, das den JsTestDriver beinhaltet, zwingend erforderlich. Dieses Archiv erhalten Sie auf der Download-Seite des JsTestDriver-Projekts unter *https://code.google.com/p/js-test-driver/downloads/list*. Hier haben Sie die Auswahl aus verschiedenen Paketen. Im Normalfall sollten Sie das Paket mit den enthaltenen Abhängigkeiten herunterladen. Dieses können Sie problemlos ausführen und müssen sich nicht um die Auflösung der Abhängigkeiten kümmern. Der Name der Datei lautet `JsTestDriver-<major>.<minor>.<patch>.jar`. Aktuell ist die Version 1.3.5 verfügbar.

Wie schon bei QUnit und Jasmine, sollten Sie auch bei der Verwendung von JsTestDriver Ihr Projekt strukturieren. In Listing 2–11 finden Sie ein Beispiel für eine solche Struktur in einem Projekt.

Listing 2–11
JsTestDriver –
Verzeichnisstruktur

```
.
├── bin
│   └── JsTestDriver-1.3.5.jar
├── jsTestDriver.conf
├── src
│   └── source.js
└── src-test
    └── test.js
```

Im `bin`-Verzeichnis der Verzeichnisstruktur findet sich das Java-Archiv mit dem JsTestDriver. Dieses benötigen Sie, um sowohl den Server als auch den Client zu starten und damit Ihre Tests auszuführen. Die Datei mit dem Namen `jsTestDriver.conf` enthält die Konfiguration für Ihre Tests. Listing 2–12 enthält den Inhalt dieser Konfigurationsdatei.

Listing 2–12
JsTestDriver –
jsTestDriver.conf

```
server: http://localhost:9876

load:
  - src/*.js
  - src-test/*.js
```

Das Format der Konfigurationsdatei ist YAML. Über verschiedene Direktiven übergeben Sie dem Test-Runner verschiedene Informationen, die zur Ausführung der Tests notwendig sind. Mit der `server`-Angabe spezifizieren Sie, wo der JsTestDriver-Server läuft. Mit dieser Information weiß der Test-Runner, wo er den Server finden kann. Alternativ zur Konfigurationsdatei können Sie den Server auch über die Kommandozeile angeben. Mithilfe von `load` definieren Sie, welche Dateien für die Tests geladen werden sollen. In diesem Fall werden sämtliche Dateien der Verzeichnisse `src` und `src-test`, die auf `.js` enden, geladen. Das Verzeichnis src beherbergt den Quellcode Ihrer

Applikation. In diesem Beispiel wird der gleiche Quellcode wie auch schon für QUnit und Jasmine verwendet. In Listing 2–13 sehen Sie den entsprechenden Quellcode.

```
function add (a, b) {
    return a + b;
}
```

Listing 2–13
*JsTestDriver – source.js,
Datei mit Quelltext*

Das src-test-Verzeichnis enthält schließlich die Tests Ihrer Applikation. JsTestDriver bietet Ihnen neben der bereits vorgestellten Infrastruktur auch ein eigenes Testframework, mit dem Sie Ihre Tests formulieren können. Listing 2–14 stellt Ihnen zwei Tests für das Beispiel der add-Funktion vor. Die Tests liegen in der Datei test.js im src-test-Verzeichnis.

```
AdditionTest = TestCase("AdditionTest");

AdditionTest.prototype.testAdd1 = function() {
    assertEquals(2, add(1, 1));
};

AdditionTest.prototype.testAdd2 = function() {
    assertEquals(2, add(1, 2));
};
```

Listing 2–14
*JsTestDriver – test.js,
Datei mit Tests*

Der nächste Schritt zum Betrieb von JsTestDriver besteht darin, dass Sie den Server auf der Kommandozeile starten. In Listing 2–15 sehen Sie das dafür erforderliche Kommando.

```
$ java -jar JsTestDriver-1.3.5.jar --port 9876
setting runnermode QUIET
```

Listing 2–15
*Starten des JsTestDriver-
Servers*

Als einzige Option müssen Sie dem Aufruf von JsTestDriver die TCP-Portnummer übergeben, auf die Sie den Server binden möchten. Über diesen Port verbinden Sie zu einem späteren Zeitpunkt Ihre Browser mit dem Server. Der Standardwert für die Portnummer ist 9876. Sie können diesen Wert allerdings beliebig variieren. Allerdings sollten Sie beachten, dass Sie für Nummern unter 1024 auf Unix-Systemen Administratorberechtigungen benötigen.

Haben Sie den Server gestartet, können Sie Browser mit diesem Server verbinden. Dies erreichen Sie entweder dadurch, dass Sie im Browser die URL *http://localhost:9876* aufrufen und anschließend auf den Link Capture This Browser klicken oder Sie verwenden direkt die URL *http://localhost:9876/capture*. Abbildung 2–4 zeigt Ihnen, wie das Ergebnis einer erfolgreichen Verbindung mit dem Server im Browser aussieht.

Abb. 2–4

Verbindung eines
Browsers mit dem
JsTestDriver-Server

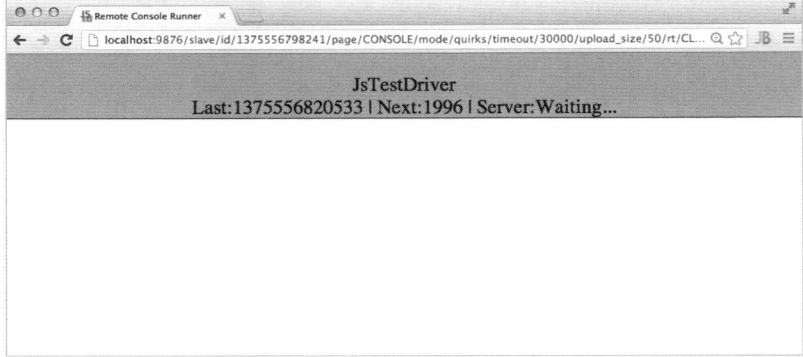

Haben Sie Ihre Browser mit dem Server verbunden, können Sie Ihre Tests im Anschluss ausführen. Zu diesem Zweck müssen Sie erneut auf die Kommandozeile wechseln und zusätzlich zum bereits laufenden JsTestDriver-Server den JsTestDriver-Client starten. Den Client starten Sie, wie schon den Server, mit einem Aufruf des Java-Archivs. Client und Server unterscheiden sich lediglich in der Art des Aufrufs. Listing 2–16 zeigt Ihnen, wie Sie den JsTestDriver-Client aufrufen müssen, damit Ihre Tests ausgeführt werden. Beim Aufruf müssen Sie außerdem beachten, dass Sie das Kommando im Verzeichnis mit der Konfigurationsdatei absetzen, da der Client ansonsten keine Informationen über den Server hat.

Listing 2–16
Starten des
JsTestDriver-Clients

```
$ java -jar bin/JsTestDriver-1.3.5.jar --tests all
setting runnermode QUIET
.F
Total 2 tests (Passed: 1; Fails: 1; Errors: 0) (3.00 ms)
  Chrome 28.0.1500.95 Mac OS: Run 2 tests (Passed: 1; Fails: 1;
Errors 0) (3.00 ms)
    AdditionTest.testAdd2 failed (1.00 ms): AssertError: expected
2 but was 3
      Error: expected 2 but was 3
        at AdditionTest.testAdd2
(http://localhost:9876/test/src-test/test.js:8:5)
```

Die Ausgabe der Testergebnisse erhalten Sie auf der Kommandozeile. Sie sehen in diesem Beispiel das Resultat für einen erfolgreichen und einen fehlschlagenden Test. Neben den Informationen, wie viele Tests ausgeführt wurden und wie viele davon erfolgreich waren, sehen Sie außerdem, wie lange die Testausführung in Anspruch nahm und auf welchen Browsern und Systemen die Tests ausgeführt wurden. Im nächsten Abschnitt erhalten Sie einen Einblick in das Testframework von JsTestDriver, mit dem Sie Ihre Tests formulieren.

Tests mit JsTestDriver

JsTestDriver bietet Ihnen, wie schon QUnit und Jasmine, ein eigenständiges Testframework, mit dem Sie Ihre Tests schreiben. Den Quellcode eines typischen JsTestDriver-Tests haben Sie bereits in Listing 2–14 gesehen. Die Grundlage eines Tests bildet ein Aufruf der `TestCase`-Funktion. Dieser Funktion übergeben Sie beim Aufruf den Namen der Testgruppe, die Sie erstellen möchten. Im Falle des Beispiels in Listing 2–14 ist dies die Zeichenkette `AdditionTest`. Diese Zeichenkette können Sie später beim Aufruf des Clients dazu verwenden, nur eine bestimmte Gruppe von Tests aufzurufen. Hierfür geben Sie dann statt der Option `--tests all` die Option `--tests AdditionTest` an und es werden lediglich die Tests dieser Gruppe ausgeführt.

Vom Aufruf der `TestCase`-Funktion erhalten Sie ein Objekt zurück, in dessen `prototype`-Eigenschaft Sie dann Ihre eigenen Tests formulieren. Wichtig ist hier, dass sämtliche Testmethoden mit dem Präfix `test` beginnen müssen, da der JsTestDriver sie ansonsten nicht ausführt.

Ein wichtiger Bestandteil des Testframeworks von JsTestDriver sind die Assertions. Mit diesen formulieren Sie Ihre Erwartung an einen bestimmten Ausdruck. Stimmt der Ausdruck mit Ihrer Erwartung überein, gilt der Test als erfolgreich, ist dies nicht gegeben, schlägt der Test fehl. Tabelle 2–3 enthält eine Auswahl der verfügbaren Assertions.

Assertion	Bedeutung
assertEquals	Nicht typsichere Prüfung zweier Werte auf deren Gleichheit
assertSame	Typsichere Prüfung zweier Werte auf deren Gleichheit
assertMatch	Prüfung gegen einen regulären Ausdruck
assertUndefined	Prüft, ob ein Ausdruck undefiniert ist.
assertTrue	Prüft, ob ein Ausdruck wahr ist, nicht typsicher
assertFalse	Prüft, ob ein Ausdruck falsch ist, nicht typsicher

Tab. 2–3

Assertions in JsTestDriver

Wie in den anderen Testframeworks, die Sie bisher kennengelernt haben, existiert auch in JsTestDriver die Möglichkeit, Setup- und Teardown-Routinen zu definieren, die vor beziehungsweise nach jedem Test einer Gruppe ausgeführt werden. In Listing 2–17 sehen Sie, wie Sie diese beiden Komponenten in Ihre Tests einbauen.

Listing 2–17
JsTestDriver –
setUp und tearDown

```
AdditionTest = TestCase("AdditionTest");

AdditionTest.prototype.setUp = function () {
    console.log('Ausführung vor jedem Test');
};

AdditionTest.prototype.tearDown = function () {
    console.log('Ausführung nach jedem Test');
};

AdditionTest.prototype.testAdd1 = function() {
    assertEquals(2, add(1, 1));
};
```

Führen Sie den Test aus Listing 2–17 aus, werden auf der Konsole der Browser, die mit dem Server verbunden sind, die beiden Zeichenketten ausgegeben. Normalerweise setzen Sie die setUp-Methode ein, um die Umgebung für einen Test vorzubereiten, und die tearDown-Methode, um nach dem Test wieder aufzuräumen.

Die Features von JsTestDriver, die Sie bisher kennengelernt haben, stellen nur einen Bruchteil des gesamten Funktionsumfangs dar. JsTestDriver stellt Ihnen die Infrastruktur allerdings nicht nur für das eigene Testframework zur Verfügung, sondern kann auch mit QUnit oder Jasmine verwendet werden und gleicht dadurch deren Nachteile als clientseitige Testframeworks, die nur in einem Browser eingesetzt werden können, aus.

Adapter

QUnit und Jasmine sind clientseitige Testframeworks und werden als solche direkt im Browser ausgeführt. Es existiert allerdings die Möglichkeit, dass Sie Ihre Tests über die Infrastruktur von JsTestDriver ausführen lassen. Zu diesem Zweck gibt es sowohl für QUnit als auch für Jasmine Adapter, die die jeweiligen Tests in die Syntax von JsTestDriver übersetzen und Sie somit in die Lage versetzen, Ihre Tests auf verschiedenen Browsern von der Kommandozeile aus zu starten. Weiterführende Informationen zu den JsTestDriver-Adaptern finden Sie unter *https://code.google.com/p/js-test-driver/wiki/XUnitCompatibility*.

Ein weiteres serverseitiges Testframework stellt Karma dar. Dieses, im Vergleich zu JsTestDriver, noch relativ junge Framework lernen Sie in den folgenden Abschnitten kennen.

2.8   Karma

Karma ist ein Open-Source-Projekt, das zu einem früheren Zeitpunkt Testacular genannt wurde. Karma baut auf dem Prinzip von JsTestDriver auf. Das Ziel dieses Projekts ist allerdings, sich rein auf die Infrastruktur-Komponente zu konzentrieren und die Tests in anderen Frameworks wie QUnit oder Jasmine zu schreiben. Das bedeutet, dass mit diesem Projekt der Gedanke der JsTestDriver-Adapter konsequent weitergeführt wurde.

Karma ist im Gegensatz zu JsTestDriver nicht in Java, sondern in JavaScript geschrieben und läuft auf Basis von Node.js, was die Installation erheblich vereinfacht.

Installation

Die Voraussetzung zum Betrieb von Karma ist, dass Sie Node.js auf Ihrem System installiert haben. Nähere Informationen hierzu finden Sie unter *http://nodejs.org/*. Haben Sie Node.js erst einmal auf Ihrem System installiert, können Sie Karma über den Node.js-Paketmanager NPM installieren. Dieser sorgt für die Auflösung der Abhängigkeiten. Listing 2–18 enthält das Kommando, das zur Installation von Karma notwendig ist.

```
$ npm install —g karma
```

Listing 2–18
Installation von Karma

Wie auch schon der JsTestDriver, benötigt auch Karma eine Konfigurationsdatei. Karma bietet Ihnen hier einen interaktiven Wizzard, mit dessen Hilfe Sie eine entsprechende Konfiguration erstellen können. In Listing 2–19 sehen Sie diesen Prozess Schritt für Schritt.

```
$ karma init karma.conf.js

Which testing framework do you want to use ?
Press tab to list possible options. Enter to move to the next
question.
> jasmine

Do you want to use Require.js ?
This will add Require.js plugin.
Press tab to list possible options. Enter to move to the next
question.
> no

Do you want to capture a browser automatically ?
Press tab to list possible options. Enter empty string to move to
the next question.
> Chrome
>
```

Listing 2–19
Karma – Erstellung der Konfigurationsdatei

```
What is the location of your source and test files ?
You can use glob patterns, eg. "js/*.js" or "test/**/*Spec.js".
Enter empty string to move to the next question.
> spec/*.js
> src/*.js
>

Should any of the files included by the previous patterns be
excluded ?
You can use glob patterns, eg. "**/*.swp".
Enter empty string to move to the next question.
>

Do you want Karma to watch all the files and run the tests on change ?
Press tab to list possible options.
> yes

Config file generated at "/tddjs/kapitel1/karma/karma.conf.js".
```

Für das Beispiel mit Karma kommt der gleiche Quellcode wie schon im Beispiel mit Jasmine zum Einsatz. Das bedeutet, dass Sie ein src-Verzeichnis mit einer Datei source.js haben, die den Quellcode Ihrer Applikation enthält, und ein Verzeichnis spec mit einer Datei test.js, das entsprechend die Tests enthält. Zur Ausführung der Tests wird Jasmine verwendet.

Wizzard zur Erstellung der Konfiguration

Mit dem Kommando karma init karma.conf.js erstellen Sie die Konfigurationsdatei. Die erste Frage nach dem verwendeten Framework können Sie mit dem Standardwert jasmine beantworten. Require.js kommt bei dieser Applikation nicht zum Einsatz. Entsprechend geben Sie bei der zweiten Frage no an.

Wie bei JsTestDriver binden Sie auch bei Karma Ihre Browser an den Server. Karma verfügt über die Möglichkeit, automatisch Browser an den Server zu binden. Sie können bei der Erstellung der Konfiguration die Namen von Browsern angeben, die Sie automatisch starten und an den Karma-Server binden möchten. Der Standardwert lautet hier Chrome.

Im nächsten Schritt müssen Sie angeben, welche Dateien Sie laden möchten. Zum einen sind dies die Testdateien im Verzeichnis spec und zum anderen die Quelldateien Ihrer Applikation im Verzeichnis src. Neben den eingeschlossenen Dateien können Sie außerdem noch Dateien ausschließen. In diesem Beispiel ist dies allerdings nicht notwendig. Deshalb geben Sie hier keinen Wert an.

Die letzte Frage, die Sie bei der Erstellung der Konfiguration beantworten müssen, ist, ob Sie möchten, dass Karma auf Änderungen an den Dateien lauscht und dann die Tests automatisch ausführt.

Nach der Beantwortung der Fragen können Sie Ihre Tests ausführen. Zu diesem Zweck müssen Sie lediglich das Kommando karma start auf der Kommandozeile absetzen. Listing 2–20 zeigt Ihnen das erforderliche Kommando und das Ergebnis der Tests.

```
$ karma start
WARN [config]: config.configure() is deprecated, please use
config.set() instead.
INFO [karma]: Karma v0.9.4 server started at http://localhost:9876/
INFO [launcher]: Starting browser Chrome
INFO [Chrome 28.0.1500 (Mac OS X 10.8.4)]: Connected on socket id
cZLOYjtnMoZOkhThQQwb
Chrome 28.0.1500 (Mac OS X 10.8.4) test Addition of 1 and 3 FAILED
   Expected 4 to equal 5.
   Error: Expected 4 to equal 5.
       at null.<anonymous>
(/tddjs/kapitel1/karma/spec/test.js:7:27)
Chrome 28.0.1500 (Mac OS X 10.8.4): Executed 2 of 2 (1 FAILED)
(0.054 secs / 0.01 secs)
```

Listing 2–20
*Karma – Ausführung
der Tests*

Sobald Sie nun die Dateien editieren, die Sie in der Konfiguration angegeben haben, werden die Tests automatisch ausgeführt. Sie können noch einen Schritt weitergehen und Karma in Ihre Entwicklungsumgebung integrieren. Mit dieser Erweiterung ist kein Wechsel zwischen der Entwicklungsumgebung und der Kommandozeile notwendig.

Integration in die Entwicklungsumgebung

Die Entwicklungsumgebung WebStorm von JetBrains bietet Ihnen ein Plug-in für Karma. Standardmäßig ist dieses Plug-in installiert und aktiviert. Das bedeutet, dass Sie mit einem Rechtsklick auf die Konfigurationsdatei über das Kontextmenü die Tests ausführen können. In Abbildung 2–5 sehen Sie das Ergebnis der Integration Ihrer Jasmine-Tests mit Karma in WebStorm.

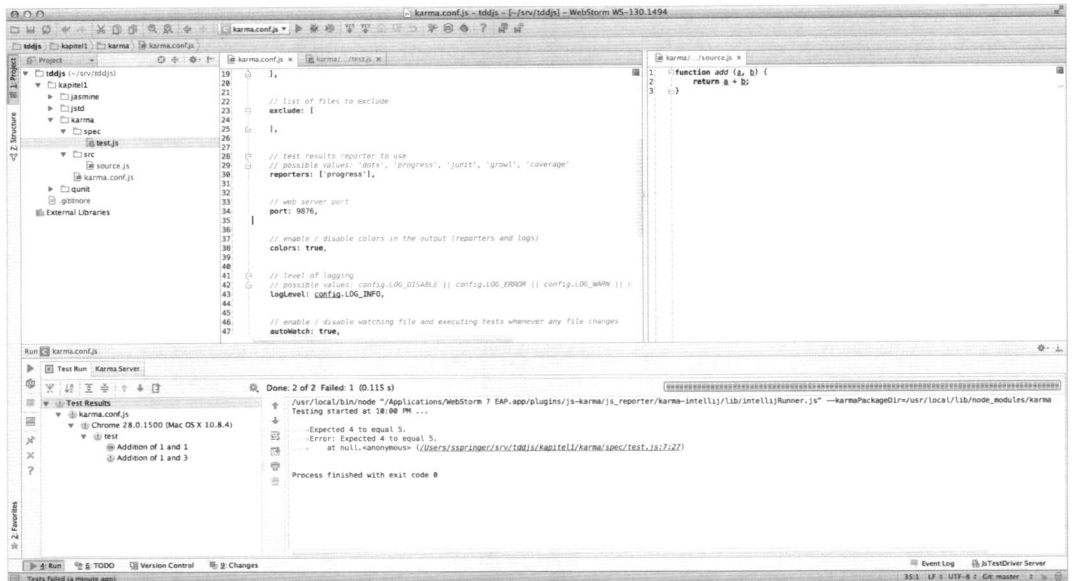

Abb. 2–5

Integration von Karma in
die Entwicklungs-
umgebung

Der Vorteil dieser Integration besteht vor allem darin, dass Sie die Ergebnisse Ihrer Tests direkt in Ihrer Entwicklungsumgebung sehen können und bei einem Fehlschlag direkt an die entsprechende Stelle springen können. Außerdem können Sie die Testausführung steuern. Das bedeutet, dass die Tests nicht unbedingt bei jedem Speichervorgang ausgeführt werden müssen.

Einen Testlauf starten Sie entweder über das Kontextmenü Ihrer Entwicklungsumgebung oder über ein Tastaturkürzel.

2.9　Zusammenfassung

In diesem Kapitel haben Sie verschiedene Testframeworks kennengelernt. Dabei haben Sie vor allem die Unterschiede zwischen clientseitigen und serverseitigen Testframeworks gesehen.

Diese Testframeworks bilden die Basis für die testgetriebene Entwicklung. Im nächsten Kapitel erfahren Sie, wie Sie mit JavaScript und Jasmine Ihre Applikation testgetrieben entwickeln können.

3   Workshop: Red, Green, Refactor

Wenn Sie an dieser Stelle angekommen sind, sollten Sie über eine funktionierende Arbeitsumgebung verfügen. Denn in diesem Kapitel lernen Sie die testgetriebene Entwicklung von JavaScript an einem konkreten Beispiel kennen.

Dieses Kapitel soll Ihnen als Einführung in den Prozess der testgetriebenen Entwicklung dienen. Anhand eines relativ einfachen Beispiels wird die Lösung Schritt für Schritt entwickelt. Dieses Kapitel soll ein grundlegendes Verständnis schaffen. Aus diesem Grund ist das Beispiel auch so einfach gewählt und die Wiederholungen, die sich durch die iterative Vorgehensweise ergeben, sind gewollt. Sollten Sie bereits Erfahrung in der testgetriebenen Entwicklung haben, können Sie dieses Kapitel auch überspringen.

Damit Sie von den Vorteilen der testgetriebenen Entwicklung profitieren können, müssen Sie einige Punkte beachten. Sie erfahren in diesem Kapitel mehr über die Workflows der testgetriebenen Entwicklung, über schnelles Feedback und Disziplin, aber auch, dass testgetriebene Entwicklung durchaus Spaß machen kann, vor allem, wenn sie in Kombination mit Pair Programming ausgeführt wird.

Zunächst stelle ich Ihnen die Aufgabenstellung vor, die Sie im Zuge dieses Kapitels lösen sollen.

3.1   Die Aufgabenstellung

Die Vorgehensweise bei der testgetriebenen Entwicklung lernt man am besten am konkreten Beispiel. Hier sehen Sie, wie sich die Theorie anwenden lässt, und erfahren gleichzeitig, aus welchem Grund sich einige Best Practices etabliert haben.

Zum Erlernen der testgetriebenen Entwicklung sollten Sie ein überschaubares Beispiel mit möglichst wenigen Abhängigkeiten zu anderen Systemen verwenden. Hier empfiehlt sich eine der bereits im ersten Kapitel vorgestellten Code-Katas. Im Zuge dieses Kapitels setzen Sie die Print-Diamond-Kata um.

Print Diamond

Die Eingabe besteht aus einem beliebigen Buchstaben von A bis Z. Es soll ein Diamant ausgegeben werden, an dessen breitester Stelle der eingegebene Buchstabe steht. Das Ergebnis für den Buchstaben E soll beispielsweise so aussehen:

```
    A
   B B
  C   C
 D     D
E       E
 D     D
  C   C
   B B
    A
```

3.2   Konzeptarbeit

Bevor Sie mit der eigentlichen Entwicklung beginnen, sollten Sie eines der wichtigsten Hilfsmittel der testgetriebenen Entwicklung neben einem Testframework benutzen: Papier und Bleistift. Die Voraussetzung für eine erfolgreiche testgetriebene Entwicklung besteht darin, dass Sie das zu lösende Problem erfasst haben. Zu diesem Zweck sollten Sie die Anforderungen kennen.

Das Problem, das Sie in diesem Kapitel zu lösen versuchen, ist so überschaubar, dass es sich mit einer Funktion lösen lässt. Sie haben eine definierte Eingabe und erwarten dafür eine Ausgabe. Der erste und nächstliegende Schritt, um hier testgetrieben einzusteigen, wäre, einen Test zu erstellen und den Quellcode zu schreiben, der dafür sorgt, dass der Test erfolgreich durchläuft. Für den ersten Fall, den Buchstaben A, ist dieses Vorgehen noch praktikabel, da sich hier Ein- und Ausgabe gleichen. Setzen Sie allerdings die Lösung für einen komplizierteren Fall oder sogar eine generische Lösung um, die mit allen Buchstaben des Alphabets umgehen kann, steigt die Komplexität des Quellcodes plötzlich erheblich an.

Es empfiehlt sich daher, dass Sie sich vor der Umsetzung Ihrer Lösung zuerst mit dem Problem auseinandersetzen und den Lösungsweg in kleinere Schritte unterteilen. Im Fall der Print-Diamond-Aufgabe können Sie beispielsweise das Problem in die einzelnen auszugebenden Zeilen unterteilen. Zu diesem Zweck nehmen Sie sich am besten ein Blatt Papier und einen Stift und fertigen eine Skizze an. In Abbildung 3–1 sehen Sie ein Beispiel einer solchen Skizze.

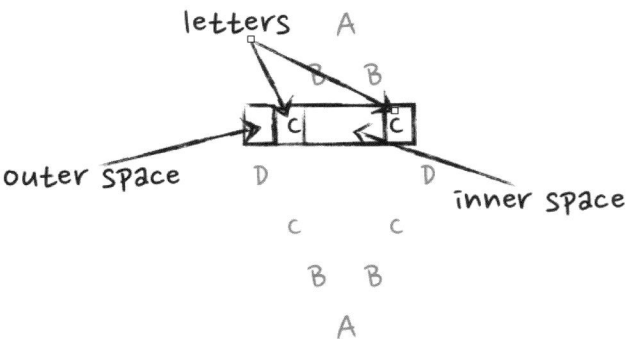

Abb. 3–1

Skizze der

Problemstellung

Wie Sie in Abbildung 3–1 sehen können, lässt sich jeder Teil wiederum in drei Teile untergliedern. Der erste Teil besteht aus den führenden Leerzeichen, der zweite Teil aus den Buchstaben, die ausgegeben werden sollen, und den dritten Teil stellen schließlich die Leerzeichen zwischen den Buchstaben dar.

Nun, da Sie ein ungefähres Bild vom Problem und der potenziellen Lösung haben, können Sie mit der eigentlichen Arbeit, der testgetriebenen Entwicklung, beginnen.

3.3 Setup

Für das Setup zur Problemlösung greifen Sie am besten auf die in Kapitel 2 beschriebene Vorgehensweise zurück, laden sich Jasmine herunter und binden es in die Umgebung Ihrer Wahl ein.

Die einzige Voraussetzung für dieses Kapitel ist das Testframework Jasmine. Sämtliche Tests in diesem Kapitel werden auf der Grundlage dieses Frameworks verfasst. Für den eigentlichen Quellcode der Lösung wird kein weiteres JavaScript-Framework benötigt.

Sie haben die Möglichkeit, Jasmine entweder über das Standalone-Release direkt im Browser auszuführen oder Jasmine mit Karma oder dem JsTestDriver zu verbinden und so mehrere Browser zu registrieren und Ihre Tests dann auf dieser Infrastruktur auszuführen. Die dritte Möglichkeit besteht schließlich darin, dass Sie Jasmine über ein Plug-in in Ihre Entwicklungsumgebung einbinden.

Unabhängig davon, welche Art der Einbindung von Jasmine Sie wählen, empfiehlt es sich auf jeden Fall, dass Sie sowohl die Tests als auch den Quellcode Ihrer Applikation im Blick haben. Die Entwicklungsumgebung WebStorm verfügt zu diesem Zweck über ein Feature, das es Ihnen ermöglicht, den Anzeigebereich in mehrere Teile zu unterteilen. In Abbildung 3–2 sehen Sie, wie eine derartige Aufteilung Ihrer Entwicklungsumgebung aussehen kann.

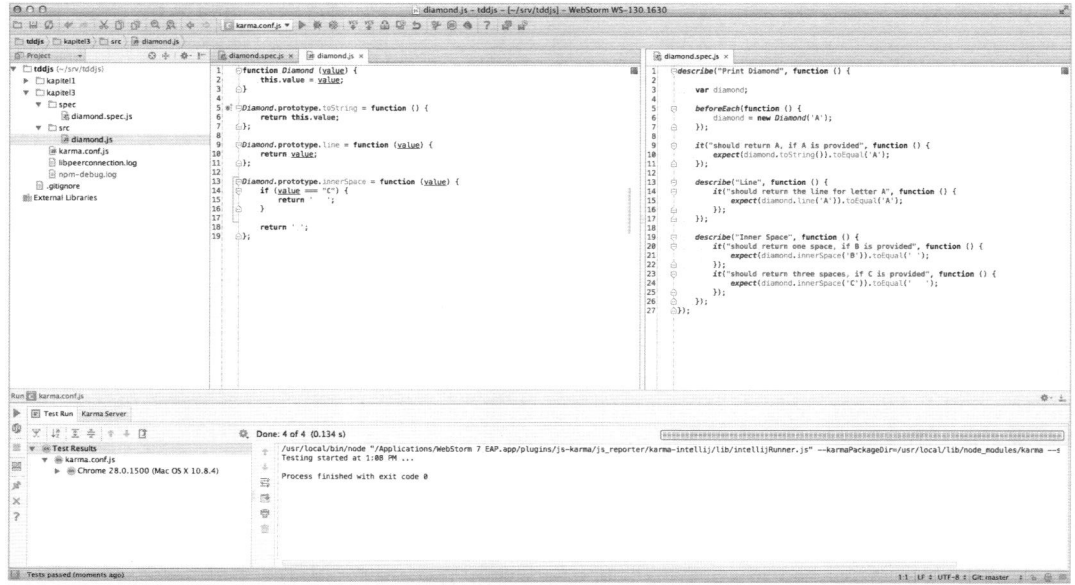

Abb. 3–2

*Aufteilung der Fenster
innerhalb der
Entwicklungsumgebung*

In Abbildung 3–2 ist der Anzeigebereich jedoch nicht nur in zwei, sondern in insgesamt fünf Teile aufgeteilt. Links oben sehen Sie die Verzeichnisstruktur des aktuellen Projekts. Oben in der Mitte und oben rechts befinden sich die beiden Editor-Fenster, wobei das linke den Quellcode der Applikation und das rechte die Tests enthält. Unten links im Anzeigebereich finden Sie die Zusammenfassung der Resultate des Karma-Plug-ins zur Testausführung. Unten rechts befindet sich schließlich die Konsole des Karma-Plug-ins mit der ausführlichen Rückmeldung der Tests, in der Sie im Fehlerfall beispielsweise die entsprechende Fehlermeldung finden können.

Der Vorteil dieser Aufteilung der Fenster ist, dass Sie sämtliche relevanten Informationen auf einem Blick verfügbar haben und Sie daher nicht erst zwischen verschiedenen Fenstern wechseln müssen.

3.3.1   Dateistruktur

Zur Strukturierung Ihres Quellcodes ist eine zweigeteilte Ordnerstruktur empfehlenswert. Zu diesem Zweck sollten Sie ein Verzeichnis src erstellen, in dem Sie den Quellcode Ihrer Applikation speichern, und ein spec-Verzeichnis, in dem die Tests für Ihre Applikation liegen.

Für das Print-Diamond-Beispiel müssen Sie außerdem zwei Dateien anlegen. Im Verzeichnis src erstellen Sie die Datei diamond.js und im spec-Verzeichnis liegt die Datei diamond.spec.js.

Je nachdem, welche Variante Sie für die Ausführung Ihrer Tests verwenden, müssen Sie noch weitere Dateien oder Verzeichnisse anlegen. Näheres hierzu finden Sie in Kapitel 2.

Haben Sie diese Voraussetzungen erfüllt, gehen Sie im nächsten Schritt an die Erstellung des ersten Testfalls.

3.4   Die ersten Schritte

Aller Anfang ist schwer, das gilt wie in vielen anderen Situationen auch für die testgetriebene Entwicklung. Wo also beginnen Sie mit der Lösung Ihres Problems?

Die testgetriebene Entwicklung lebt von kleinen Schritten und so ist auch der Start in eine neue Aufgabe von einem möglichst kleinen Schritt geprägt. Für den ersten Schritt sollten Sie daher eine Aufgabenstellung wählen, die sehr schnell umzusetzen ist und die keine weitere Logik enthält.

Am Beispiel von Print Diamond ist dieser erste Testfall recht einfach gefunden. Sie benötigen eine Funktion, der Sie den Buchstaben übergeben, der die breiteste Stelle des auszugebenden Diamanten bildet. Der Rückgabewert ist dann eine Zeichenkette, die den Diamanten enthält. Im einfachsten Fall übergeben Sie dieser Funktion den Buchstaben A und erhalten als Rückgabewert eine Zeichenkette, die lediglich den Buchstaben A enthält.

3.4.1   Red – der erste Test

Wie Sie wissen, besteht die testgetriebene Entwicklung aus einer stetigen Wiederholung der Red-Green-Refactor-Schleife. Das heißt für Sie ganz konkret, dass Sie zu Beginn dieses Beispiels mit Red starten müssen, also zunächst einen fehlschlagenden Test schreiben müssen.

```
describe("Print Diamond", function () {
    it ("should return A, if A is provided", function () {
        var diamond = new Diamond('A');

        expect(diamond.toString()).toEqual('A');
    });
});
```

Listing 3–1
spec/diamond.spec.js –
fehlschlagender Test

Der Test aus Listing 3–1 kann nicht funktionieren, da der Quellcode, den Sie testen, noch nicht existiert. Sie sehen aber schon, dass Sie mit einem sehr einfachen Test bereits viel Einfluss auf die Architektur Ihrer Applikation nehmen können.

Statt einer einfachen Funktion, die den Buchstaben erhält, der die breiteste Stelle des Diamanten markiert, wird hier über eine Konstruktorfunktion ein neues Objekt erstellt. Ein Aufruf der `toString`-Methode führt dann zur gewünschten Ausgabe. Diese Variante der Strukturierung erlaubt es Ihnen, die Aufgabenstellung besser zu unterteilen. Sie haben ein Objekt, das den Diamanten repräsentiert. Außerdem ist sämtliche Funktionalität, die erforderlich ist, um die Eingabe in die erwartete Ausgabe zu transformieren, in diesem Objekt enthalten.

Der nächste Schritt in der Schleife der testgetriebenen Entwicklung besteht darin, dass Sie nun dafür sorgen, dass der fehlgeschlagene Test erfolgreich ablaufen kann.

3.4.2   Green – der Test läuft erfolgreich ab

Haben Sie einen fehlschlagenden Test, müssen Sie dafür sorgen, dass dieser Test so schnell wie möglich wieder erfolgreich ablaufen kann. Zu diesem Zweck ist beinahe jedes Mittel erlaubt. Wichtig in diesem Schritt ist vor allem, dass Sie wissen, aus welchem Grund der Test fehlschlägt. Was für Sie zunächst trivial klingen mag, ist bei näherer Betrachtung nicht so selbstverständlich, denn ein Test kann aus vielerlei Gründen fehlschlagen. Nur eine dieser Ursachen ist, dass der Test geplant fehlschlägt, weil die notwendige Funktionalität noch nicht existiert. Aus diesem Grund sollten Sie in jedem Fall die Fehlermeldung lesen, die bei der Ausführung des Tests ausgegeben wurde.

Für den Test in Listing 3–1 lautet die Fehlermeldung: `Reference-Error: Diamond is not defined`. Diese Meldung sollte auch Ihrer Erwartung entsprechen. Sie rufen eine nicht existierende Konstruktorfunktion auf. Um den Test nun also so schnell wie möglich grün zu bekommen, müssen Sie zunächst diese Konstruktorfunktion definieren. Listing 3–2 enthält den entsprechenden Quellcode.

Listing 3–2
src/diamond.js – die
Konstruktorfunktion

```
function Diamond () {};
```

Führen Sie nun den Test aus Listing 3–1 aus, erhalten Sie immer noch eine Fehlermeldung. Dieses Mal lautet sie jedoch: `Expected '[object Object]' to equal 'A'`. Das bedeutet, dass der Rückgabewert der `toString`-Methode nicht Ihrer Erwartung entspricht. Diese Tatsache ist auch nicht weiter verwunderlich, da Sie diese Methode noch nicht implementiert haben. In JavaScript steht Ihnen die `toString`-Methode allerdings für jedes Objekt in einer Standardimplementierung zur Verfügung. Diese Standardimplementierung reicht aber für Ihre Zwecke nicht aus und Sie müssen dafür Sorge tragen, dass sich die Methode so verhält, wie Sie es erwarten. Auch hier sollten Sie beachten, dass das vorrangige Ziel ist, den Test erfolgreich ablaufen zu lassen. Listing 3–3 zeigt Ihnen die erforderliche Implementierung.

```
Diamond.prototype.toString = function () {
    return 'A';
};
```

Listing 3–3
*src/diamond.js – die
toString-Methode*

Nachdem Sie die Änderungen an Ihrem Quellcode durchgeführt haben, können Sie Ihren Test erneut ausführen. Dieser Testlauf sollte nun erfolgreich sein. Bei einem genaueren Blick auf den Quellcode wird Ihnen auffallen, dass Ihr Quellcode noch nicht in der Lage ist, auf das Argument der Konstruktorfunktion zu reagieren. Diese Schwäche können Sie im dritten und letzten Teil der Red-Green-Refactor-Schleife beheben. Sobald alle Ihre Tests erfolgreich ablaufen, haben Sie die Gelegenheit, Ihren Quellcode zu verbessern. In diesem Fall sollten Sie dafür sorgen, dass die Konstruktorfunktion einen Parameter erhält und dessen Wert in eine interne Variable speichert, die schließlich beim Aufruf der toString-Methode ausgegeben wird. Listing 3–4 enthält den entsprechend angepassten Quellcode.

```
function Diamond (value) {
    this.value = value;
}

Diamond.prototype.toString = function () {
    return this.value;
};
```

Listing 3–4
src/diamond.js – Refactor

Dieser letzte Schritt führt dazu, dass Ihr Quellcode qualitativ besser wird und sich gleichzeitig die getestete Schnittstelle nicht ändert. Diese Vorgehensweise ist charakteristisch für Refactorings. Die Signatur Ihrer Methoden bleibt unverändert, die Algorithmen werden allerdings verbessert. Ein Refactoring beginnt mit grünen Tests und endet mit grünen Tests.

3.5   Der nächste Schritt

Sie haben nun den ersten Durchlauf der Red-Green-Refactor-Schleife erfolgreich hinter sich gebracht. Jetzt ist es Zeit, den zweiten Lauf zu beginnen. Das bedeutet, Sie müssen einen weiteren Test verfassen. Auch hier stellt sich wie schon zu Beginn der Entwicklung die Frage: Wie sieht der nächste Test aus?

3.5.1   Red – mehr Einsicht

Eine gute Daumenregel ist, dass Ihnen ein Test stets zusätzliche Informationen über Ihre Applikation bringen sollte: Zum Beispiel erzeugt eine Funktion aus einer bestimmten Kombination von Eingabewerten die korrekte Ausgabe. Eine Hilfestellung für den nächsten Test bietet Ihnen hier Ihr Konzept, dass Sie sich zu Beginn der Aufgabe erarbeitet haben. In Abbildung 3–1 sehen Sie, dass sich die Problemstellung in kleinere Teilprobleme untergliedern lässt. Der nächste logische Schritt besteht also darin, dass Sie Ihren Diamanten in mehrere Zeilen unterteilen. Auch hier können Sie zunächst mit einem sehr einfachen Test beginnen.

Listing 3–5
Red – Test für eine Zeile

```
describe("Print Diamond", function () {
    it ("should return A, if A is provided", function () {…});

    describe("Line", function () {
        it ("should return the line for letter A", function () {
            var diamond = new Diamond('A');

            expect(diamond.line('A')).toEqual('A');
        });
    });
});
```

Für diesen zweiten Test nutzen Sie die Möglichkeit von Jasmine, Ihre Testgruppen zu verschachteln. Das bedeutet, dass Sie für die Implementierung der Zeilen eine eigene Untergruppe anlegen. Innerhalb dieser Gruppe definieren Sie dann einen weiteren Test. Dieser prüft, ob ein Aufruf der line-Methode mit dem Argument A die Zeichenkette A zurückgibt. Führen Sie diesen Test aus, schlägt er erwartungsgemäß mit der Meldung `TypeError: Object [object Object] has no method 'line'` fehl.

3.5.2   Green – fake it

Damit der Test für eine Zeile erfolgreich ablaufen kann, müssen Sie dem Prototypen Ihres Diamond-Konstruktors nun eine weitere Methode hinzufügen. Listing 3–6 zeigt Ihnen den Quellcode für die line-Methode.

Listing 3–6
Green – eine statische Zeile

```
Diamond.prototype.line = function () {
    return 'A';
};
```

Kent Beck, der Autor des Buchs »Test-Driven Development By Example«, hat für die Vorgehensweise in Listing 3–6 die Bezeichnung *fake it (till you make it)* eingeführt. Das bedeutet, dass Sie einen statischen Wert als Rückgabe einsetzen, um einen Test möglichst schnell grün zu bekommen. Damit Sie weitere Flexibilität in Ihrer Applikation erhalten, sollten Sie im Refactor-Schritt dazu übergehen, den konstanten Wert durch eine Variable zu ersetzen.

3.5.3   Refactor – dynamischer Rückgabewert

Nach der Änderung in Listing 3–6 laufen beide Tests erfolgreich ab. Jetzt ist es wieder an der Zeit für ein kleines Refactoring Ihres Quellcodes. Damit Sie Ihren Diamanten korrekt darstellen können, müssen die einzelnen Zeilen dynamisch angezeigt werden. Das bedeutet, dass Sie die line-Methode parametrisieren müssen. In Listing 3–7 sehen Sie die angepasste Methode.

```
Diamond.prototype.line = function (value) {
    return value;
};
```

Listing 3–7
src/diamond.js –
Parametrisierung
der line-Methode

Lassen Sie nach diesen Änderungen Ihre Tests erneut ablaufen, lautet das Ergebnis, dass beide nach wie vor erfolgreich sind. Bei der Auswahl der zu lösenden Teilaufgabe ist es wichtig, dass Sie sich in möglichst kurzen Red-Green-Refactor-Schleifen bewegen. Das heißt wiederum, dass Sie die Teilaufgabe so wählen sollten, dass Sie sie in sehr kurzer Zeit bewältigen können. Die nächste Teilaufgabe würde nun lauten, eine komplette Zeile in Abhängigkeit von der breitesten Stelle des Diamanten auszugeben. Diese Aufgabe ist allerdings zu umfangreich, um sie mit einem Test zu lösen. Das führt zur nächsten logischen Konsequenz, und zwar, dass Sie das Problem wiederum in Teilprobleme zerlegen.

3.6   innerSpace – ein Teilproblem

In Ihrer Skizze in Abbildung 3–1 sehen Sie, dass sich das Problem einer einzelnen Zeile wiederum in mehrere Einheiten unterteilen lässt. Zunächst sollten Sie sich mit den inneren Leerzeichen beschäftigen. Diese sind keinerlei äußeren Einflüssen unterworfen. Das bedeutet, dass beim Buchstaben B immer ein Leerzeichen ausgegeben wird, egal welcher Buchstabe die breiteste Stelle darstellt.

3.6.1   Red – ein erster Test für innerSpace

Der nächste Test muss also lauten: Ich rufe die Funktion innerSpace mit dem Argument B auf und erwarte, dass ich ein Leerzeichen als Rückgabewert erhalte. In Quellcode übersetzt lautet dieser Test, wie Sie ihn in Listing 3–8 sehen.

Listing 3–8
spec/diamond.spec.js –
innerSpace Test für B

```
describe("Print Diamond", function () {
    it("should return A, if A is provided", function () {…});

    describe("Line", function () {…});

    describe("Inner Space", function () {
        it("should return one space, if B is provided", function () {
            var diamond = new Diamond('A');

            expect(diamond.innerSpace('B')).toEqual(' ');
        });
    });
});
```

Die Ausführung dieses Tests wird quittiert mit der Fehlermeldung `TypeError: Object [object Object] has no method 'innerSpace'`. Wie bei den übrigen Tests bedeutet das auch hier, dass Sie die Methode `inner‐Space` zunächst erstellen müssen.

3.6.2   Green – Implementierung der innerSpace-Methode

Der erste Schritt der Umsetzung der `innerSpace`-Methode besteht darin, dass Sie eine leere Methode mit dem Namen `innerSpace` im Prototypen des `Diamond`-Konstruktors erstellen. Führen Sie die Tests danach aus, erhalten Sie die Fehlermeldung, dass der Rückgabewert `undefined` nicht mit dem erwarteten Leerzeichen übereinstimmt. Die endgültige Lösung des Problems finden Sie in Listing 3–9.

Listing 3–9
src/diamond.js – erster
Ansatz der
innerSpace-Methode

```
Diamond.prototype.innerSpace = function () {
    return ' ';
};
```

Haben Sie die Anpassung an Ihrem Quellcode durchgeführt, können Sie die Tests erneut ausführen. Als Ergebnis erhalten Sie drei erfolgreich durchlaufene Tests. Grüne Tests bedeuten für Sie nun wieder die Möglichkeit eines Refactorings.

3.6.3   Refactor – Duplikate reduzieren

Eine Maßnahme, die Sie regelmäßig in den Refactor-Schritten durchführen sollten, ist die Reduzierung von Duplikaten. Da Sie sich im Green-Schritt nur darauf konzentrieren, Ihre Tests grün zu bekommen, achten Sie dort auch normalerweise nicht darauf, ob Sie Code duplizieren. All dies ist auch gewollt und sollte so stattfinden. Damit Ihr Quellcode jedoch sauber, erweiterbar und wartungsfreundlich bleibt, müssen Sie sich von Zeit zu Zeit um den Abbau von technischen Schulden, wie es beispielsweise Duplikate im Quellcode sind, kümmern.

Der Quellcode Ihrer Applikation besteht nicht nur aus dem eigentlichen Quellcode, sondern auch aus dem Code Ihrer Tests. Aus diesem Grund sollten Sie auch in Ihren Tests dafür sorgen, dass er möglichst wenige Duplikate aufweist. Bisher haben Sie in jedem Test ein Diamond-Objekt instanziiert. Diese Operationen können Sie zusammenfassen, indem Sie die beforeEach-Funktion von Jasmine benutzen. Listing 3–10 zeigt Ihnen die Anpassung.

```
describe("Print Diamond", function () {

    var diamond;

    beforeEach(function () {
        diamond = new Diamond('A');
    });
...
```

Listing 3–10
*spec/diamond.spec.js –
Duplikate reduzieren*

Mit dieser Änderung können Sie aus allen Tests die Zeile var diamond = new Diamond('A'); entfernen. Führen Sie Ihre Tests nach dem Speichern der Änderung erneut aus, besteht das Ergebnis aus drei grünen Tests. Das Resultat ist also das gleiche, Ihr Quellcode ist aber um ein kleines Stück besser geworden.

3.7 Erweiterung der innerSpace-Methode

Mit der Umsetzung der innerSpace-Methode sind Sie jetzt auf der Ebene der Units angekommen, also bei den kleinsten Einheiten Ihrer Applikation. Nun können Sie damit fortfahren, Schritt für Schritt die Logik Ihrer Applikation umzusetzen und die einzelnen Komponenten dann wieder zu einer Applikation zusammenzuführen. Nachdem zum aktuellen Zeitpunkt alle Tests grün sind, benötigen Sie einen weiteren fehlschlagenden Test, um weitermachen zu können.

3.7.1 Red – Triangulation

Momentan funktioniert die innerSpace-Methode nur für den Buchstaben B, indem sie ein Leerzeichen zurückgibt. Rufen Sie diese Methode mit dem Buchstaben C oder A auf, ist das Ergebnis immer das gleiche: ein Leerzeichen. Mit dieser Implementierung der innerSpace-Methode kommen Sie also nicht wirklich ans Ziel. Der nächste Test muss somit lauten: Wenn ich die innerSpace-Methode mit dem Argument C aufrufe, erwarte ich als Rückgabewert eine Zeichenkette, die aus drei Leerzeichen besteht. In Quellcode übersetzt, führt Sie dies direkt zu Listing 3–11.

Listing 3–11
spec/diamond.spec.js –
weiterer Test für
innerSpace

```
describe("Inner Space", function () {
    it("should return one space, if B is provided", function ()
{…});

    it("should return three spaces, if C is provided", function () {
        expect(diamond.innerSpace('C')).toEqual('   ');
    });
});
```

Die Methode der Triangulation stammt wie schon die Fake-it-Methode aus dem Buch von Kent Beck. Sie basiert darauf, dass Sie bei einem komplizierten Problem nicht davon ausgehen können, dass Sie mit nur einem Test eine gute Lösung entwickeln können. Aus diesem Grund schreiben Sie einen zusätzlichen Test. In diesem Beispiel besteht der erste Test aus einem Aufruf der `innerSpace`-Methode mit dem Argument B und der zweite Test ist ein Aufruf der `innerSpace`-Methode mit dem Buchstaben C als Argument. Die Methode soll auf C als Argument mit der Ausgabe von drei Leerzeichen reagieren. In der aktuellen Implementierung antwortet die Methode allerdings nach wie vor mit einem Leerzeichen. Führen Sie die Tests aus, wird dies mit der Meldung `Expected ' ' to equal ' '` quittiert.

3.7.2   Green – erweiterte Fake-it-Lösung

Ein roter Test bedeutet Handlungsbedarf. Dieser rote Test ist etwas anders als die vergangenen. Wo Sie bisher lediglich eine Methode erstellen und einen statischen Wert zurückgeben mussten, existiert diese Umgebung hier bereits. Mit der `innerSpace`-Methode haben Sie im letzten Test die notwendige Methode umgesetzt, nur der Rückgabewert ist der falsche. Sie sollten auch hier stets das vorrangige Ziel der testgetriebenen Entwicklung vor Augen haben: Der Test muss grün werden. Wie erreichen Sie dies am einfachsten? Zuerst müssen Sie die Signatur der `innerSpace`-Methode um einen Parameter erweitern. Über diesen Parameter greifen Sie auf den Buchstaben zurück, den Sie an die Methode übergeben. Innerhalb der Methode führen Sie eine Fallunterscheidung ein. Ist der übergebene Wert der Buchstabe C, so werden drei Leerzeichen zurückgegeben, ansonsten nur eines. Speichern Sie den Quellcode ab und lassen dann Ihre Tests ablaufen, werden Sie feststellen, dass das Ergebnis vier grüne Tests sind. Den dafür erforderlichen Quellcode können Sie Listing 3–12 entnehmen.

```
Diamond.prototype.innerSpace = function (value) {
    if (value === "C") {
        return '   ';
    }

    return ' ';
};
```

Listing 3–12
src/diamond.js –
Erweiterung der
innerSpace-Methode

Die Implementierung der innerSpace-Methode ist damit so erweitert, dass beide Tests erfolgreich ablaufen können. Das Problem dieser Methode ist, dass Sie für jeden zusätzlichen Buchstaben eine weitere if-Bedingung hinzufügen müssten, was in der Realität nicht praktikabel ist. Das bedeutet, dass Sie im nächsten Schritt diese Methode so umbauen müssen, dass alle Buchstaben von B bis Z abgedeckt werden können.

3.7.3   Refactor – innerSpace für alle Buchstaben

Ihre Aufgabe besteht jetzt darin, die innerSpace-Methode so flexibel zu gestalten, dass sie mit allen Buchstaben umgehen kann. Gehen Sie nun zurück zur ursprünglichen Aufgabenstellung, können Sie schnell erkennen, dass bei B zwei Leerzeichen, bei C drei und bei D schließlich fünf Leerzeichen ausgegeben werden müssen. In diesem Fall kommt Ihnen die Tatsache zur Hilfe, dass sich jeder Buchstabe als Zahlencode ausgeben lässt.

In JavaScript existiert mit dem String-Objekt ein Objekt, das Ihnen zahlreiche Hilfsmethoden im Umgang mit Zeichenketten bietet. Unter anderem stellt Ihnen dieses Objekt die Methode charCodeAt zur Verfügung. Rufen Sie nun beispielsweise 'B'.charCodeAt(0) auf, erhalten Sie den Zahlenwert 66 als Rückgabe. Sie rufen in diesem Fall die charCodeAt-Methode des String-Objekts der Zeichenkette B auf. Das Argument 0 sorgt dafür, dass Sie den Wert des ersten Zeichens erhalten. Für den Buchstaben C ergibt diese Operation entsprechend den Wert 67.

Führen Sie jetzt die Zahlenreihe fort, sehen Sie, dass diese 1, 3, 7, 9, 11 und so weiter lautet. Das bedeutet, dass sich diese Reihe als $2n-1$ darstellen lässt, wobei n den Index der Zahl angibt und dieser bei B mit dem Wert 1 beginnt. Um diesen Index korrekt zu berechnen, müssen Sie lediglich vom Wert des jeweiligen Buchstabens die Zahl 65 abziehen.

Mit diesen Informationen verfügen Sie nun über alle Voraussetzungen für ein erfolgreiches Refactoring der innerSpace-Methode.

Listing 3–13
src/diamond.js –
dynamische Version der
innerSpace-Methode

```
Diamond.prototype.innerSpace = function (value) {
    var charCode = value.charCodeAt(0);
    var index = charCode - 65;
    var spaces = 2 * index - 1;
    return new Array(spaces + 1).join(' ');
};
```

In Listing 3–13 sehen Sie die zuvor erwähnte Implementierung der innerSpace-Methode. Zuerst holen Sie sich über den Aufruf der char-CodeAt-Methode den Wert des Buchstabens, der als Argument an die Methode übergeben wurde. Danach berechnen Sie den Indexwert des Buchstabens, indem Sie 65 von dem Buchstabenwert abziehen. Schließlich können Sie diesen Index in die Formel für die Anzahl der Leerzeichen einsetzen. Nun stehen Sie nur noch vor dem Problem, wie Sie von einer Zahl zu einer Reihe von Leerzeichen kommen.

Aber auch hier können Sie sich eines kleinen Tricks von JavaScript bedienen. Sie erstellen ein Array mit einer bestimmten Anzahl an leeren Elementen, und zwar genau ein Element mehr als Sie Leerzeichen benötigen. Diese Elemente fügen Sie mithilfe der join-Methode mit Leerzeichen zusammen und erhalten so die gewünschte Anzahl an Leerzeichen als Zeichenkette. Diese können Sie schließlich zurückgeben.

Im Anschluss an diese Änderungen sollten Sie erneut Ihre Tests ausführen und feststellen, dass diese immer noch fehlerfrei durchlaufen.

3.8   Erklärende Tests

An dieser Stelle angekommen, funktioniert die innerSpace-Methode problemlos. Nur was passiert, wenn Sie diese Methode mit dem Buchstaben A aufrufen? Zu diesem Zweck sollten Sie auf die dokumentierende Wirkung von Tests setzen und einen Test verfassen, der genau diese Wirkung erklärt.

3.8.1   Grenzfälle testen

Der nun folgende Test bedeutet für Sie keinen größeren Aufwand, wie Sie in Listing 3–14 sehen können.

Listing 3–14
spec/diamond.spec.js –
Erklärung für die
Verwendung der Methode
innerSpace

```
it("should return an empty string, if A is provided", function () {
    expect(diamond.innerSpace('A')).toEqual('');
});
```

Führen Sie jetzt die Tests aus, sehen Sie, dass fünf Tests erfolgreich durchlaufen. Dieser letzte Test hat nicht, wie die übrigen Tests, die Sie bisher verfasst haben, zu einem Fehlschlag geführt. Das bedeutet, dass sich hier der Erkenntniszugewinn durch den Test in Grenzen hält. In diesem Fall ist das aber nicht weiter tragisch, da es sich bei dem Buchstaben A um einen Grenzfall handelt und Sie diesen auf jeden Fall testen sollten. Außerdem erfüllt dieser Test auch eine Dokumentationsfunktion.

3.9   Fehlerfälle abtesten

Bis jetzt haben Sie Ihre Applikation anhand von Tests entwickelt und einen weiteren erklärenden Test für einen Grenzfall erstellt. Wie aber soll die innerSpace-Methode reagieren, wenn sie mit einem ungültigen Wert aufgerufen wird, also beispielsweise mit einem Umlaut, einer Zahl oder einem Sonderzeichen? Im Normalfall sollten Sie als Entwickler davon ausgehen, dass eine Methode, die falsch benutzt wird, an der entsprechenden Stelle eine Exception wirft, die Sie auf dieses Problem hinweist. Aus diesem Grund sollten Sie dafür sorgen, dass Ihre Implementierung der innerSpace-Methode ebenfalls eine Exception wirft, wenn sie mit den falschen Werten aufgerufen wird.

3.9.1   Red – innerSpace soll eine Exception werfen

Die Entwicklung von Routinen zur Fehlerbehandlung läuft im Prinzip genauso ab wie die Implementierung regulärer Programmlogik. Sie beginnen mit einem Test, der zunächst fehlschlägt; nur dass Sie in diesem Fall nicht eine bestimmte Funktion aufrufen und den Rückgabewert überprüfen, sondern erwarten, dass die Funktion eine Exception wirft.

```
describe("Inner Space", function () {
    it("should return one space, if B is provided", function ()
{…});
    it("should return three spaces, if C is provided", function ()
{…});
    it("should return an empty string, if A is provided", function
() {…});
    it("should throw an exception, if 4 is provided", function () {
        var innerSpace = diamond.innerSpace.bind(diamond, 4);

        expect(innerSpace).toThrow('Invalid Argument');
    });
});
```

Listing 3–15
spec/diamond.spec.js –
Exception Testing

Gebundenes Funktionsobjekt für Exceptions

Der Test in Listing 3–15 weist zwei Besonderheiten in der Nutzung des toThrow-Matchers auf. Im Gegensatz zu den bisherigen Tests rufen Sie hier beim Aufruf der expect-Funktion nicht direkt die innerSpace-Methode auf und prüfen damit ihren Rückgabewert. Stattdessen übergeben Sie ein Funktionsobjekt, das schließlich von Jasmine selbst ausgeführt wird. Damit Sie dies erreichen, nutzen Sie die bind-Methode, die Ihnen der Sprachkern von JavaScript für jedes Funktionsobjekt zur Verfügung stellt. Beim Aufruf dieser Methode geben Sie als erstes Argument den Kontext an, in dem die Funktion ausgeführt werden kann. Alle weiteren Argumente werden der Funktion beim Aufruf als reguläre Argumente übergeben. Als Rückgabewert erhalten Sie ein Funktionsobjekt, das Sie zu einem späteren Zeitpunkt ausführen können. Im Fall des Tests in Listing 3–15 binden Sie also die innerSpace-Methode Ihres diamond-Objekts in den Kontext des diamond-Objekts und binden außerdem den Wert 4 als Argument fest an die Methode, sodass ein späterer Aufruf der zurückgegebenen Funktion im korrekten Kontext und mit dem angegebenen Argument stattfindet. Diesen Umweg müssen Sie in Kauf nehmen, da Jasmine die Funktion selbst aufrufen muss, damit es eine eventuell geworfene Exception abfangen kann.

Der zweite Punkt, auf den Sie achten müssen, ist, dass die Prüfung mit toThrow ohne weitere Argumente nicht ausreicht. Rufen Sie die innerSpace-Methode mit dem Wert 4 als Argument auf, wirft diese Methode bereits jetzt eine Exception vom Typ TypeError. Die Nachricht dieser Exception lautet: "Object 4 has no method 'charCodeAt'". Diese Exception wird geworfen, weil Sie die Methode charCodeAt auf einer Zahl statt auf einer Zeichenkette aufzurufen versuchen. Geben Sie allerdings beim Aufruf des toThrow-Matchers eine Zeichenkette als Argument an, prüft Jasmine, ob die geworfene Exception diesen Text enthält.

Führen Sie die Änderungen am Quellcode Ihrer Tests durch und lassen Sie danach Ihre Tests ablaufen, dann schlägt der letzte Test erwartungsgemäß fehl. Der nächste Schritt besteht nun wieder darin, diesen Test so schnell und einfach wie möglich grün zu bekommen.

3.9.2   Green – Exception werfen

Der einfachste Weg, den fehlschlagenden Test wieder erfolgreich zu bekommen, ist, auf den Spezialfall des Arguments mit dem Wert 4 zu reagieren und entsprechend eine Exception zu werfen.

```
Diamond.prototype.innerSpace = function (value) {
    if (value === 4) {
        throw new Error('Invalid Argument');
    }

    var charCode = value.charCodeAt(0);
    var index = charCode - 65;
    var spaces = 2 * index - 1;
    return new Array(spaces + 1).join(' ');
};
```

Listing 3–16
src/diamond.js –
Werfen einer Exception
in innerSpace

Eine erneute Ausführung der Tests führt Sie zu einem erfolgreichen Ergebnis. Diese Lösung ist jedoch in der Praxis noch nicht praktikabel, da Sie lediglich auf einen Wert außerhalb des gültigen Wertebereichs testen. Diese Schwäche können Sie allerdings im nächsten Schritt, dem Refactoring, leicht beheben.

3.9.3   Refactor – den gültigen Wertebereich definieren

Das Ziel dieses Entwicklungsschritts ist es, den gültigen Wertebereich der Eingabe für die innerSpace-Methode so zu definieren, dass nur die Großbuchstaben A bis Z akzeptiert werden. Zur Lösung dieser Aufgabe eignet sich der Einsatz eines regulären Ausdrucks. Reguläre Ausdrücke sind native Objekte in JavaScript, ähnlich wie Zeichenketten. Listing 3–17 zeigt Ihnen die angepasste innerSpace-Methode, die nun einen regulären Ausdruck für die Prüfung des Arguments verwendet.

```
Diamond.prototype.innerSpace = function (value) {
    if (false === /^[A-Z]$/.test(value)) {
        throw new Error('Invalid Argument');
    }

    var charCode = value.charCodeAt(0);
    var index = charCode - 65;
    var spaces = 2 * index - 1;
    return new Array(spaces + 1).join(' ');
};
```

Listing 3–17
src/diamond.js – Einsatz
eines regulären Ausdrucks

Der Ausdruck /^[A-Z]$/ bedeutet, dass die Zeichenkette lediglich aus einem Großbuchstaben bestehen darf, der zwischen A und Z liegt. Das Objekt des regulären Ausdrucks bietet Ihnen unter anderem die Methode test, mit der Sie feststellen können, ob der reguläre Ausdruck in einer bestimmten Zeichenkette gefunden wird. Der Rückgabewert dieser Methode ist true, wenn ein Treffer gefunden wurde, und false, falls der angegebene Ausdruck nicht in der Zeichenkette gefunden wurde.

Mit dieser Kombination können Sie Ihre innerSpace-Methode dahingehend erweitern, dass sie nur noch die Buchstaben A bis Z zulässt und für alle anderen Werte eine Exception vom Typ Error mit der Nachricht "Invalid Argument" wirft.

Mit diesen Anpassungen haben Sie die innerSpace-Methode fertiggestellt und damit das erste Teilproblem der Print-Diamond-Aufgabe gelöst. Im nächsten Schritt müssen Sie nun eine weitere Methode implementieren, die die passende Anzahl an Leerzeichen vor dem ersten Buchstaben in jeder Zeile ausgibt.

3.10 outerSpace

Für das nächste Teilproblem sollten Sie erneut einen Blick in Ihr Konzept werfen. Für jede Zeile haben Sie die Teilprobleme innerSpace für die zwischen den Buchstaben liegenden Leerzeichen und outerSpace für die vor den Buchstaben liegenden Leerzeichen identifiziert. Das Teilproblem der äußeren Leerzeichen gestaltet sich etwas schwieriger, da Sie hier mit Abhängigkeiten umgehen müssen. Je nachdem, welcher Buchstabe die breiteste Stelle des Diamanten bildet, variiert die Anzahl der Leerzeichen, die Sie vor den Buchstaben in jeder Zeile ausgeben müssen.

3.10.1 Red – Leerzeichen in outerSpace

Für den ersten Test sollten Sie einen möglichst einfachen Testfall wählen, der sich schnell umsetzen lässt. Ein denkbarer Testfall ist die Zeile für den Buchstaben B, wenn die breiteste Stelle des Diamanten ein C ist. In diesem Fall müssen Sie ein Leerzeichen voranstellen.

Listing 3–18
spec/diamond.spec.js –
erster Test für outerSpace

```
describe("Outer Space", function () {
    it("should return one space, if B is the current line and C is
the widest point", function () {
        expect(diamond.outerSpace('B', 'C')).toEqual(' ');
    });
});
```

Wie schon bei innerSpace sollten Sie auch für outerSpace eine eigene Gruppierung mit describe erstellen. Innerhalb dieser Gruppierung erstellen Sie dann den ersten Test. Führen Sie diesen Test aus, erhalten Sie die Fehlermeldung "TypeError: Object [object Object] has no method 'outerSpace'", also dass die Methode outerSpace noch nicht existiert. Im nächsten Schritt müssen Sie sich nun darum kümmern, dass der Test erfolgreich abläuft.

3.10.2   Green – fake it – outerSpace

Der schnellste Weg, Ihren letzten Test wieder grün zu bekommen, besteht darin, die Methode zu implementieren und den erwarteten Wert zurückzugeben. Listing 3–19 enthält den erforderlichen Quellcode.

```
Diamond.prototype.outerSpace = function () {
    return ' ';
};
```

Listing 3–19
src/diamond.js –
outerSpace – fake it

Führen Sie Ihre Tests aus, ist auch der letzte Test erfolgreich. Mit diesem Stand ist die outerSpace-Methode jedoch noch nicht fertig implementiert. An dieser Stelle haben Sie zwei Möglichkeiten. Sie können entweder in einem Refactoring-Schritt die Methode so umschreiben, dass sie so dynamisch funktioniert, dass sie auch für alle anderen denkbaren Fälle gültig ist, oder Sie schreiben einen weiteren Test, der Ihnen eine weitere Hilfestellung bei der Lösung Ihres Problems bietet.

3.10.3   Red – Triangulation von outerSpace

Hier sehen Sie wieder, dass Sie sich nicht strikt an den Red-Green-Refactor-Zyklus halten müssen. Wenn ein Refactoring keinen Sinn macht, können Sie diesen Schritt auch überspringen. Sie sollten dies jedoch nicht zur Regel machen, da das Refactoring Ihnen die Möglichkeit bietet, die technischen Schulden in Ihrer Applikation gezielt abzubauen. Vor allem bei der Triangulation werden Sie häufig zwischen den beiden Testphasen keine Refactorings vornehmen.

Für den zweiten Test der Triangulation können Sie sich eine weitere beliebige Kombination aus Buchstaben aussuchen. Eine Möglichkeit ist beispielsweise die Zeile mit dem Buchstaben C und dem Buchstaben E als breiteste Stelle des Diamanten. In diesem Fall muss die outerSpace-Methode zwei Leerzeichen ausgeben. Den hierfür erforderlichen Test finden Sie in Listing 3–20.

```
describe("Outer Space", function () {
    it("should return one space, if B is the current line and C is
the widest point", function () {…});
    it("should return two spaces, if C is the current line and E is
the widest point", function () {
        expect(diamond.outerSpace('C', 'E')).toEqual('  ');
    });
});
```

Listing 3–20
spec/diamond.spec.js –
Triangulation für
outerSpace

Mit diesem Test nähern Sie sich der Lösung des outerSpace-Teilproblems einen weiteren Schritt an. Dieser Test macht es erforderlich, dass

Sie die `outerSpace`-Methode mit Logik versehen, sodass sie auf verschiedene Eingaben reagiert. Hier gilt allerdings wieder die Devise: Der Test muss so schnell und einfach wie möglich grün werden.

3.10.4   Green – Erweiterung der outerSpace-Methode

Im Rahmen der `outerSpace`-Methode besteht Handlungsbedarf, da diese Methode aktuell in jedem Fall mit einem Leerzeichen antwortet, unabhängig davon, welche Argumente die Methode erhält. Noch steht jedoch zwischen dem dafür notwendigen Refactoring der Methode ein roter Test. Den einfachsten Weg, die Basis für den Umbau zu schaffen, sehen Sie in Listing 3–21.

Listing 3–21
src/diamond.js –
outerSpace mit
Fallunterscheidung

```
Diamond.prototype.outerSpace = function (current, widest) {
    if (current === 'C' && widest === 'E') {
        return ' ';
    }
    return ' ';
};
```

Der erste Schritt in Richtung grüner Tests besteht darin, dass Sie die `outerSpace`-Methode um zwei Parameter erweitern. Der erste nimmt den Buchstaben der aktuellen Zeile entgegen und der zweite die breiteste Stelle des Diamanten. Anhand dieser beiden Werte entscheiden Sie innerhalb der `outerSpace`-Methode, welcher Wert zurückgegeben wird. Mit diesen Änderungen laufen Ihre Tests erfolgreich durch. Sie haben jetzt die Basis dafür geschaffen, dass Sie die `outerSpace`-Methode erweitern können, damit sie mit allen möglichen Eingaben umgehen kann.

3.10.5   Refactor – dynamische Version von outerSpace

Der letzte Schritt, den Sie auf dem Weg zur Implementierung der Kernfunktionalität der `outerSpace`-Methode gehen müssen, ist, dass Sie abhängig von der Eingabe einen bestimmten Wert zurückgeben müssen. Diese Abhängigkeit können Sie in einer Formel ausdrücken. Um die korrekte Formel zu finden, müssen Sie erneut Ihre Aufzeichnungen zurate ziehen. In Abbildung 3–1 am Anfang des Kapitels sind Sie von einem Diamanten mit D als breiteste Stelle ausgegangen. Der Buchstabe A wurde hier um drei, B um zwei und C schließlich um ein Leerzeichen eingerückt. Weisen Sie dem Buchstaben D den Wert vier zu und den einzelnen Buchstaben die Werte eins bis drei, können Sie die Anzahl der Leerzeichen berechnen, indem Sie vom Wert des breitesten Buchstabens den Wert des aktuellen Buchstabens abziehen.

Die Grundlage zur Bewertung einzelner Buchstaben haben Sie bereits mit dem Einsatz der charCodeAt-Methode bei der Umsetzung der innerSpace-Methode kennengelernt. Diese Methode können Sie auch in der outerSpace-Methode wieder verwenden.

```
Diamond.prototype.outerSpace = function (current, widest) {
    var currentValue = current.charCodeAt(0) - 64;
    var widestValue = widest.charCodeAt(0) - 64;

    var spaces = widestValue - currentValue;

    return new Array(spaces + 1).join(' ');
};
```

Listing 3–22
src/diamond.js –
dynamische Version der
outerSpace-Methode

Den Wert der beiden eingegebenen Buchstaben bestimmen Sie mit einer Kombination aus einem Aufruf von charCodeAt und einer Subtraktion von 64. Der Wert von A ist 65, Sie müssen also 64 von jedem Buchstaben abziehen, um eine von 1 beginnende Reihe zu bekommen. Um die Anzahl an Leerzeichen zu erhalten, die Sie einfügen müssen, ziehen Sie anschließend den Wert des aktuellen Buchstabens vom Wert der breitesten Stelle ab. Damit Sie schließlich die gewünschte Anzahl an Leerzeichen generieren können, erstellen Sie ein neues Array mit einem Element, mehr als Sie Leerzeichen benötigen, und verbinden dieses mit der join-Methode mit Leerzeichen zu einer Zeichenkette.

Diese Anpassung sorgt dafür, dass Ihre Tests immer noch grün sind, die outerSpace-Methode allerdings jetzt mit beliebigen Argumenten aufgerufen werden kann und die korrekte Anzahl an Leerzeichen zurückliefert. Aktuell sind Ihre Tests grün, das bedeutet, Sie können sich jetzt entscheiden, wie Sie fortfahren möchten. Zum einen können Sie den nächsten Schritt gehen und die outerSpace-Methode um eine Ausnahmebehandlung ergänzen. Zum anderen haben Sie jetzt allerdings auch die Möglichkeit, ein weiteres Refactoring anzustoßen.

3.11 Auslagerung von Funktionalität

Sätze wie »Diese Methode können Sie auch in der outerSpace-Methode wiederverwenden.« sollten Ihre Aufmerksamkeit erregen. Sobald Sie dazu übergehen, Quellcode innerhalb Ihrer Applikation mehrfach zu verwenden, sollten Sie dies hinterfragen. In diesem Fall geht es um die Aufrufe von charCodeAt in Verbindung mit dem Wert des Buchstabens A. Diese Stellen bieten das Potenzial für eine Zusammenfassung der Logik. Wenn Sie dann noch die Prüfung auf gültige Buchstaben hinzunehmen, haben Sie bereits den Funktionsumfang einer neuen Methode umrissen. Die neue Methode erhält als Eingabe einen Buchstaben und soll dessen Wert zurückgeben, wobei A den Wert 1 hat und alle weiteren Buchstaben einen aufsteigenden Wert aufweisen.

3.11.1   Red – die getIndexOf-Methode

Ihre bestehenden Tests sind grün und die Anforderungen an die neue Methode sind klar. Das bedeutet, Sie können jetzt einen neuen Test für die getIndexOf-Methode erstellen. Da dieser Test eine eigenständige Komponente innerhalb des Objekts testet, sollten Sie innerhalb des describe für Print Diamond eine weitere Untergruppierung für die Tests der getIndexOf-Methode anlegen.

Listing 3–23
spec/diamond.spec.js –
erster Test für die
getIndexOf-Methode

```
describe("Get Index Of", function () {
    it("should return 1, if A is provided", function () {
        expect(diamond.getIndexOf('A')).toEqual(1);
    });
});
```

Der Test in Listing 3–23 weist einen ähnlichen Aufbau wie die übrigen Tests auf, die Sie bisher erstellt haben. Wie die vorhergehenden Tests schlägt auch dieser erwartungsgemäß mit der Meldung `"TypeError: Object [object Object] has no method 'getIndexOf'"` fehl. Der nächste Schritt besteht darin, Ihre Tests grün zu bekommen und damit die Basis für das nächste Refactoring zu schaffen.

3.11.2   Green – Implementierung der getIndexOf-Methode

Die schnellste Variante, mit der Sie wieder zu grünen Tests kommen, besteht darin, dass Sie dafür sorgen, dass die getIndexOf-Methode implementiert ist, und im zweiten Lauf die Forderung erfüllen, dass diese Methode den Wert 1 zurückliefert.

Listing 3–24
src/diamond.js

```
Diamond.prototype.getIndexOf = function () {
    return 1;
};
```

Mit dem Quellcode aus Listing 3–24 haben Sie die Voraussetzungen für das nun folgende Refactoring geschaffen. Im nächsten Schritt sorgen Sie dafür, dass diese Methode mit der korrekten Ausgabe auf die Buchstaben A bis Z reagiert.

3.11.3   Refactor – dynamische Version der getIndexOf-Methode

Der Indexwert eines Buchstabens soll seine Stelle im Alphabet sein. Das Ergebnis der `charCodeAt`-Methode ist allerdings der Unicode-Wert des Zeichens. Im Unicode-Zeichensatz steht der Buchstabe A anstelle 65. Damit A den Wert 1 erhält, müssen Sie also 64 vom Unicode-Wert abziehen. Da alle Buchstaben im Unicode-Zeichensatz in alphabetischer Reihenfolge angeordnet sind, erhalten Sie die korrekte Position, wenn Sie vom Unicode-Wert 64 abziehen. Bei der Programmierung sollten Sie stets vermeiden, Werte wie Zahlen oder Zeichenketten in Ihrem Quellcode zu verwenden, da diese erstens nicht sprechend sind und sich zweitens unter Umständen während der Lebenszeit Ihrer Applikation ändern können. Aus diesem Grund sollten Sie bei der Berechnung des Index eines Buchstabens nicht die Zahl 64 abziehen, sondern den Wert des Buchstabens A plus 1. Damit drücken Sie in Ihrem Quellcode genau das aus, was Sie beabsichtigen. Mit diesen Informationen können Sie die Problemstellung der `getIndexOf`-Methode lösen und müssen diese Beschreibung lediglich in Quellcode übersetzen und in Ihre Applikation integrieren. Listing 3–25 zeigt Ihnen, wie Sie hierbei vorgehen müssen.

```
Diamond.prototype.getIndexOf = function (char) {
    var codeOfA = 'A'.charCodeAt(0);
    return char.charCodeAt(0) - codeOfA + 1;
};
```

Listing 3–25
src/diamond.js –
dynamische Version der
getIndexOf-Methode

Sehen Sie sich den Quellcode der `innerSpace`-Methode an, sticht als Erstes die Fehlerbehandlung ins Auge. Diese benötigen Sie auch in der `getIndexOf`-Methode. Damit haben Sie den Ansatz für den nächsten Test.

3.11.4   Red – Fehlerbehandlung innerhalb der getIndexOf-Methode

Der Test für die `getIndexOf`-Methode gleicht dem der `innerSpace`-Methode. In Listing 3–26 sehen Sie den neuen Test.

```
describe("Get Index Of", function () {
    it("should return 1, if A is provided", function () {…});
    it("should throw an exception, if 4 is provided", function () {
        var getIndexOf = diamond.getIndexOf.bind(diamond, 4);

        expect(getIndexOf).toThrow('Invalid Argument');
    });
});
```

Listing 3–26
spec/diamond.spec.js –
Test für die Fehler-
behandlungsroutine

Bei diesem Test müssen Sie, wie auch zuvor bei dem Test der inner-Space-Methode, wieder eine Referenz auf die Funktion, die die Exception werfen soll, an die expect-Methode übergeben.

3.11.5   Green – Integration der Fehlerbehandlungsroutine

Das Ziel der Umbauten, die Sie aktuell durchführen, ist, dass Sie die Routine für die Generierung des Index eines Buchstabens auslagern und diese an allen betroffenen Stellen wiederverwenden. Da Sie die Fehlerbehandlungsroutine aus der innerSpace-Methode direkt und unverändert übernehmen, können Sie sich an dieser Stelle den Refactor-Schritt ersparen und den Quellcode kopieren.

Listing 3–27
src/diamond.js –
Integration der Fehler-
behandlungsroutine

```
Diamond.prototype.getIndexOf = function (char) {
    if (false === /^[A-Z]$/.test(char)) {
        throw new Error('Invalid Argument');
    }

    var codeOfA = 'A'.charCodeAt(0);
    return char.charCodeAt(0) - codeOfA + 1;
};
```

Bei der Übernahme des Codeblocks müssen Sie lediglich die Variable mit dem Namen value in char umbenennen. Danach können Sie Ihre Tests erneut ausführen. Das Ergebnis dieses Testlaufs sollte nun sein, dass sämtliche Tests problemlos durchlaufen.

3.11.6   Refactor – Integration der getIndexOf-Methode

Nun, da Sie die Funktionalität zur Berechnung des Index eines Buchstabens ausgelagert haben, können Sie dazu übergehen, die im Code verteilten Stellen, an denen die charCodeAt-Methode verwendet wird, durch einen Aufruf der getIndexOf-Methode zu ersetzen.

Den ersten Ansatzpunkt bildet die Methode outerSpace. Hier können Sie die Stellen mit currentValue und widestValue direkt austauschen. Listing 3–28 enthält die aktualisierte Version dieser Methode.

Listing 3–28
src/diamond.js –
Integration von
getIndexOf in outerSpace

```
Diamond.prototype.outerSpace = function (current, widest) {
    var currentValue = this.getIndexOf(current);
    var widestValue = this.getIndexOf(widest);

    var spaces = widestValue - currentValue;

    return new Array(spaces + 1).join(' ');
};
```

Eine Anforderung an Refactorings ist, dass nach einem Umbau immer noch sämtliche Tests erfolgreich durchlaufen. Da Sie lediglich die

Berechnung des Index in die Methode `getIndexOf` ausgelagert und um die Fehlerbehandlung ergänzt haben, sind Ihre Tests auch nach dieser Anpassung noch erfolgreich.

Der nächste Schritt des Refactorings besteht darin, dass Sie die `getIndexOf`-Methode auch in die `innerSpace`-Methode integrieren. Die Umsetzung erfordert an dieser Stelle mehr Arbeit als die Anpassung der `outerSpace`-Methode. Sie sollten die Gelegenheit außerdem dazu nutzen, die Struktur dieser Methode noch weiter zu vereinfachen. Listing 3–29 zeigt Ihnen den angepassten Quellcode der `innerSpace`-Methode.

```
Diamond.prototype.innerSpace = function (value) {
    var index = this.getIndexOf(value);

    var spaces = 2 * (index - 1) - 1;

    return new Array(spaces + 1).join(' ');
};
```

Listing 3–29
src/diamond.js –
Integration von
getIndexOf in innerSpace

Zunächst können Sie innerhalb der `innerSpace`-Methode auf die Fehlerbehandlungsroutine verzichten und das `if`-Statement komplett entfernen. Diese Aufgabe übernimmt nun die `getIndexOf`-Methode für Sie. Durch den Aufruf der `getIndexOf`-Methode lagern Sie die Berechnung des Index eines Buchstabens in diese Subroutine aus. Was bleibt, ist die Berechnung der Leerzeichen. Hier müssen Sie nur beachten, dass der Index, den die `getIndexOf`-Methode zurückliefert, um 1 höher ist als der Index, mit dem Sie bisher in dieser Methode gearbeitet haben, sodass Sie vom Resultat der `getIndexOf`-Methode noch den Wert 1 abziehen müssen.

Auch diesen Refactoring-Schritt schließen Sie wieder mit einer Ausführung Ihrer Tests ab. Nachdem die Anpassungen des Quellcodes keine Änderungen in der Logik bewirkt haben und sich auch die Schnittstellen der Methoden nicht verändert haben, bleiben die Tests nach wie vor grün.

Jetzt stellen Sie sich vielleicht noch die Frage, was mit dem Test der Fehlerbehandlungsroutine passieren soll. In diesem Fall haben Sie zwei Möglichkeiten: Sie können diesen Test entweder löschen oder beibehalten. Keine der beiden Varianten ist falsch. Behalten Sie den aktuell grünen Test, prüft dieser weiterhin, ob sich die `innerSpace`-Methode für den Fall, dass ein falsches Argument übergeben wird, richtig verhält. Im Idealfall sollten Sie jedoch diesen Test löschen, da er streng genommen redundant ist und den gleichen Sachverhalt überprüft wie der Test der Fehlerbehandlungsroutine der `getIndexOf`-Methode. Das Ergebnis ist, dass der Aufruf der `describe`-Funktion für »Inner Space« nur noch über drei Tests verfügt, wie Sie in Listing 3–30 sehen können.

Listing 3–30
spec/diamond.spec.js –
Entfernen eines
überflüssigen Tests

```
describe("Inner Space", function () {
    it("should return one space, if B is provided", function ()
{…});
    it("should return three spaces, if C is provided", function ()
{…});
    it("should return an empty string, if A is provided", function
() {…});
});
```

Zum Abschluss der outerSpace-Methode fehlt jetzt nur noch die Behandlung einer Ausnahme. Wie soll sich die Methode verhalten, wenn beispielsweise die Argumente vertauscht werden und die aktuelle Zeile einen größeren Wert hat als die breiteste Stelle?

3.12   Fehlerbehandlung in der outerSpace-Methode

In diesem Abschnitt kümmern Sie sich um die Behandlung von Fehlerfällen in Ihrer Lösung. Die Kombination von C als breiteste Stelle des Diamanten und D als aktuelle Zeile ist eine ungültige Eingabe. Sie müssen in diesem Fall dafür sorgen, dass die outerSpace-Methode eine Exception wirft.

3.12.1   Red – Test für die Fehlerbehandlung in outerSpace

Der einfachste Fall für einen Test ist die eben beschriebene Situation. Schreiben Sie einen Test, der die outerSpace-Methode mit den Buchstaben D und C aufruft und erwartet, dass dieser Funktionsaufruf zu einer Exception führt.

Listing 3–31
spec/diamond.spec.js –
outerSpace wirft eine
Exception

```
describe("Outer Space", function () {
        it("should return one space, if B is the current line and C
is the widest point", function () {…});
        it("should return two spaces, if C is the current line and E
is the widest point", function () {…});
        it("should throw an exception, if it is called with D and C",
function () {
            var outerSpace = diamond.outerSpace.bind(diamond, 'D',
'C');

            expect(outerSpace).toThrow('Invalid combination of
arguments');
        });
    });
```

In Listing 3–31 verwenden Sie die bereits aus anderen Tests bekannte Schreibweise, wenn es darum geht zu prüfen, ob eine Methode beim Aufruf eine Exception wirft. Führen Sie Ihre Tests aus, schlägt der neu hinzugefügte Test mit der Meldung "Expected function to throw an

exception." fehl. Momentan gibt diese Methode bei einem ungültigen
Aufruf wie hier einfach eine leere Zeichenkette zurück.

3.12.2   Green – erfolgreiche Fehlerbehandlung in der outerSpace-Methode

Der schnellste und einfachste Weg zu grünen Tests besteht darin, dass
Sie die beiden Argumente in der fehlerhaften Kombination D und C
abfangen und mit einer Exception darauf reagieren. Diesen Lösungs-
ansatz sehen Sie in Quellcode übersetzt in Listing 3–32.

```
Diamond.prototype.outerSpace = function (current, widest) {
    if (current === 'D' && widest === 'C') {
        throw new Error('Invalid combination of arguments');
    }

    var currentValue = this.getIndexOf(current);
    var widestValue = this.getIndexOf(widest);

    var spaces = widestValue - currentValue;

    return new Array(spaces + 1).join(' ');
};
```

Listing 3–32
src/diamond.js –
Fehlerbehandlung in der
outerSpace-Methode

Mit dieser Implementierung decken Sie allerdings nur einen von zahlreichen möglichen Fehlerfällen ab. Als Nächstes verallgemeinern Sie
den Quellcode der Fehlerbehandlungsroutine dahingehend, dass er mit
sämtlichen Fehlerfällen umgehen kann.

3.12.3   Refactor – Anpassung der Fehlerbehandlung in outerSpace

Die Beschreibung des Fehlerfalls lautet, dass eine Exception geworfen
werden soll, falls die aktuelle Zeile einen größeren Wert hat als der
breiteste Punkt des Diamanten. Diese Anforderung lässt sich recht einfach in eine Bedingung umsetzen. Wenn der Wert von currentValue
größer als der Wert von widestValue ist, muss eine Exception geworfen
werden. Diese Bedingung können Sie jetzt im Zuge des Refactorings
der outerSpace-Methode umsetzen.

```
Diamond.prototype.outerSpace = function (current, widest) {
    var currentValue = this.getIndexOf(current);
    var widestValue = this.getIndexOf(widest);

    if (currentValue > widestValue) {
        throw new Error('Invalid combination of arguments');
    }

    var spaces = widestValue - currentValue;

    return new Array(spaces + 1).join(' ');
};
```

Listing 3–33
src/diamond.js –
Verallgemeinerung der
Fehlerbehandlung in der
outerSpace-Methode

Die Implementierung der `outerSpace`-Methode aus Listing 3–33 sorgt dafür, dass Sie die korrekte Anzahl an Leerzeichen bekommen, falls die aktuelle Zeile nicht die breiteste Stelle des Diamanten ist. Ist das aktuelle Zeichen die breiteste Stelle, erhalten Sie einen Leerstring zurück. Den letzten möglichen Fall haben Sie mit dem letzten Schritt abgedeckt, und zwar, dass die Eingabe ungültig ist und die aktuelle Zeile einen höheren Wert als die breiteste Stelle aufweist. In diesem Fall wird eine Exception geworfen.

Mit diesen Anpassungen haben Sie jetzt alle Komponenten umgesetzt, die Sie benötigen, um eine Zeile des Diamanten zusammenzusetzen.

3.13   Eine Zeile des Diamanten

Eine Zeile des Diamanten besteht aus mehreren Teilen. Zunächst sind da kein bis mehrere Leerzeichen, danach folgt ein Buchstabe, dann ein oder mehrere Leerzeichen und noch ein Buchstabe. Einen Sonderfall bildet der erste Buchstabe, das A. Hier folgen nach dem ersten Buchstaben keine weiteren Leerzeichen und Buchstaben.

3.13.1   Red – ein Test für eine Zeile

Ein gutes Beispiel für den ersten Test einer Zeile ist der Buchstabe C in einem Diamanten mit der breitesten Stelle D. Wie Sie dieser Beschreibung entnehmen können, benötigen Sie zwei Parameter für die Methode, die eine Zeile ausgibt. Der erste Parameter ist, wie schon bei der `outerSpace`-Methode, der aktuelle Buchstabe und der zweite ist die breiteste Stelle.

Listing 3–34
spec/diamond.spec.js –
Test für eine Zeile des
Diamanten

```
describe("Line", function () {
    it("should return ' C   C' if C and D are provided", function ()
    {
        expect(diamond.line('C', 'D')).toEqual(' C   C');
    });
});
```

Sie haben bereits einen Test für die Ausgabe einer Zeile geschrieben. Nun, da Sie wissen, wie Sie die Ausgabe einer Zeile implementieren möchten, können Sie den bestehenden Test löschen und ihn durch den Test in Listing 3–34 ersetzen.

Da Sie die Methode `line` bereits implementiert haben, erhalten Sie die Meldung `"Expected 'C' to equal ' C   C'."`. Im nächsten Schritt sollten Sie dafür sorgen, dass auch dieser Test erfolgreich ablaufen kann.

3.13.2   Green – Ausgabe einer statischen Zeile

Im ersten Schritt müssen Sie nun wieder dafür sorgen, dass die Tests erfolgreich ablaufen. Dies erreichen Sie am einfachsten, indem Sie den erwarteten Wert wie in Listing 3–35 zurückgeben.

```
Diamond.prototype.line = function () {
    return ' C   C';
};
```

Listing 3–35
src/diamond.js – statische
Rückgabe einer Zeile

In diesem Schritt bauen Sie die bisher bestehende Funktionalität der line-Methode etwas um. Sie entfernen den bestehenden Parameter und ersetzen den variablen Rückgabewert durch eine statische Zeichenkette.

Bei der Umsetzung der finalen line-Methode haben Sie jetzt zwei Möglichkeiten bei der Vorgehensweise. Zum einen können Sie die Methode in einem Refactoring-Schritt dahingehend umbauen, dass sie auf die Eingabe von Werten mit der korrekten Repräsentation der entsprechenden Zeile antwortet. Zum anderen ist es bei dieser Methode allerdings auch ratsam, einen zweiten Test zu schreiben und so eine Triangulation zu erreichen.

3.13.3   Red – ein zweiter Test für eine Zeile

Mit dem zweiten Test der line-Methode können Sie bereits einen Sonderfall testen, der sich durch Ihre bisherige Vorarbeit automatisch abdecken lässt. Dieser Sonderfall ist die breiteste Stelle des Diamanten. Konkret bedeutet das, dass Sie die line-Methode beispielsweise mit den Argumenten D und D aufrufen. Sie können hier beliebige Buchstaben wählen, solange Sie für beide Argumente den gleichen Wert verwenden, wie Sie es in Listing 3–36 sehen können.

```
describe("Line", function () {
    it("should return ' C   C' if C and D are provided", function ()
{…});
    it("should return 'D     D' if D and D are provided", function ()
{
        expect(diamond.line('D', 'D')).toEqual('D     D');
    });
});
```

Listing 3–36
spec/diamond.spec.js –
Triangulationstest für die
line-Methode

Der zweite Test schlägt erwartungsgemäß mit der Meldung "Expected ' C   C' to equal 'D   D'." fehl. Mit dieser Anpassung haben Sie jetzt allerdings die Grundlage für die Umsetzung der Methode geschaffen.

3.13.4   Green – dynamische Ausgabe einer Zeile

Damit beide Tests erfolgreich ablaufen können, müssen Sie die line-Methode anpassen und die einzelnen Teile, die Sie bisher vorbereitet haben, in diese Methode integrieren.

Listing 3–37
src/diamond.js –
Integration der
Einzelkomponenten in die
line-Methode

```
Diamond.prototype.line = function (current, widest) {
    var outerSpace = this.outerSpace(current, widest);
    var innerSpace = this.innerSpace(current);

    return outerSpace + current + innerSpace + current;
};
```

Auch mit dieser Implementierung verfolgen Sie die Strategie der kleinen Änderungen, die in der testgetriebenen Entwicklung so wichtig ist. In der angepassten Implementierung der line-Methode aus Listing 3–37 integrieren Sie die beiden Methoden innerSpace und outerSpace und verbinden deren Ausgabe mit dem als Argument übergebenen aktuellen Buchstaben.

Mit dieser Implementierung und den zugehörigen Tests haben Sie auch schon den Standardfall und einen Grenzfall abgesichert. Eventuelle Fehlerfälle, wie beispielsweise die Übergabe von ungültigen Zeichen oder die falsche Reihenfolge der Argumente, sichern Sie in den Methoden innerSpace und outerSpace bereits ab.

Der einzige noch offene Punkt ist die erste und letzte Zeile des Diamanten, der Buchstabe A. Dieser Sonderfall wird aktuell noch nicht durch Ihren Quellcode abgedeckt.

3.13.5   Red – die erste und letzte Zeile

Der Test für den Sonderfall der ersten und letzten Zeile besteht aus einem Aufruf der line-Methode, wobei das erste Argument den Wert A aufweist und das zweite Argument beliebig gewählt werden kann. Geben Sie beispielsweise den Buchstaben B als zweites Argument im Aufruf der Methode an, müssen Sie prüfen, ob in der Ausgabe vor dem Buchstaben A ein Leerzeichen eingefügt wird.

Diese Anforderungen führen Sie direkt zum nächsten Test, den Sie in Listing 3–38 finden.

Listing 3–38
spec/diamond.spec.js –
Test für die erste und letzte
Zeile

```
describe("Line", function () {
    it("should return ' C   C' if C and D are provided", function ()
{…});
    it("should return 'D     D' if D and D are provided", function ()
{…});
    it("should return 'A' if A and B are provided", function () {
        expect(diamond.line('A', 'B')).toEqual(' A');
    });
});
```

Nach der bisher implementierten Logik Ihrer line-Methode ist die Eingabe der Werte A und B korrekt und führt zur Rückgabe von 'AA'. Dieser Wert entsteht durch das eine Leerzeichen der outerSpace-Methode, dem aktuellen Buchstaben A, keinem Leerzeichen der innerSpace-Methode und schließlich noch einmal dem aktuellen Buchstaben.

3.13.6   Green – die erste und letzte Zeile

Das Problem, das zum Fehlschlagen des letzten Tests führt, lässt sich recht schnell und einfach beheben. Sie müssen lediglich die line-Methode dahingehend anpassen, dass sie, falls der Buchstabe A als erstes Argument übergeben wird, nur ein Leerzeichen und den Buchstaben A ausgibt. Listing 3–39 enthält den dafür erforderlichen Quellcode.

```
Diamond.prototype.line = function (current, widest) {
    var outerSpace = this.outerSpace(current, widest);
    var innerSpace = this.innerSpace(current);

    if (current === 'A') {
        return ' A';
    }

    return outerSpace + current + innerSpace + current;
};
```

Listing 3–39
src/diamond.js –
Implementierung für die
erste und letzte Zeile

Diese Lösung ist natürlich nicht optimal, sorgt allerdings dafür, dass der fehlschlagende Test zunächst grün wird. Aus diesem Grund sollten Sie im nächsten Schritt ein Refactoring durchführen.

3.13.7   Refactor – die erste und letzte Zeile

In diesem Refactoring geht es zunächst darum, dass Sie statt der statischen Zeichenkette das Ergebnis der outerSpace-Methode mit dem aktuellen Buchstaben verbinden und diese Zeichenkette zurückgeben. Aber auch mit dieser Lösung befinden sich noch Duplikate in Ihrem Quellcode. Listing 3–40 zeigt Ihnen eine alternative Lösung für diese Problemstellung.

```
Diamond.prototype.line = function (current, widest) {
    var outerSpace = this.outerSpace(current, widest);
    var innerSpace = this.innerSpace(current);

    var line = outerSpace + current;

    if (innerSpace) {
        line += innerSpace + current;
    }

    return line;
};
```

Listing 3–40
src/diamond.js – Umbau
der line-Methode

Ziel der testgetriebenen Entwicklung sind die Reduzierung von Duplikaten im Quellcode und die Fokussierung auf die Lösung der Problemstellung. Die Umsetzung aus Listing 3–40 zielt genau auf diese Reduzierung von Duplikaten ab. Der Beginn einer Zeile, also die führenden Leerzeichen und der erste Buchstabe, ist immer der gleiche, egal, ob es sich um den Sonderfall der ersten oder letzten Zeile handelt oder ob der Standard abgedeckt wird.

Zu diesem Zeilenanfang kommen bei einer normalen Zeile die Leerzeichen der innerSpace-Methode und der zweite Buchstabe hinzu. Diese Komponenten können Sie innerhalb eines if-Blocks hinzufügen. Am Ende der Methode geben Sie das jeweilige Ergebnis an die aufrufende Funktion zurück.

3.14 Zusammenführung der Komponenten

Jetzt sind Sie wieder an einem Punkt angelangt, an dem Sie sich die Frage stellen müssen: Was ist der nächste Testfall? Die Anforderungen an diesen Test sind klar: Er muss neue Erkenntnisse bringen, das bedeutet, dass der Test zunächst fehlschlagen sollte, und er soll einen so geringen Umfang haben, dass er ohne weitere Probleme umsetzbar ist.

Aktuell sind Sie in der Lage, mit Ihrem Codestand die einzelnen Zeilen des Diamanten auszugeben. Der nächste logische Schritt ist nun, die einzelnen Zeilen zum Endergebnis zusammenzufügen. Dieses Problem lässt sich allerdings auch nicht auf die Schnelle lösen, da sich das Problem eigentlich aus zwei Teilproblemen zusammensetzt. Die erste Teilaufgabe besteht aus der aufsteigenden Folge der einzelnen Zeilen und die zweite aus der absteigenden Folge der Zeilen. Auf diese Art sollten Sie auch das Problem unterteilen, beide Aufgaben separat lösen und im letzten Schritt zusammenführen.

3.14.1 Red – Test für die obere Hälfte des Diamanten

Die obere Hälfte des Diamanten reicht von der ersten Zeile bis zur breitesten Stelle. Konkret benötigen Sie für diesen Test drei Komponenten. Dies ist die Methode upperHalf, die Eingabe des Buchstabens, der die breiteste Stelle markiert, und schließlich die Zeichenkette, die Sie als Ausgabe erwarten. Den Quellcode dieses Tests finden Sie in Listing 3–41.

```
describe("Upper Half", function () {
    it("should return ' A\nB B', if B is the widest point", function
() {
        expect(diamond.upperHalf('B')).toEqual(' A\nB B');
    })
});
```

Listing 3–41
spec/diamond.spec.js –
Test für die obere Hälfte
des Diamanten

Da es sich bei der upperHalf-Methode wiederum um eine weitestgehend eigenständige Komponente der Applikation handelt, erscheint es durchaus sinnvoll, dass Sie diese wiederum in einen eigenen describe-Block innerhalb des Print Diamond-Blocks kapseln. Der Test selbst ist aufgebaut wie die meisten der Tests, die Sie bisher implementiert haben. Innerhalb des Aufrufs der expect-Funktion rufen Sie die, bisher noch nicht existierende, upperHalf-Methode auf, was zum ersten Fehlschlag des Tests führt. Mit dem toEqual-Matcher überprüfen Sie anschließend, ob die Rückgabe der Methode auch Ihren Erwartungen entspricht.

3.14.2   Green – upperHalf gibt den korrekten Wert zurück

Bei der Umsetzung der upperHalf-Methode müssen Sie zwei Probleme lösen, damit der Test erfolgreich ablaufen kann. Der erste Schritt der Lösung besteht aus der Implementierung der Methode selbst und der zweite schließlich aus der Rückgabe des statischen Wertes. Den hierfür erforderlichen Quellcode können Sie Listing 3–42 entnehmen.

```
Diamond.prototype.upperHalf = function () {
    return ' A\nB B';
};
```

Listing 3–42
src/diamond.js – erste
Implementierung der
upperHalf-Methode

Mit dieser Implementierung können Ihre Tests erfolgreich ablaufen und Sie können im nächsten Schritt mit einem Umbau der Funktion dafür sorgen, dass Sie auch mit beliebigen Eingaben umgehen können.

3.14.3   Refactor – Umbau der upperHalf-Methode

Damit die upperHalf-Methode mit allen Eingaben umgehen kann, ist es erforderlich, dass Sie in einer Schleife alle Zeilen in aufsteigender Reihenfolge abarbeiten. Listing 3–43 enthält eine mögliche Implementierung.

Listing 3–43
src/diamond.js –
Umsetzung der
upperHalf-Methode

```
Diamond.prototype.upperHalf = function (char) {
    var index = this.getIndexOf(char);
    var result = [];

    var codeOfA = 'A'.charCodeAt(0);

    for (var i = 0; i < index; i++) {
        result.push(this.line(String.fromCharCode(i + codeOfA),
char));
    }

    return result.join('\n');
};
```

Für den Durchlauf der Schleife benötigen Sie zunächst den Index des eingegebenen Buchstabens. Der Aufruf der getIndexOf-Methode deckt auch schon die Fehlerbehandlung ab. Im nächsten Schritt benötigen Sie ein Array, in dem Sie die einzelnen Zeilen vorhalten. Schließlich müssen Sie noch den Wert des Buchstabens A herausfinden, um den Index in einen korrekten Zeichencode wandeln zu können.

Innerhalb der Schleife, die vom Buchstaben mit dem Index 1, also A, bis zum Index des Buchstabens, der die breiteste Stelle ist, läuft, speichern Sie die einzelnen Zeilen im result-Array.

Dieses Array fügen Sie in der letzten Zeile der Methode mit einem Aufruf der join-Methode mit Zeilenumbrüchen zusammen und geben die daraus entstandene Zeichenkette zurück. Mit diesen Anpassungen haben Sie die upperHalf-Methode so gestaltet, dass sie mit den Buchstaben A bis Z umgehen kann.

Der nächste Schritt besteht nun aus der Umsetzung der lowerHalf-Methode für die untere Hälfte des Diamanten.

3.14.4   Red – Test für die lowerHalf-Methode

Die lowerHalf-Methode verhält sich ähnlich wie die upperHalf-Methode. Der wichtigste Unterschied ist, dass die breiteste Stelle nicht eingeschlossen ist und ansonsten die Zeilen in genau der umgekehrten Reihenfolge wie in der upperHalf-Methode ausgegeben werden.

Ein beispielhafter Test für diese Methode wäre, dass der Rückgabewert der Methode die Zeichenkette ' B B\n A' enthält. Listing 3–44 zeigt Ihnen den entsprechenden Test.

Listing 3–44
spec/diamond.spec.js –
Test der lowerHalf-
Methode

```
describe("Lower Half", function () {
    it("should return ' B B\n  A', if C is the widest point",
function () {
        var input = [' A', ' B B', 'C   C'];

        expect(diamond.lowerHalf(input)).toEqual(' B B\n  A');
    });
});
```

Wie schon bei der `upperHalf`-Methode müssen Sie auch hier zunächst dafür sorgen, dass der Test grün wird.

3.14.5   Green – die lowerHalf-Methode gibt einen statischen Wert zurück

Der einfachste Weg ist auch hier die Rückgabe der geforderten Zeichenkette. Listing 3–45 enthält den Quellcode, der dafür sorgt, dass der Test erfolgreich ablaufen kann.

```
Diamond.prototype.lowerHalf = function () {
    return ' B B\n  A';
};
```

Listing 3–45
src/diamond.js –
Rückgabe einer statischen
Zeichenkette in lowerHalf

Diese Implementierung nach der Fake-it-Regel bedarf kaum einer weiteren Erklärung, da Sie in diesem Fall unabhängig von den Argumenten lediglich einen statischen Wert zurückgeben. Mit dieser Umsetzung sind Ihre Tests wieder grün.

Im nächsten Schritt passen Sie nun die Implementierung dahingehend an, dass die Methode mit beliebigen Eingaben umgehen kann.

3.14.6   Refactor – Erweiterung der lowerHalf-Methode

Prinzipiell gleicht die `lowerHalf`-Methode der `upperHalf`-Methode, bis auf die Tatsache, dass die zu durchlaufende Schleife genau umgekehrt ist und die breiteste Zeile nicht enthält. Die entsprechende Implementierung finden Sie in Listing 3–46.

```
Diamond.prototype.lowerHalf = function (char) {
    var index = this.getIndexOf(char);
    var result = [];

    var codeOfA = 'A'.charCodeAt(0);

    for (var i = index - 2; i >= 0; i--) {
        result.push(this.line(String.fromCharCode(i + codeOfA),
char));
    }

    return result.join('\n');
};
```

Listing 3–46
src/diamond.js – finale
Implementierung der
lowerHalf-Methode

Der einzige Unterschied zwischen beiden Methoden besteht in der Schleife. Diese beginnt zwei Elemente unter der breitesten Stelle, was bei einer späteren Addition auf den Wert von A zu dem Element direkt unter der breitesten Stelle führt. Der Schleifenzähler reicht bis 0, was dann zum Buchstaben A führt. Sämtliche Elemente, die innerhalb der Schleife durchlaufen werden, werden in einem Array gespeichert. Dieses wird in der letzten Zeile wieder mit Zeilenumbrüchen zusammengefügt.

Eine erneute Ausführung der Tests zeigt Ihnen, dass alle Tests erfolgreich sind. Jetzt liegen Ihnen sämtliche Komponenten vor, die Sie benötigen, um die Aufgabe zu lösen.

3.15 Der letzte Schritt – die Integration

Im letzten Schritt der Aufgabe sind Sie nun in der Lage, mit den einzelnen Komponenten, die Sie bisher umgesetzt haben, die Aufgabe final zu lösen und einen beliebigen Diamanten auszugeben. Für den ersten Test eignet sich beispielsweise ein Diamant mit C als breiteste Stelle. Der Vorteil dieses Beispiels gegenüber umfangreicheren Diamanten ist, dass Sie hier weniger Schreibarbeit haben.

3.15.1   Red – Test für einen vollständigen Diamanten

In diesem Test integrieren Sie sämtliche Komponenten. Sie können hier die Kombination aus Konstruktor-Funktion und toString-Methode verwenden. Sie generieren also einen Diamanten mit dem Buchstaben C und testen die Ausgabe der toString-Methode direkt. Ein entsprechender Test mit dem Buchstaben A existiert bereits.

Für eine bessere Übersichtlichkeit sollten Sie die Tests für die toString-Methode in einem zusätzlichen describe-Block kapseln, wie Sie in Listing 3–47 sehen können.

Listing 3–47
spec/diamond.spec.js –
Test für den Diamanten

```
describe("To String", function () {
    it("should return A, if A is provided", function () {
        expect(diamond.toString()).toEqual('A');
    });

    it("should return ' A\n B B\nC   C\n B B\n  A', if C is
provided", function () {
        var diamond = new Diamond('C');
        var result = ' A\n B B\nC   C\n B B\n  A';
        expect(diamond.toString()).toEqual(result);
    });
});
```

Dieser Aufruf der describe-Funktion enthält neben dem neuen Test für einen Standardfall auch noch den ursprünglichen Test, der gleichzeitig einen Sonderfall darstellt, nämlich den Fall, dass der Diamant nur aus einem Zeichen, nämlich A, besteht.

Bevor Sie zur endgültigen Lösung des Problems übergehen können, müssen Sie dafür sorgen, dass die Tests zunächst grün werden.

3.15.2   Green – fake it der toString-Methode

Am schnellsten werden Ihre Tests wieder grün, indem Sie eine Fallunterscheidung in die toString-Methode integrieren, und je nachdem mit welchem Argument die Konstruktor-Funktion aufgerufen wurde, erstellen Sie die Rückgabe. Listing 3–48 enthält den dafür erforderlichen Quellcode.

```
Diamond.prototype.toString = function () {
    if (this.value === 'A') {
        return this.value;
    }
    return '  A\n B B\nC   C\n B B\n  A';
};
```

Listing 3–48
src/diamond.js –
statische Rückgabe der
toString-Methode

Im letzten Schritt ersetzen Sie nun den statischen Rückgabewert durch eine Kombination der Aufrufe der upperHalf- und lowerHalf-Methoden.

3.15.3   Refactor – finale Implementierung der toString-Methode

Mit den grünen Tests im Rücken, gehen Sie nun an die finale Implementierung der toString-Methode. Listing 3–49 zeigt Ihnen den Quellcode hierfür.

```
Diamond.prototype.toString = function () {
    var result = this.upperHalf(this.value);
    var lowerHalf = this.lowerHalf(this.value);

    if (lowerHalf) {
        result += '\n' + lowerHalf;
    }

    return result;
};
```

Listing 3–49
src/diamond.js –
Umsetzung der
toString-Methode

Bei der Umsetzung der toString-Methode nutzen Sie die Tatsache aus, dass die Methode lowerHalf eine leere Zeichenkette zurückgibt, wenn sie mit dem Buchstaben A aufgerufen wird. Sie können dann prüfen, ob die untere Hälfte des Diamanten einen Wert enthält, und, falls das so ist, diesen mit einem Zeilenumbruch mit der oberen Hälfte zusammenführen.

Diese Umsetzung sorgt dafür, dass Ihre Tests grün bleiben und Ihre Implementierung mit einem beliebigen Diamanten umgehen kann. Noch bietet Ihre Applikation allerdings Verbesserungspotenzial.

3.16   Refactorings

Bei der testgetriebenen Entwicklung steht die Reduzierung von Duplikaten im Vordergrund. Vor diesem Gesichtspunkt ist Ihre Applikation zu diesem Zeitpunkt noch nicht optimal. Aktuell existieren noch zwei Stellen, an denen Duplikate im Quellcode vorhanden sind. Diese gilt es zu entfernen.

3.16.1   Refactoring #1 – charCodeAt

Momentan gibt es in Ihrer Applikation mehrere Stellen, an denen der Zeichencode des Buchstabens A abgefragt wird. Sie können diese Aufgabe auch ganz einfach in den Konstruktor ziehen und diesen Code dann in einer Variablen speichern.

Listing 3–50
src/diamond.js –
Anpassung des
Konstruktors

```
function Diamond (value) {
    this.value = value;
    this.codeOfA = 'A'.charCodeAt(0);
}
```

Mit dieser Änderung können Sie nun die Zeilen `'var codeOfA = 'A'.charCodeAt(0);'` löschen und alle Stellen, wo Sie auf `codeOfA` zugreifen, durch `this.codeOfA` ersetzen.

Natürlich dürfen Sie bei einem solchen Umbau nicht vergessen, stets Ihre Tests auszuführen.

3.16.2   Refactoring #2 – upperHalf und lowerHalf

Das zweite Refactoring ist um einiges umfangreicher, als es das erste war. Sie haben sowohl in der `upperHalf`-Methode als auch in der `lowerHalf`-Methode ein Array von Zeilen aufgebaut. Dies ist jedoch unnötig, da das Array in beiden Fällen annähernd das gleiche ist, außer dass sich die Sortierung unterscheidet.

In den nächsten Schritten bauen Sie die Applikation von unten nach oben um. Das bedeutet, Sie setzen jeweils an der `upperHalf`- und `lowerHalf`-Methode an und modifizieren schließlich die `toString`-Methode. Bei einer solchen Vorgehensweise kann es durchaus vorkommen, dass auch andere Tests durch die veränderten Schnittstellen einzelner Komponenten fehlschlagen. In diesem Fall ist das leider unvermeidlich.

Zunächst müssen Sie dafür sorgen, dass die `upperHalf`-Methode die obere Hälfte der Zeilen des Diamanten als Array zurückgibt. Wie üblich beginnen Sie mit einem Test. In diesem Fall können Sie den existierenden Test wie in Listing 3–51 anpassen, sodass dieser fehlschlägt.

```
describe("Upper Half", function () {
    it("should return ' A\nB B', if B is the widest point", function
() {
        var result = [' A', 'B B'];

        expect(diamond.upperHalf('B')).toEqual(result);
    });
});
```

Listing 3–51
spec/diamond.spec.js –
upperHalf gibt ein Array
zurück.

Bei der upperHalf-Methode müssen Sie lediglich die letzte Zeile anpassen, sodass das Array direkt zurückgegeben und nicht zu einer Zeichenkette zusammengefasst wird, wie Sie in Listing 3–52 sehen.

```
Diamond.prototype.upperHalf = function (char) {
    var index = this.getIndexOf(char);
    var result = [];

    for (var i = 0; i < index; i++) {
        result.push(this.line(String.fromCharCode(i + this.codeOfA),
char));
    }

    return result;
};
```

Listing 3–52
src/diamond.js –
Anpassung der
upperHalf-Methode

Bei dieser Methode entfernen Sie den Aufruf der join-Methode auf dem result-Array.

Im nächsten Schritt müssen Sie den Test für lowerHalf dahingehend umbauen, dass die Methode das Array aus der upperHalf-Methode als Eingabe übernimmt und die Repräsentation der unteren Hälfte des Diamanten als Zeichenkette zurückgibt.

```
describe("Lower Half", function () {
    it("should return ' B B\n A', if C is the widest point",
function () {
        var input = ['  A', ' B B', 'C   C'];

        expect(diamond.lowerHalf(input)).toEqual(' B B\n  A');
    });
});
```

Listing 3–53
spec/diamond.spec.js –
lowerHalf gibt die korrekte
untere Hälfte zurück

Im Test in Listing 3–53 definieren Sie in der Variablen input ein Array, das die drei oberen Zeilen eines Diamanten enthält. Dieses Array übergeben Sie beim Aufruf der lowerHalf-Methode und prüfen, ob das Ergebnis der erwarteten Zeichenkette entspricht.

Listing 3–54
src/diamond.js –
lowerHalf gibt die korrekte
untere Hälfte zurück

```
Diamond.prototype.lowerHalf = function (lines) {
    var result = [];

    if (lines && lines.length > 1) {
        for (var i = lines.length - 2; i >= 0; i--) {
            result.push(lines[i]);
        }
    }

    return result.join('\n')
};
```

Damit Ihre Implementierung auch diesen Test erfolgreich meistern kann, müssen Sie in der lowerHalf-Methode dafür sorgen, dass das eingegebene Array rückwärts durchlaufen und die breiteste Zeile, also das letzte Element des Arrays, ignoriert wird. Die Variable result benutzen Sie als Hilfskonstrukt, um das umsortierte Array schließlich mithilfe der join-Methode zu einer Zeichenkette zusammenzufügen.

Im letzten Schritt des Umbaus wenden Sie sich schließlich der toString-Methode zu. Listing 3–55 zeigt Ihnen die finale Implementierung dieser Methode. Die Methode upperHalf liefert nun keine Zeichenkette mehr, sondern ein Array von Zeilen. Dieses müssen Sie mit der join-Methode zu einer Zeichenkette verbinden. Außerdem übergeben Sie das Array mit den Zeilen des Diamanten an die Methode lowerHalf. Der Rest der Methode kann unverändert bleiben.

Listing 3–55
src/diamond.js – Umbau
der toString-Methode

```
Diamond.prototype.toString = function () {
    var lines = this.upperHalf(this.value);
    var result = lines.join('\n');
    var lowerHalf = this.lowerHalf(lines);

    if (lowerHalf) {
        result += '\n' + lowerHalf;
    }

    return result;
};
```

Die Aufgabe ist mit dem aktuellen Stand des Quellcodes bereits erledigt. Alle Anpassungen, die Sie jetzt noch vornehmen, dienen lediglich der Optimierung und der Kosmetik. Es gilt nun, das richtige Maß zwischen Verbesserung und unnötiger Arbeit zu finden. Für dieses Beispiel soll die aktuelle Implementierung ausreichen.

3.17   Zusammenfassung

Dieses Kapitel hat Ihnen gezeigt, wie Sie eine definierte Aufgabenstellung mit JavaScript testgetrieben lösen können. Wichtig ist hierbei, dass Sie einige Regeln befolgen und sich vor allem an den Red-Green-Refactor-Zyklus halten. Sollten Sie einmal nicht weiterkommen oder sich in Problemstellungen verrennen, die nicht Bestandteil der eigentlichen Aufgabe sind, hilft es häufig, wenn Sie einen Schritt zurückgehen und sich erneut mit der Aufgabenstellung und Ihrem Konzept beschäftigen.

Im Beispiel in diesem Kapitel haben Sie gesehen, dass Sie bei der testgetriebenen Entwicklung Ihre Tests sehr häufig ausführen müssen. Aus diesem Grund sollten Sie darauf achten, dass Ihre Tests sehr schnell ablaufen können, damit Sie nicht unnötig Zeit durch das Warten auf die Testergebnisse vergeuden. Ein weiteres Hilfsmittel ist hier die Integration in Ihre Entwicklungsumgebung, damit Sie nicht bei jedem Testlauf aus Ihrer Arbeitsumgebung gerissen werden.

Durch die testgetriebene Vorgehensweise haben Sie eine Testabdeckung von 100 % erreicht, was bedeutet, dass sämtlicher Quellcode, den Sie im Laufe dieses Beispiels geschrieben haben, durch einen oder mehrere Unit-Tests abgedeckt ist.

Durch das kontinuierliche Refactoring reduzieren Sie gezielt Duplikate in Ihrem Quellcode und erzielen damit eine bessere Wartbarkeit und Erweiterbarkeit für die Zukunft.

Die hier gezeigte Vorgehensweise ist ein möglicher von vielen Lösungswegen. Wie Sie bei der testgetriebenen Entwicklung vorgehen, bestimmen Sie in erster Linie selbst. Die Aufgabenstellung gibt das Ziel vor und Sie bewegen sich anhand Ihrer Tests in kleinen Schritten auf dieses Ziel zu. Die Tests sollten Sie stets so formulieren, dass Sie ein gutes Gefühl haben und durch keinen Fehler überrascht werden.

4 Testinfrastruktur

Nachdem Sie in Kapitel 2 etwas über die Unterschiede zwischen client- und serverseitigen Testframeworks erfahren haben, führt Sie dieses Kapitel noch ein Stück tiefer in die Welt der serverseitigen Testframeworks.

Zunächst lernen Sie mehr über die Funktionsweise von serverseitigen Testframeworks wie Karma. Das betrifft sowohl deren internen Aufbau als auch die Kommunikation mit den Clients. Danach lernen Sie, wie Sie Fehler in Ihren Tests mithilfe des Debuggers in Ihrem Browser finden können.

Im Zuge dieses Kapitels sehen Sie außerdem, wie Sie mit Problemen in der Infrastruktur umgehen können. Das betrifft die Client- wie die Serverseite.

Den Abschluss dieses Kapitels bildet ein Ausblick auf die Möglichkeiten, die Ihnen durch die Infrastruktur eines serverseitigen Testframeworks entstehen.

4.1 Funktionsweise

Die Infrastruktur von serverseitigen Testframeworks umfasst mehrere Komponenten. All diese Komponenten sind voneinander abhängig und erfüllen eine ganz bestimmte Aufgabe. In den folgenden Abschnitten erfahren Sie mehr zu den einzelnen Komponenten, ihren Merkmalen und Schnittstellen zu den übrigen Komponenten.

Als Beispiel für diese Ausführungen dient das Testframework Karma. Andere Frameworks funktionieren allerdings ähnlich, sodass die hier getroffenen Aussagen in ähnlicher Weise auch für beispielsweise JSTestDriver oder Buster.js gelten.

Karma

4.1.1   Die Serverkomponente

Die zentrale Komponente eines serverseitigen Testframeworks ist der Server. Diese Aussage gilt unabhängig davon, in welcher Sprache der Server implementiert ist. Der Server ist in den meisten Fällen ein länger laufender Prozess.

karma start

Bei Karma starten Sie diesen Serverprozess mit dem Befehl karma start. Diesen müssen Sie entweder in einem Verzeichnis ausführen, in dem eine Konfigurationsdatei, normalerweise mit dem Namen karma.conf.js, existiert. Alternativ können Sie auch den Pfad zu einer solchen Konfigurationsdatei angeben. Listing 4–1 zeigt Ihnen an einem konkreten Beispiel, wie Sie den Server ausführen können.

Listing 4–1
Ausführung der
Serverkomponente
von Karma

```
$ karma start karma.conf.js
INFO [karma]: Karma v0.10.2 server started at
http://localhost:9876/
INFO [launcher]: Starting browser Chrome
INFO [Chrome 30.0.1599 (Mac OS X 10.9.0)]: Connected on socket
6srnHskmDhQh4lzvMNVZ
Chrome 30.0.1599 (Mac OS X 10.9.0): Executed 15 of 15 SUCCESS (0.067
secs / 0.013 secs)
```

In dieser Datei geben Sie beispielsweise an, welche Browser der Server starten soll. Diese Information ist natürlich nur sinnvoll, wenn Ihr Server über eine grafische Oberfläche verfügt und sich die angegebenen Browser im Suchpfad befinden, da sie der Server ansonsten nicht starten kann. Sie können allerdings zu einem späteren Zeitpunkt immer noch Browser mit dem Server verbinden. Näheres hierzu erfahren Sie später Abschnitt 4.1.3.

Standardport: 9876

Eine der wichtigsten Konfigurationsoptionen ist die Angabe des Ports, auf den der Server gebunden werden soll. Der Standardwert ist hier die TCP-Portnummer 9876. Starten Sie den Serverprozess mit dem karma start-Befehl, wird dieser Port geöffnet und Karma wartet auf eingehende Verbindungen.

Ein bemerkenswertes Feature von Karma besteht darin, dass der Server versucht, den angegebenen Port zu verwenden. Ist dieser nicht verfügbar, weil er durch einen anderen Prozess bereits belegt ist, benutzt Karma den nächsten freien Port, indem er die Portnummer um den Wert 1 inkrementiert. Dies führt jedoch zu einem Problem, wenn Sie Ihre Tests mehrmals mit einem bereits laufenden Server ausführen möchten. In Ihrer Konfigurationsdatei ist die Portnummer spezifiziert. Der zweite Lauf der Tests verwendet also den ursprünglich konfigurierten Port, also 9876, und nicht den alternativen Port. Das verursacht schließlich das Problem, dass der Server nicht gefunden wird und die Tests abbrechen.

Der Server erhält über die Konfiguration neben der Portnummer noch zahlreiche weitere Informationen. Einige haben Sie in Kapitel 2 bereits kennengelernt. Wichtig sind hier vor allem die Dateien, die der Server für den Testlauf laden soll.

Der Server wird als lange laufender Prozess gestartet und führt standardmäßig einmal die konfigurierten Tests aus. Sie können dieses Verhalten unterdrücken, indem Sie die Option `--no-single-run` beim Aufruf von `karma start` angeben. Alternativ können Sie auch mit der Option `--single-run` dafür sorgen, dass der Karma-Prozess nach Ausführung der Tests sofort wieder beendet wird.

Falls Sie sich aber dazu entscheiden, den Karma-Server über längere Zeit laufen zu lassen, benötigen Sie hierfür eine weitere Komponente, einen Trigger, mit dem Sie die Testläufe ausführen können.

4.1.2 Manuelle Testausführung

Sie können den `karma`-Befehl mit verschiedenen Optionen dazu verwenden, verschiedene Komponenten der Infrastruktur anzusprechen. Bisher haben Sie `karma init` als Wizzard zur interaktiven Erstellung einer Konfigurationsdatei und `karma start` zum Starten des Servers kennengelernt.

karma run

`karma run` ist eine weitere Variante der Ausführung des Karma-Befehls. Diese sorgt dafür, dass die auf dem Server konfigurierten Tests einmalig ausgeführt werden. Zu diesem Zweck verbindet sich `karma run` mit dem Standard-Port 9876 und gibt darüber dem Server das Kommando, dass dieser die Tests ausführen soll.

Läuft Ihr Server nicht auf Port 9876, weil Sie entweder einen anderen Port angegeben haben oder aber weil dieser Port bereits belegt war und sich der Server dadurch den nächsten freien Port gesucht hat, läuft auch das `karma run`-Kommando ins Leere. In diesem Fall erhalten Sie die Fehlermeldung `There is no server listening on port 9876`. Dieses Problem können Sie jedoch ganz einfach durch die Kommandozeilenoption `--port` und die Angabe der korrekten Portnummer lösen. Listing 4–2 zeigt Ihnen ein entsprechendes Beispiel.

```
$ karma run --port 9876
Chrome 30.0.1599 (Mac OS X 10.9.0): Executed 15 of 15 SUCCESS (0.039
secs / 0.013 secs)
```

*Listing 4–2
Manuelle Ausführung
der Tests*

Die manuelle Ausführung der Tests mit `karma run` hat den Nebeneffekt, dass Sie auf der Serverkonsole eine Ausgabe, wie Sie sie in Listing 4–3 sehen können, erhalten.

Listing 4–3
*Ausgabe auf der
Serverkonsole*

```
Chrome 30.0.1599 (Mac OS X 10.9.0): Executed 15 of 15 SUCCESS (0.028
secs / 0.012 secs)
```

Die dritte Komponente der Karma-Infrastruktur stellt schließlich der Browser dar.

4.1.3   Der Browser

Der Browser spielt im Zusammenhang mit Karma die Rolle der Frontend-Komponente des Testframeworks. Der Browser und seine JavaScript-Engine stellen die Laufzeitumgebung für die auszuführenden Tests zur Verfügung.

*Auf mehreren Browsern
gleichzeitig testen*

Der entscheidende Vorteil eines serverseitigen Testframeworks wie Karma ist, dass Sie bei der Verwendung nicht auf einen einzelnen Browser beschränkt sind wie etwa beim Einsatz von Jasmine als clientseitige Stand-alone-Lösung. Mit Karma können Sie eine Vielzahl von Browsern benutzen, um Ihre Tests auszuführen.

Karma stellt Ihnen zur Verbindung mit einem Browser die Adresse *http://localhost:9876* beziehungsweise eine entsprechende IP-Adresse oder einen Servernamen zur Verfügung. Haben Sie in der Konfiguration einen oder mehrere Browser angegeben, werden diese gestartet und automatisch die URL des Karma-Servers aufgerufen. Damit steht der Browser unter der Kontrolle des Servers.

Im Browserfenster sehen Sie als Information, welche Browser aktuell beim Server registriert sind. Hier werden sowohl der Name des Browsers als auch die zugehörige Versionsnummer und das Betriebssystem aufgeführt.

Die Kommunikation zwischen Client und Server findet über das http-Protokoll statt. Im Normalfall ist das eine lokale Verbindung über die lokale Netzwerkschnittstelle. Sie können jedoch auch Browser von anderen Systemen mit Ihrem Karma-Server verbinden. Die einzige Voraussetzung, die Sie hierfür erfüllen müssen, ist, dass das entfernte System eine Netzwerkverbindung zum Karma-Server herstellen kann. Ist dies der Fall, können Sie einen beliebigen Browser auf diesem System starten und sich mit dem Server verbinden. Ein Beispiel, wie eine solche manuelle Verbindung aussehen kann, sehen Sie in Abbildung 4–1.

Abb. 4–1

Manuelle Verbindung zum Server

Mit der manuellen Verbindung von Browsern mit einem Testserver verfügen Sie über eine sehr flexible Infrastruktur. Das bedeutet konkret, dass Sie Ihre Applikation auf verschiedensten Systemen und in verschiedensten Browsern testen können. So können Sie Ihre Applikation nicht nur auf Ihrem Entwicklungssystem beziehungsweise auf Ihrem Continuous-Integration-Server testen, sondern auf beliebigen Systemen. Das bedeutet vor allem, dass Sie Ihre Applikation auf der eigentlichen Zielumgebung kontinuierlich und automatisiert testen lassen können.

Mit dieser Infrastruktur wird es außerdem möglich, dass Sie verschiedene Kombinationen von Betriebssystemen und Browsern bis hin zu Kombinationen verschiedener Versionen von Browsern und Betriebssystemen testen und somit die Realität sehr gut abbilden können.

Bei der Ausführung der Tests sind Sie jedoch nicht nur auf Desktop-Rechner, Notebooks und Server beschränkt. Sie können jedes beliebige Gerät anbinden, das über einen JavaScript-fähigen Browser verfügt. Das bedeutet, dass Sie Ihre Applikation auch auf mobilen Endgeräten wie Smartphones und Tablets testen können. Alles, was Sie hierfür tun müssen, ist, den Browser Ihres Geräts mit dem Testserver zu verbinden. Eine zwingende Voraussetzung für das Funktionieren dieser Teststrecke ist, dass sich das mobile Endgerät im selben Netzwerk wie der Testserver befindet beziehungsweise Zugriff über das http-Protokoll auf dieses Netzwerk hat. Ist diese Verbindung sichergestellt, müssen Sie lediglich die Adresse und die Portnummer des Testservers in Ihren Browser eingeben und er wird wie auch die Variante auf einem gewöhnlichen Rechner beim Server registriert.

Smartphones und Tablets

Abb. 4–2

Tests auf mobilen Geräten

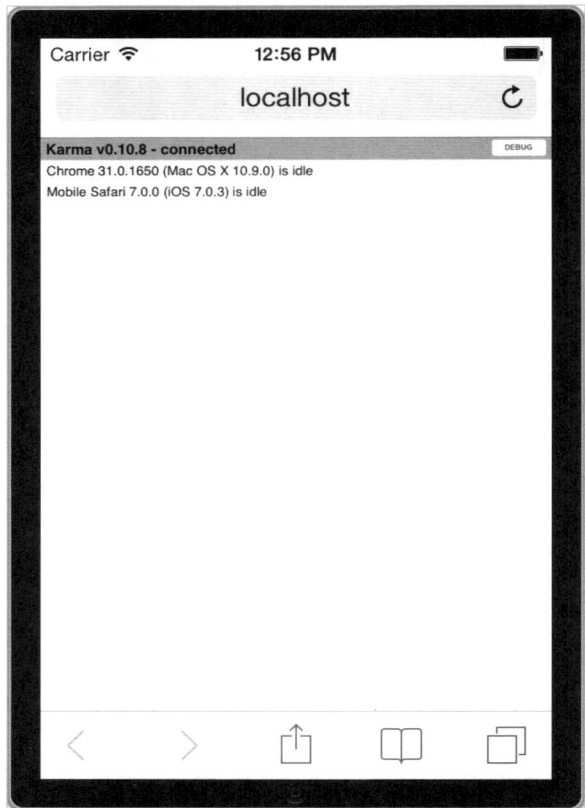

Haben Sie Ihren Server gestartet und alle Browser mit dem Server verbunden, können Sie Ihre Tests wie gewohnt ausführen und erhalten die Ergebnisse für alle Browser zusammengefasst.

Die Frage, die sich nun stellt, ist, wie das Zusammenspiel zwischen Client und Server genau funktioniert und welchen Mechanismus der Server verwendet, um die Clients fernzusteuern.

4.2   Workflow

Der Workflow der Testausführung bei serverseitigen Testframeworks lässt sich in verschiedene Stufen unterteilen.

- Der erste Schritt besteht darin, dass Sie den Serverprozess mit einer bestimmten Konfiguration starten.
- Im zweiten Schritt des Testworkflows werden die Clients, also die Browser, mit dem Server verbunden. Dies geschieht zum einen automatisch über die Konfiguration des Servers und zum anderen

manuell, indem Sie den Browser durch die Angabe der Serveradresse mit dem Server verbinden.

▪ Der dritte Schritt stellt dann die eigentliche Testausführung dar. Damit sich die Clients mit dem Server verbinden können, stellt der Server einen leichtgewichtigen Webserver auf dem konfigurierten Port zur Verfügung. Verbindet sich ein Browser mit dem Server, sehen Sie zunächst die bekannte leere Seite mit dem grünen Streifen und einigen Metainformationen wie der verwendeten Version von Karma und den aktuell verbundenen Browsern. Durch das Laden dieser initialen Seite wird außerdem eine Websocket-Verbindung aufgebaut, über die der Server mit dem Browser kommunizieren kann.

Das Websocket-Protokoll wird noch nicht von allen gängigen Browsern unterstützt und da Karma auch ältere und mobile Browser unterstützen muss, wurde die Bibliothek Socket.io eingebunden. Diese verfügt über einen Fallback-Mechanismus für den Fall, dass das Websocket-Protokoll vom Browser nicht unterstützt wird. So werden in diesem Fall beispielsweise Long Polling oder Flash Sockets eingesetzt.

Websocket-Protokoll

Sobald diese Infrastruktur initialisiert ist, können Sie über den Server einen Testlauf anstoßen. Wie bereits beschrieben, erreichen Sie dies normalerweise, indem Sie auf der Kommandozeile den Befehl karma start absetzen. Der Server nutzt in diesem Fall die bestehende Websocket-Verbindung, um allen angeschlossenen Browsern den Start des Testlaufs zu signalisieren. Die beim Server registrierten Browser reagieren daraufhin, indem sie die benötigten Dateien vom Server herunterladen und die Tests entsprechend der Konfiguration ausführen.

Nach einem erfolgten Testlauf melden die Browser das Ergebnis ebenfalls über die Websocket-Verbindung zurück an den Server. Der Server kann dann die Ergebnisse der einzelnen Browser darstellen und der Testlauf ist damit beendet.

Die Kommunikation, die über die Websocket-Verbindung läuft, findet in Form von JavaScript-Objekten statt. Sowohl der Server als auch die Browser-Clients bedienen sich dieses Formats. In Abbildung 4–3 sehen Sie einen Ausschnitt der Debugging-Ausgabe des Browsers, die die Kommunikation zwischen Client und Server zeigt.

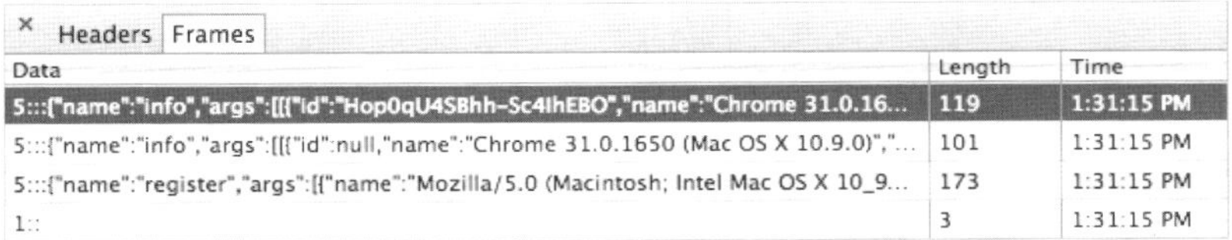

Headers Frames		
Data	Length	Time
5:::["name":"info","args":[[{"id":"Hop0qU4SBhh–Sc4IhEBO","name":"Chrome 31.0.16...	119	1:31:15 PM
5:::["name":"info","args":[[{"id":null,"name":"Chrome 31.0.1650 (Mac OS X 10.9.0)","...	101	1:31:15 PM
5:::["name":"register","args":[[{"name":"Mozilla/5.0 (Macintosh; Intel Mac OS X 10_9...	173	1:31:15 PM
1::	3	1:31:15 PM

Abb. 4–3
Echtzeitkommunikation zwischen Client und Server

Innerhalb des Browsers werden die Dateien, die für die Ausführung der Tests erforderlich sind, in ein iframe-Element geladen. Damit wird eine definierte und saubere Umgebung sichergestellt, in der die Tests ablaufen können.

Im Idealfall formulieren Sie bei der testgetriebenen Entwicklung zunächst Ihre Tests und implementieren daraufhin den Quellcode Ihrer Applikation. Gehen Sie hier in kleinen Schritten vor, sollten Sie in der Regel nicht mit schwerwiegenderen Problemen konfrontiert werden. Ist dies einmal nicht der Fall oder möchten Sie hinter die Kulissen Ihrer Tests zur Laufzeit blicken, können Sie auf die Debugging-Umgebung Ihres Browsers zurückgreifen. Wie dies konkret funktionieren kann, erfahren Sie im folgenden Abschnitt.

4.3   Debugging innerhalb der Testumgebung

Die meisten Browser verfügen mittlerweile über eine umfangreiche Sammlung von Entwicklerwerkzeugen. Darunter fallen beispielsweise Inspektoren für die DOM-Struktur, Profiler und Debugger. Diese Entwicklerwerkzeuge können Sie auch im Rahmen Ihrer Testläufe verwenden, um Fehler zu finden oder bestimmte Verhaltensweisen Ihrer Applikation zu analysieren. Und genau diese Werkzeuge stehen Ihnen auch bei einem Testlauf zur Verfügung.

Breakpoint setzen

Um eine Debugging-Session zu starten, müssen Sie einen Breakpoint in Ihrem Quellcode setzen. Dies erreichen Sie auf zwei Arten. Die erste Variante besteht darin, dass Sie innerhalb der Entwicklerwerkzeuge Ihres Browsers die einzelnen geladenen Dateien auswählen und durch einen Klick auf die Zeilennummer im Quellcode der Datei einen Breakpoint setzen. Der zweite Weg ist, dass Sie im Quellcode Ihrer Applikation das debugger-Statement platzieren. Die Wirkung ist in beiden Fällen die gleiche. Sobald Sie die Entwicklerwerkzeuge Ihres Browsers geöffnet haben und Ihre Tests ablaufen lassen, hält der Browser am Breakpoint an und Sie können die Laufzeitumgebung des Tests zum Zeitpunkt der Unterbrechung inspizieren. Abbildung 4–4 zeigt Ihnen einen Browser, der sich im Debugging-Modus während eines Testlaufs befindet.

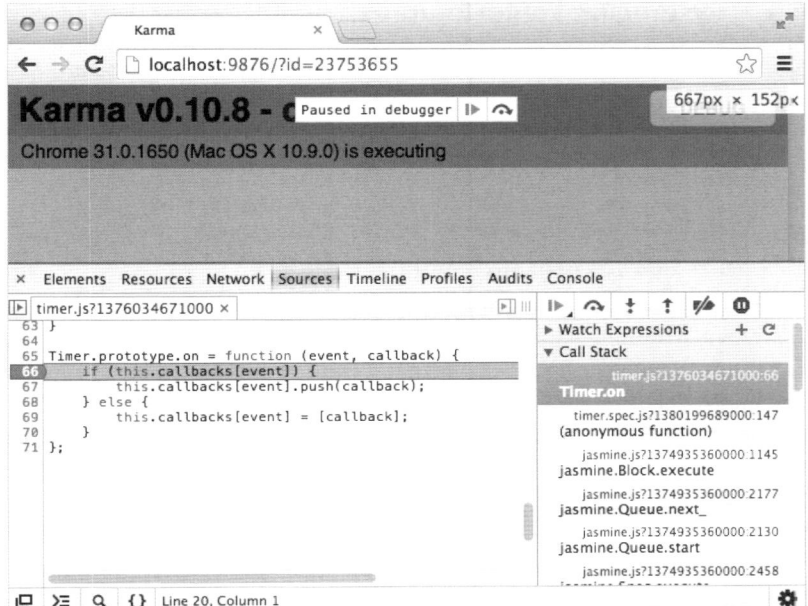

Abb. 4–4

Browser im
Debugging-Modus

Wichtig für das Funktionieren des Debuggers ist, dass Sie im Browser Ihrer Wahl den Debugger öffnen. Ist der Debugger nicht geöffnet, hält der Browser an keinem Breakpoint an und die Tests laufen ohne Unterbrechung durch.

 Neben den Debuggern der Browser existiert noch eine weitere Variante des Debuggens von Tests. Diese richtet sich allerdings weniger an den eigentlichen JavaScript-Quellcode und seine Laufzeitumgebung, sondern vielmehr an das Ergebnis nach einem Testlauf. Karma bietet zu diesem Zweck einen Button, mit dem Sie auf die aktuelle Ansicht der zu testenden Seite wechseln können. Beherzigen Sie die Grundsätze der testgetriebenen Entwicklung und bauen Ihre Tests unabhängig voneinander auf, können Sie einen fehlerhaften Test explizit ausführen, ohne die übrigen Tests und dann etwaige Fehlermeldungen oder Probleme zu finden. Wechseln Sie in die JavaScript-Konsole des Browsers, haben Sie außerdem Zugriff auf die Umgebung nach dem Testlauf, sodass Sie hier auch noch weitere Tests und Analysen vornehmen können.

 Neben Werkzeugen zur Analyse von Tests bietet die Infrastruktur von Karma auch Mittel, um mit den zugrunde liegenden Ressourcen wie Server oder Netzwerk umzugehen.

Debugging-Variante

4.4   System mit Fehlertoleranz

Die Infrastruktur der serverseitigen Testframeworks basiert auf der Kommunikation über Netzwerk. Im einfachsten Fall befinden sich Server und Browser-Client auf dem gleichen Rechner und kommunizieren über die lokale Netzwerkschnittstelle. Diese Konstellation ist weitestgehend stabil, da äußere Einflüsse nahezu auszuschließen sind. Ein Abschalten oder Neustarten der Netzwerkinfrastruktur bringt dennoch auch dieses System aus der Stabilität.

Tests auf entfernten Maschinen   Schwieriger wird die Situation, wenn Client und Server nicht auf derselben Maschine ausgeführt werden. Die Kommunikation erfolgt dann über eine reguläre Netzwerkverbindung mit all ihren Vor- und Nachteilen. Die größten Nachteile sind die relativ lange Übermittlungszeit, die benötigt wird, um Datenpakete zwischen zwei entfernten Maschinen zu übermitteln, und die Tatsache, dass keine Kommunikation zwischen zwei Maschinen möglich ist, sobald die Netzwerkverbindung getrennt ist.

Wie Sie bereits bei der dynamischen Auswahl der Portnummer im Falle eines belegten Ports gesehen haben, verfügt die Infrastruktur von Karma über Mechanismen, um eine gewisse Ausfallsicherheit zu gewährleisten. Wird die Verbindung zwischen Browser und Server unterbrochen, versucht der Client, sich nach zwei Sekunden erneut mit dem Server zu verbinden. Diese Versuche werden so lange unternommen, bis der Server wieder verfügbar ist. Diese Aussage gilt allerdings nicht nur für den Fall, dass die Netzwerkverbindung nicht mehr verfügbar ist, sondern auch falls der Karma-Server abgestürzt ist.

Die Browser, die vom Karma-Server durch die Angabe in der Konfiguration automatisch gestartet wurden, werden bei einem Absturz mit dem Karma-Server beendet. Nur die Browser-Instanzen, die manuell mit dem Server verbunden wurden, versuchen sich kontinuierlich weiter mit dem Server zu verbinden.

4.5   Zusammenfassung

Wollen Sie Ihre Applikation testen, sollten Sie auch Ihre Infrastruktur, deren Grenzen und Möglichkeiten kennen. Mit serverseitigen Testframeworks wie JSTestDriver, Karma oder Buster.js können Sie Ihre Tests nicht nur auf Ihrer lokalen Entwicklungsumgebung oder auf Ihrem Testserver ausführen, sondern auf eine verteilte Infrastruktur zurückgreifen, mit deren Hilfe Sie Ihre Tests auf den verschiedensten Systemen von älteren Windows-Rechnern mit einem Internet Explorer 6 über moderne Rechner mit aktuellen Browsern bis hin zu mobilen Geräten und deren Browsern ausführen können. Im Rahmen der Analyse und Fehlersuche bei den Tests können Sie auf die umfangreiche Palette von Entwicklerwerkzeugen der verschiedenen Browser zugreifen.

Die bisher gezeigten Methoden und Vorgehensweisen reichen für einfache Beispiele aus. Möchten Sie allerdings größere und komplexere Applikationen umsetzen, müssen Sie auch das Spektrum Ihrer Werkzeuge erweitern. Im nächsten Kapitel erfahren Sie daher, wie Sie mit Spies, Stubs und Mocks arbeiten und sie bei der testgetriebenen Entwicklung zu Ihrem Vorteil einsetzen können.

5 Spies, Stubsund Mocks

Bisher waren die Beispiele, die Sie im Zuge dieses Buchs gesehen und selbst nachvollzogen haben, noch recht einfach. In der Realität zeigt sich jedoch häufig ein anderes Bild. Sie werden mit komplexen Strukturen konfrontiert, die aus voneinander abhängigen Funktionsaufrufen und Datenstrukturen bestehen. In diesem Kapitel lernen Sie, wie Sie bei der testgetriebenen Entwicklung mit solchen Konstrukten umgehen und verschiedene Hilfsmittel einsetzen können, um sich das Leben erheblich zu erleichtern.

Im Verlauf dieses Kapitels lernen Sie verschiedene Ausprägungen sogenannter *Test Doubles* kennen, die Ihnen sowohl dabei helfen, mit Abhängigkeiten innerhalb Ihres Quellcodes umzugehen als auch die Abläufe in Ihrer Applikation zu überwachen.

Konkret erfahren Sie, was genau *Spies*, *Stubs* und *Mocks* sind, wofür Sie diese Objekte einsetzen können und welche Bibliotheken Ihnen in diesem Rahmen zur Verfügung stehen. Zunächst lernen Sie aber nun mit Sinon.JS eine Bibliothek kennen, die sich auf genau diese Art von Hilfsmitteln spezialisiert hat.

5.1 Sinon.JS

Mit etwas mehr als 4000 Zeilen Quellcode ist die unkomprimierte Entwicklungsversion von Sinon.JS ein wahres Leichtgewicht für ihren Funktionsumfang. Sinon.JS wird hauptsächlich von Christian Johansen entwickelt. Aus seiner Feder stammen mehrere Werkzeuge aus dem Bereich der Qualitätssicherung von JavaScript. Unter anderem entwickelt er auch das Testframework Buster, das am ehesten mit Karma oder JsTestDriver verglichen werden kann.

Sinon.JS besteht lediglich aus einer JavaScript-Datei, die Sie herunterladen und in Ihr Projekt einbinden müssen.

5.1.1   Installation und Konfiguration

Für die Beispiele in diesem Kapitel können Sie die Struktur des Beispiels aus Kapitel 3 einfach kopieren und somit die Kombination aus dem Karma-Server und Jasmine als Testframework verwenden. Lediglich die Dateien im Verzeichnis spec und src unterscheiden sich. Die Konfiguration des Karma-Servers entspricht der aus dem Beispiel aus Kapitel 3. Gehen Sie von einer Verzeichnisstruktur wie der in Listing 5–1 aus, finden Sie Sinon.JS im Verzeichnis lib wieder.

Listing 5–1
Verzeichnisstruktur mit
Sinon.JS

```
.
├── karma.conf.js
├── lib
├── spec
│   └── event.spec.js
└── src
    └── event.js
```

Damit Sie Sinon.JS in Ihrer Applikation verwenden können, müssen Sie die Konfiguration Ihres Karma-Servers dahingehend anpassen, dass nicht nur die Dateien in den Verzeichnissen spec und src geladen werden, sondern auch die Dateien im Verzeichnis lib, also in diesem Fall die Datei Sinon.JS. Listing 5–2 zeigt Ihnen die erforderliche Anpassung der files-Sektion der Datei karma.conf.js.

Listing 5–2
Erweiterung der Datei
karma.conf.js

```
files: [
  'lib/*.js',
  'spec/*.js',
  'src/*.js'
],
```

Im Anschluss an diese Änderungen können Sie mit einem einfachen Test prüfen, ob die Bibliothek Sinon.JS verfügbar und einsatzbereit ist. Im nächsten Abschnitt sehen Sie, wie ein solcher Test aussehen kann.

5.1.2   Test der Installation

Sobald Sie Sinon.JS korrekt in Ihre Applikation eingebunden haben, steht Ihnen die globale Variable sinon zur Verfügung. Um nun zu testen, ob die Installation fehlerfrei funktioniert hat, können Sie einen Test in der Datei event.spec.js im Verzeichnis spec formulieren, der prüft, ob diese Variable definiert ist. Den Quellcode dieses Tests finden Sie in Listing 5–3.

Listing 5–3
Test der Installation
von Sinon.JS

```
describe("Event", function () {
    it ("should include sinon.js", function () {
        expect(sinon).toBeDefined();
    });
});
```

Führen Sie jetzt Ihren Test aus, erhalten Sie die Rückmeldung von Ihrem Karma-Server, dass insgesamt ein Test fehlerfrei ausgeführt wurde.

Wie so häufig in JavaScript gibt es mehrere Weg, um zum Ziel zu gelangen, und so ist auch Sinon.JS nicht die einzige Lösung für das Problem der Test Doubles. Auch Jasmine selbst bietet Ihnen die Möglichkeit, Test Doubles zu verwenden.

5.2   Jasmine

Der Einstieg in die Test Doubles von Jasmine erfolgt über die spyOn-Funktion, die ein Bestandteil von Jasmine ist. Neben dieser zentralen Funktion stehen Ihnen noch weitere Funktionen zur Verfügung, die Sie im Verlauf dieses Kapitels näher kennenlernen werden.

Nutzen Sie Jasmine zur Formulierung von Tests, so können Sie auch bedenkenlos auf die interne Funktionalität der Test Doubles von Jasmine zurückgreifen und benötigen daher nicht zwingend Sinon für diese Aufgabe.

Der größte Unterschied zwischen den Test Doubles, die Ihnen Jasmine liefert, und Sinon ist, dass Sinon eine unabhängige Bibliothek mit einer Spezialisierung auf Test Doubles ist. Das bedeutet, dass Sie Sinon in jeder beliebigen Umgebung einsetzen können. Außerdem bietet Sinon einige Erweiterungen, über die Jasmine nicht verfügt. Unterm Strich betrachtet, ist Sinon nur eine weitere Möglichkeit, wie Sie Test Doubles erstellen können. Im Zuge dieses Kapitels wird auf beide Bibliotheken eingegangen, sodass Sie sich für den Weg entscheiden können, der Ihnen mehr liegt.

Unterschiede zu Sinon.JS

5.3   Test Doubles

Zunächst stellt sich aber die Frage: Was sind Test Doubles und wozu werden sie benötigt?

Diese Frage lässt sich sehr einfach mit einem anschaulichen Beispiel beantworten. In Filmen kommen häufig bei Actionszenen Stuntmen zum Einsatz, damit die Actionszenen gut aussehen und sich die Schauspieler dabei nicht verletzen. Die Arbeit wird in diesem Fall den Profis überlassen. Ähnlich verhält es sich auch bei den Test Doubles. Sie ersetzen Objekte und Funktionen in einer Testumgebung. So überlassen Sie auch hier den Profis die Arbeit.

Bei den Test Doubles gibt es verschiedene Abstufungen. Diese reichen von der reinen Beobachtung aufgerufener Funktionen bis hin zu deren kompletten Ersatz. So gibt es für die verschiedensten Szenarien

Stuntmen in Actionszenen

die unterschiedlichsten Werkzeuge, um einen Test so sinnvoll und aussagekräftig wie möglich zu gestalten.

Unabhängigkeit vom Gesamtsystem

Die Test Doubles sollen vorrangig dafür sorgen, dass die zu testende Einheit so unabhängig wie möglich vom Gesamtsystem gemacht werden soll. Mit dieser Unabhängigkeit sollen äußere Einflüsse auf die Tests vermieden werden. Stellen Sie sich vor, Sie implementieren eine Funktionalität, die aufgrund einer Zufallszahl ein Ergebnis liefern soll. Ein sinnvoller Test, nach dem Schema »Eine Funktion wird mit bestimmten Argumenten aufgerufen und liefert ein definiertes Ergebnis.« kann in diesem Fall nicht erstellt werden, da das Ergebnis von Aufruf zu Aufruf variiert. Dieser Fall ist ein klassisches Anwendungsbeispiel für Test Doubles, indem Sie einfach den Generator für die Zufallszahl durch ein Stück Software ersetzen, das bei jedem Aufruf die gleiche Zahl zurückliefert und das System so vorhersehbarer werden lässt.

Dependency Injection

Ein Konzept, das sehr häufig mit Test Doubles einhergeht, ist die Dependency Injection. Dieses Konzept beschreibt, sehr einfach gesagt, die Auslagerung von Abhängigkeiten. Das Ziel ist dabei, dass die Abhängigkeiten eines Objekts oder einer Funktion nicht mehr in der Struktur selbst aufgelöst werden, sondern von außerhalb in die Struktur eingefügt werden. Die Funktion beziehungsweise das Objekt weiß lediglich, dass es eine bestimmte Abhängigkeit hat, und kennt die Schnittstelle dieser Abhängigkeit. Es muss sich aber beispielsweise nicht um die Instanziierung der Abhängigkeit kümmern, sondern erhält die Abhängigkeit zur Laufzeit.

Dependency Injection kann auf verschiedene Arten umgesetzt werden. Die einfachste und deutlichste Art der Dependency Injection besteht darin, dass Sie einer Funktion sämtliche benötigten Abhängigkeiten als Parameter übergeben. Alternativ können Sie dem Konstruktor bei der Objektinstanziierung die Abhängigkeiten direkt übergeben oder diese später über Zuweisung an konkrete Properties oder über die Verwendung von Setter-Methoden. Der Effekt ist in jedem Fall der gleiche: Sie vermeiden, dass sich Ihre Funktion selbst um die Auflösung der Abhängigkeiten kümmern muss.

Kein new-Operator

Als Faustregel gilt, dass sich kein Aufruf des new-Operators in Ihrer Funktion befinden sollte. Diese Operation ist ein sicheres Zeichen, dass sich Ihr Code selbst um die Auflösung von Abhängigkeiten kümmert. Das ist nicht nur schlechter Stil, sondern macht den Quellcode schwer bis unmöglich testbar, da nicht nur die zu testende Einheit betrachtet werden muss, sondern das gesamte System.

Das Konzept der Test Doubles stammt weder aus der Welt der Webentwicklung noch ist es sonderlich neu. Stattdessen existiert dieses Konzept schon viele Jahre für Programmiersprachen wie C und Java und wurde vor allem im Rahmen des Buchs *xUnit Test Patterns* beschrieben.

5.4   Spies

Den Anfang der Test Doubles machen die Spies. Mit einem Spy können Sie, wie der Name schon ausdrückt, den Ablauf Ihrer Applikation überwachen. Sie können sich einen Spy wie einen Wrapper um eine Funktion vorstellen, der sämtliche Aufrufe ohne Modifikationen an die eigentliche Funktion weiterleitet und den Ablauf der Applikation dadurch nicht weiter beeinflusst.

Dieser Wrapper zeichnet allerdings sämtliche Aufrufe der Funktion auf. Die aufgezeichneten Daten umfassen beispielsweise die Anzahl der Aufrufe und die Argumente, mit denen die Funktion jeweils aufgerufen wurde.

Spies sind aus dem Grund entstanden, dass gerade im Bereich von JavaScript nicht immer mit dem üblichen Schema der Unit-Tests von Eingabe und Ausgabe gearbeitet werden kann, da häufig Callback-Funktionen zum Einsatz kommen, die es Ihnen als Entwickler unmöglich machen, auf den direkten Rückgabewert zu testen.

Wie bei allen Werkzeugen ist es auch bei den Test Doubles entscheidend, dass Sie wissen, in welchen Situationen welche Tools zum Einsatz kommen.

5.4.1   Wann kommen Spies zum Einsatz?

Spies werden typischerweise in zwei Szenarien eingesetzt. Sie können zum Überwachen von Funktionen benutzt werden, und man kann sie anstelle von Callback-Funktionen einsetzen.

Ein Spy ist ein Funktionsobjekt. Das bedeutet, dass Sie Spies überall verwenden können, wo auch normale Funktionen zum Einsatz kommen. In JavaScript sind das vor allem zwei Situationen. Zum einen kommen Funktionen im normalen Programmablauf vor, um Funktionalität zu kapseln und, wenn erforderlich, zu parametrisieren. Zum anderen können Funktionen als Argumente an andere Funktionen übergeben und innerhalb der Funktion aufgerufen werden.

Funktionen überwachen

Definieren Sie einen Spy, so können Sie angeben, welche Funktion Sie überwachen möchten. Dadurch müssen Sie an Ihrem Quellcode keine Änderungen durchführen und können innerhalb Ihrer Applikationslogik bestimmte Stellen überwachen.

Bei der testgetriebenen Entwicklung stehen Sie immer vor der Frage, ob Sie nur die öffentlichen APIs Ihrer Module testen oder auch sämtliche Interna. Spies bieten Ihnen die Möglichkeit, die Interna Ihrer Funktionen zu testen, ohne dass Sie Ihre Funktionen zu sehr aufbrechen müssen.

Callback-Funktionen

Ein weiterer typischer Einsatzzweck für Spies sind Callback-Funktionen. Üblicherweise geschieht vieles in normalen Webapplikationen asynchron. Das bedeutet, dass ein Ereignis eintritt und Sie aufgrund dieses Ereignisses eine Funktion aufrufen. Solche Ereignisse können einfach Klicks auf einen Button, aber auch Antworten auf einen Ajax-Request oder eine Nachricht über Websockets sein. Wann immer nun ein solches Ereignis eintritt, soll eine Callback-Funktion ausgeführt werden, um entsprechend zu reagieren und dem Benutzer bestimmte Daten anzuzeigen.

In solchen Fällen ist es wichtig, dass diese Funktionen mit bestimmten Argumenten aufgerufen werden. Gerade bei derartigen Überprüfungen kommen Spies zum Einsatz.

Regressionstests

Auch bei sogenannten Regressionstests können Sie Spies einsetzen. Diese Tests sichern Fehlerbehebungen innerhalb Ihrer Software ab. In JavaScript kommt es häufig zu Problemen, wenn Sie Funktionen an bestimmte Ereignisse binden und diese Bindung mehr als nur einmal stattfindet. Das führt zu dem Effekt, dass die gebundene Funktion mehrmals ausgeführt wird und dadurch beispielsweise Elemente mehrfach in Ihre Applikation einfügt oder Teile der Applikation überschreibt. Durch die Fähigkeit von Spies, die Anzahl der Aufrufe einer Funktion zu zählen, können Sie solche Fehler problemlos absichern.

Der nächste Abschnitt führt Sie in die praktische Benutzung von Spies ein und zeigt Ihnen, wie Sie sowohl anonyme Spies als auch Spies für existierende Funktionen erstellen können.

5.4.2 Spies verwenden

Im Folgenden wird beschrieben, wie Sie die Spies von Sinon.JS in Ihre Tests einbinden können. Wie Sie das Spy-Feature von Jasmine verwenden können, erfahren Sie in einem späteren Abschnitt innerhalb dieses Kapitels.

Die einfachste Art von Spies sind die sogenannten anonymen Spies. Das sind anonyme Funktionen, die Sie in Ihrem Test als Funktionsobjekt verwenden können.

```
it ("should create an anonymous spy", function () {
    var spy = sinon.spy();

    spy('Hello World');

    expect(spy.callCount).toEqual(1);
    expect(spy.calledWith('Hello World')).toBeTruthy();
});
```

Listing 5–4
Anonymer Spy

Mit dem Aufruf von sinon.spy aus Listing 5–4 erhalten Sie ein Funktionsobjekt, das Sie im weiteren Verlauf des Tests verwenden können. Der folgende Aufruf dieser Funktion hat keinerlei Auswirkung, da es sich bei der Funktion um eine leere Funktion handelt. Dieser Aufruf wird allerdings aufgezeichnet, sodass Sie im Folgenden beispielsweise auf die Eigenschaft callCount oder die Funktion calledWith zurückgreifen können und entsprechende Assertions formulieren können.

Sie können die Methode spy mit zusätzlichen Argumenten aufrufen. So können Sie entweder eine Funktion übergeben, für die Sie einen Spy erstellen möchten, oder Sie übergeben ein Objekt und den Namen einer Methode als Zeichenkette.

```
it("should create a spy for a method", function () {
    var myObj = {
        name: 'Klaus',
        getName: function () {
            return this.name;
        }
    };

    var spy = sinon.spy(myObj, 'getName');

    myObj.getName();

    expect(spy.calledOnce).toBeTruthy();
});
```

Listing 5–5
Spy für eine Methode

In Listing 5–5 sehen Sie, wie einfach Sie einen Spy für eine existierende Methode erstellen und so die Verwendung dieser Methode überwachen können.

So klare und einfache Fälle wie in den beiden vorangegangenen Beispielen bringen keinen wirklichen Mehrwert für Ihre Tests. Stattdessen kommen Spies vor allem zum Einsatz, wenn es um indirekte Aufrufe von Funktionen geht, wenn die Funktion also durch eine andere Funktion innerhalb des Tests aufgerufen wird.

Grundsätzlich gilt bei der Entwicklung von Tests, dass ein Test seine Umgebung möglichst unberührt hinterlassen sollte. Aus diesem Grund können Sie mit Sinon.JS Spies für bestehende Methoden auch wieder rückgängig machen. Dies erreichen Sie durch den Aufruf der restore-Methode eines Spy-Objekts.

Listing 5–6
Spy zurücksetzen

```
myObj.getName.restore();
```

In Listing 5–6 sehen Sie, wie Sie den Spy aus Listing 5–5 wieder rückgängig machen können. Das hat allerdings zur Konsequenz, dass sämtliche Interaktionen nach dem Aufruf der restore-Methode keine Auswirkungen mehr auf den Spy haben. Rufen Sie beispielsweise nach dem restore erneut die getName-Methode auf, hat die calledOnce-Property des Spys nach wie vor den Wert true und die Property calledTwice den Wert false. Der Spy existiert also immer noch, ist allerdings nicht mehr an die Funktion gebunden und hat aus diesem Grund den zweiten Aufruf der Methode nicht mehr aufgenommen.

5.4.3   Die Spy-Schnittstelle

Die Methoden und Eigenschaften des Spy-Objekts, die Sie hier bisher verwendet haben, stellen lediglich einen kleinen Ausschnitt aus dem Funktionsumfang der Spies von Sinon.JS dar.

Eigenschaften von Spies
Jeder Spy verfügt über gewisse Eigenschaften, von denen Sie einige bereits im Zuge dieses Kapitels kennengelernt haben. So erfahren Sie über die Eigenschaft callCount, wie oft der Spy aufgerufen wurde. Die Eigenschaften calledOnce bis calledThrice stellen Abkürzungen für die Prüfungen dar, ob der Spy ein-, zwei- beziehungsweise dreimal aufgerufen wurde.

Neben diesen Eigenschaften können Sie auch auf die einzelnen Aufrufe der Spies zugreifen. Der Methode getCall des Spy-Objekts übergeben Sie die Nummer des Aufrufs, den Sie genauer analysieren möchten, und erhalten ein Objekt zurück, das beispielsweise ein Array der übergebenen Argumente, den Rückgabewert oder den Kontext der Funktion enthält.

Sinon.JS ermöglicht Ihnen außerdem, über einige Methoden des Spy-Objekts Prüfungen über die Aufrufe der Spy-Funktion durchzuführen. So können Sie der Methode calledWith eine Liste von Argumenten übergeben. Sinon.JS prüft dann, ob der Spy mindestens einmal mit diesen Argumenten aufgerufen wurde, und gibt entsprechend true oder false zurück.

Ähnliches wie für die calledWith-Methode für die Argumente gilt für die Rückgabewerte und die returned-Methode. Dieser übergeben Sie einen Wert und Sinon.JS prüft, ob ein Aufruf des Spys genau diesen Wert zurückgeliefert hat. Die Rückgabe dieser Methode ist je nach Ergebnis entweder true oder false.

Mit Sinon.JS können Sie jedoch nicht nur Argumente und Rückgabewerte überprüfen, sondern auch, ob der Aufruf der Funktion, für die Sie den Spy erstellt haben, eine Exception geworfen hat. Dies erreichen

Sie, indem Sie die threw-Methode verwenden. Diese können Sie entweder ohne Argumente verwenden, dann wird lediglich geprüft, ob die Funktion eine Exception geworfen hat, oder Sie übergeben beim Aufruf eine Zeichenkette oder ein Objekt und Sinon.JS prüft, ob genau diese Art von Exception geworfen wurde. Wieder gilt hier: Es wurde bei mindestens einem Aufruf diese Exception geworfen.

Für die meisten vorgestellten Methoden existieren Modifikationen wie always oder never, mit denen Sie feststellen können, ob beispielsweise sämtliche Aufrufe der Funktion einen bestimmten Wert zurückgeliefert haben.

Nun, da Sie einen ersten Überblick über die Möglichkeiten von Spies haben, werden Sie dieses Wissen im nächsten Abschnitt in einem konkreten Beispiel weiter festigen.

5.4.4 Spies im konkreten Beispiel

Ein Szenario, bei dem Sie Spies gut einsetzen können, ist eine eventgetriebene Architektur in JavaScript. In diesem Abschnitt sehen Sie, wie Sie mit der Hilfe von Spies die Grundlagen für eine Event-Architektur schaffen können.

Eine eventgetriebene Architektur bedeutet in erster Linie einmal Asynchronität für Ihre Applikation. Sie registrieren Funktionen, die ausgeführt werden sollen, falls ein bestimmtes Ereignis ausgelöst wird

Event-Architektur

Die Aufgabenstellung für dieses Beispiel lautet, dass Sie einen EventEmitter umsetzen sollen, der Ihnen die Methoden on, zum Registrieren von Callbacks für ein Event, und trigger, zum Auslösen eines Events, zur Verfügung stellt. Die Methode on erhält als erstes Argument den Namen des Events als Zeichenkette und als zweites die Funktion, die ausgeführt werden soll. Die trigger-Methode akzeptiert als erstes Argument den Namen des Arguments, das ausgelöst werden soll, und als weitere Argumente Objekte, die an die registrierten Callback-Funktionen weitergereicht werden sollen.

Für dieses Beispiel sollten Sie sich lediglich auf die einfachste Umsetzung ohne weitere Fehlerbehandlung oder die Entfernung von bereits registrierten Callback-Funktionen kümmern.

Als Grundlage für dieses Beispiel können Sie auf die Struktur zurückgreifen, die Sie zu Beginn dieses Kapitels für die Einbindung von Sinon.JS erstellt haben. Die Tests können Sie beispielsweise in einer Datei mit dem Namen event.spec.js im Verzeichnis spec und den zugehörigen Quellcode in der Datei event.js im Verzeichnis src speichern.

Listing 5–7
Test der on-Methode des
EventEmitter

```
describe('EventEmitter', function () {

    it ('should register a callback via on-method', function () {
        var eventEmitter = new EventEmitter();

        eventEmitter.on('myEvent', function () {});

        expect(eventEmitter.events['myEvent'].length).toBe(1);
    });

});
```

Der Quellcode in Listing 5–7 zeigt Ihnen den ersten Test, den Sie für die Lösung der Aufgabenstellung formulieren müssen. Dieser Test besteht aus der Instanziierung des EventEmitter, einem Aufruf der on-Methode zur Registrierung einer Callback-Funktion und der Prüfung, ob die Anzahl der registrierten Callbacks genau 1 ist.

Die Ausführung dieses Tests führt erwartungsgemäß zu einer Reihe von Fehlern, die Sie zunächst beheben müssen. Das erste Problem liegt darin, dass weder der Konstruktor EventEmitter noch die Funktion on definiert ist. Nachdem Sie Schritt für Schritt diese Probleme gelöst haben, sollten Sie zu einer Implementierung wie in Listing 5–8 kommen.

Listing 5–8
Implementierung der
on-Methode des
EventEmitter

```
function EventEmitter () {};

EventEmitter.prototype.events = {};

EventEmitter.prototype.on = function (event, cb) {
    this.events[event] = [cb];
};
```

Mit dieser ersten Implementierung ist Ihr Test grün. Im nächsten Schritt wäre denkbar, die on-Methode zu erweitern, sodass sie mit mehr als einer Callback-Funktion umgehen kann. Für den Einsatz von Spies ist dies jedoch nicht relevant, sodass Sie an dieser Stelle gleich mit der Entwicklung der trigger-Methode fortfahren können.

Die trigger-Methode soll dafür sorgen, dass alle Callback-Funktionen, die für ein Event registriert sind, ausgeführt werden.

Listing 5–9
Test für die
trigger-Methode

```
it('should fire an event, if the trigger method is called', function
() {
    var eventEmitter = new EventEmitter();
    var spy = sinon.spy();
    eventEmitter.events['myEvent'] = [spy];

    eventEmitter.trigger('myEvent');

    expect(spy.calledOnce).toBeTruthy();
});
```

Der Test aus Listing 5–9 nutzt die Spy-Funktionalität von Sinon.JS, um eine anonyme Spy-Funktion zu erstellen, die als Callback-Funktion manuell beim EventEmitter registriert wird. Im Anschluss lösen Sie das Event aus und prüfen, ob die Callback-Funktion ausgeführt wurde.

Auch dieser Test schlägt wieder mit der Meldung fehl, dass keine Methode mit dem Namen trigger existiert.

Wie immer bei der testgetriebenen Entwicklung, gilt auch hier: Sie sollen nur so viel Code implementieren, wie erforderlich ist, dass der Test grün wird. Die einfachste Implementierung der trigger-Methode finden Sie in Listing 5–10.

```
EventEmitter.prototype.trigger = function (event) {
    this.events[event][0]();
}
```

Listing 5–10
Implementierung der
trigger-Methode

Ähnlich wie schon bei der on-Methode gilt auch hier, dass diese Implementierung lediglich mit einer Callback-Funktion umgehen kann. Im nächsten Schritt schreiben Sie einen Test, der die Callback-Funktion zweimal registriert. Dieser Test zwingt Sie dann dazu, den Quellcode der trigger-Methode ebenfalls anzupassen.

```
it('call all the registered callbacks', function () {
    var eventEmitter = new EventEmitter();
    var spy = sinon.spy();
    eventEmitter.events['myEvent'] = [spy, spy];

    eventEmitter.trigger('myEvent');

    expect(spy.calledTwice).toBeTruthy();
});
```

Listing 5–11
Test der trigger-Methode
mit mehreren
Callback-Funktionen

Der Test aus Listing 5–11 unterscheidet sich vom vorherigen lediglich darin, dass das Array der Callback-Funktionen nun zweimal die Spy-Funktion aufweist und statt calledOnce in der Expectation ein calledTwice steht. Führen Sie den Test aus, schlägt er erwartungsgemäß fehl, da die Funktion lediglich einmal ausgeführt wird. Damit der fehlschlagende Test wieder problemlos ablaufen kann, müssen Sie die trigger-Methode, wie in Listing 5–12 zu sehen ist, anpassen.

```
EventEmitter.prototype.trigger = function (event) {
    var cbs = this.events[event];
    for (var i = 0; i < cbs.length; i++) {
        this.events[event][i]();
    }
}
```

Listing 5–12
Erweiterung der
trigger-Methode um
mehrere Callbacks

Mit dieser Anpassung haben Sie die erste Anforderung erfüllt: Ihre Implementierung eines EventEmitter kann jetzt auch mit mehreren Callback-Funktionen pro Event umgehen.

Im nächsten Schritt erweitern Sie nun die `trigger`-Methode, sodass sie zusätzliche Argumente entgegennimmt und diese an die Callback-Funktionen weiterreicht. Auch in diesem Szenario spielen Spies eine entscheidende Rolle, wie der Test in Listing 5–13 verdeutlicht.

Listing 5–13
Trigger-Test mit
Argumenten

```
it('should pass args to the callback', function () {
    var eventEmitter = new EventEmitter();
    var spy = sinon.spy();
    eventEmitter.events['myEvent'] = [spy];

    eventEmitter.trigger('myEvent', 'arg1');

    expect(spy.calledWith('arg1')).toBeTruthy();
});
```

Die wichtigste Neuerung in diesem Test ist die Verwendung der `calledWith`-Methode des Spy-Objekts, mit der Sie prüfen können, ob das Argument korrekt an die Callback-Funktion übergeben wurde.

Der Test schlägt erwartungsgemäß fehl, da das Weiterreichen der Argumente der `trigger`-Methode an die Callback-Funktionen noch nicht vorgesehen ist.

Der nächste Schritt besteht nun also in der Erweiterung der `trigger`-Methode, wie Sie in Listing 5–14 sehen können.

Listing 5–14
Erweiterung der trigger-
Methode um zusätzliche
Argumente

```
EventEmitter.prototype.trigger = function (event) {
    var cbs = this.events[event];
    for (var i = 0; i < cbs.length; i++) {
        this.events[event][i](arguments[1]);
    }
}
```

Mit einer einfachen Erweiterung des bestehenden Quellcodes kann auch der zuletzt erstellte Test für die `trigger`-Methode erfolgreich ablaufen.

Für die Demonstration des Einsatzes von Spies reicht der Ausbau des EventEmitter aus. Sie haben gesehen, wie Sie den Aufruf von anonymen Funktionen überprüfen können und wie Sie Ihre Tests dahingehend erweitern, auch auf die übergebenen Argumente zu prüfen.

Sie können das Beispiel noch solcherart erweitern, dass Sie eine beliebige Anzahl von Argumenten an die `trigger`-Methode und diese an die Callback-Funktionen übergeben.

Als Beispiel für ein voll funktionsfähiges Eventsystem können Sie sich die Event-API von jQuery als Beispiel nehmen (*http://api.jquery. com/category/events/*).

Der nun folgende Abschnitt geht auf die Unterschiede zwischen den Sinon.JS-Spies und den Jasmine-Spies ein.

5.4.5 Spies in Jasmine

Auch Jasmine selbst bietet Ihnen Test Doubles. Die erste Frage, die sich hier natürlich förmlich aufdrängt, ist, warum sollte man Sinon.JS einsetzen, wenn das eigentliche Testframework über eine ähnliche Funktionalität verfügt. Die Antwort ist relativ einfach: Der Umfang der Test Doubles in Jasmine ist wesentlich geringer als in Sinon.JS.

Schon die Erstellung ist um einiges weniger flexibel als bei Sinon.JS. Wo Sie in Sinon.JS sowohl Spies für Funktionen und Methoden als auch für anonyme Funktionen erstellen können, unterstützt Sie Jasmine lediglich bei der Erstellung von Spies für Methoden. Über Umwege können Sie auch anonyme Spies oder Spies für globale Funktionen generieren. Listing 5–15 zeigt Ihnen einen Test, in dem ein Jasmine-Spy zum Einsatz kommt.

```
it('should work with jasmine as well', function () {
    var myObj = {
        cb: function () {}
    }

    var eventEmitter = new EventEmitter();
    spyOn(myObj, 'cb');
    eventEmitter.events['myEvent'] = [myObj.cb];

    eventEmitter.trigger('myEvent');

    expect(myObj.cb).toHaveBeenCalled();
});
```

Listing 5–15
Callback-Test mit
Jasmine-Spies

Einen Spy generieren Sie mit Jasmine durch einen Aufruf der spyOn-Methode, die ein Objekt und den Namen der zu überwachenden Methode als Argumente erhält. Da diese Art der Spies wesentlich besser in Jasmine integriert ist, stellt Jasmine entsprechende Matcher zur Verfügung, mit denen Sie die Spies überprüfen können. Ein Beispiel für einen solchen Matcher ist der toHaveBeenCalled-Matcher, mit dem Sie prüfen können, ob der Spy mindestens einmal aufgerufen wurde.

Bei der Verwendung der Jasmine-Spies müssen Sie außerdem beachten, dass die ursprüngliche Funktion, über die Sie den Spy gelegt haben, nicht automatisch ausgeführt wird. Möchten Sie dies erreichen, müssen Sie die andCallThrough-Methode auf dem Spy-Objekt aufrufen.

Eine weitere Ausprägung der Test Doubles besteht aus den sogenannten Stubs. Mit ihnen haben Sie die Möglichkeit, direkt in Ihre Applikation einzugreifen und nicht nur wie mit den Spies zu beobachten.

5.5   Stubs

Bei der Entwicklung einer Applikation stehen Sie immer wieder vor dem Problem, dass Sie eine Funktion nicht komplett isoliert von ihrer Umwelt testen können. Kommen Objekte oder einfache Funktionen zum Einsatz, ist die Situation noch wenig problematisch. Schwieriger wird es, wenn Sie eine oder mehrere Methoden von Objekten aufrufen. Der Aufwand, hier bestimmte Methoden zu überschreiben, erhöht den Gesamtaufwand des Tests beträchtlich.

In diesem Fall kommen Ihnen die sogenannten Stub-Funktionen zur Hilfe. Das sind Funktionen, bei denen Sie festlegen, wie sie sich während des Tests verhalten sollen. Konkret werden Sie in den meisten Fällen Einfluss auf den Rückgabewert oder eine eventuell geworfene Exception nehmen.

Würde es lediglich darum gehen, einen Wert zurückzugeben, könnten Sie dies auch einfacher erreichen, indem Sie die betreffende Methode überschreiben und den Wert zurückgeben. Der erste Vorteil von Stubs ist, dass sie, wie auch schon die Spies, als Wrapper um die Funktion gelegt werden und Sie das Objekt nicht direkt modifizieren müssen. Außerdem haben Sie beim Einsatz von Stub-Funktionen vollständigen Zugriff auf die Spy-API. Das bedeutet, dass Sie zusätzlich zum vordefinierten Verhalten auch die Verwendung der Stub-Funktion überprüfen können.

5.5.1   Wann kommen Stubs zum Einsatz?

Sie verwenden Stubs, um Rückgabewerte von Funktionen zu simulieren, ohne die Applikationslogik der eigentlichen Funktion wirklich auszuführen. Außerdem können Sie mit Stubs das Verhalten einer Applikation im Ausnahmefall simulieren und kontrolliert Exceptions werfen.

Andere Funktionen simulieren

Setzen Sie im Zuge der testgetriebenen Entwicklung eine Funktion um, müssen Sie das Verhalten Ihrer Funktion unter Kontrolle haben. Das bedeutet, dass Ihre Funktion auf eine bestimmte Eingabe immer mit einer entsprechenden Ausgabe reagieren sollte. Können Sie Ihre Funktion unabhängig von äußeren Einflüssen entwickeln, haben Sie kein weiteres Problem. Sobald Sie allerdings auf andere Funktionen aus Ihrer Applikation oder auf Funktionen von Drittanbietern zugreifen müssen, wird die Situation schwieriger, weil sie nicht immer garantieren können, dass sich die verwendete Funktion immer gleich verhält.

Bücher für **Tester, Testmanager** und **Qualitätsmanager**

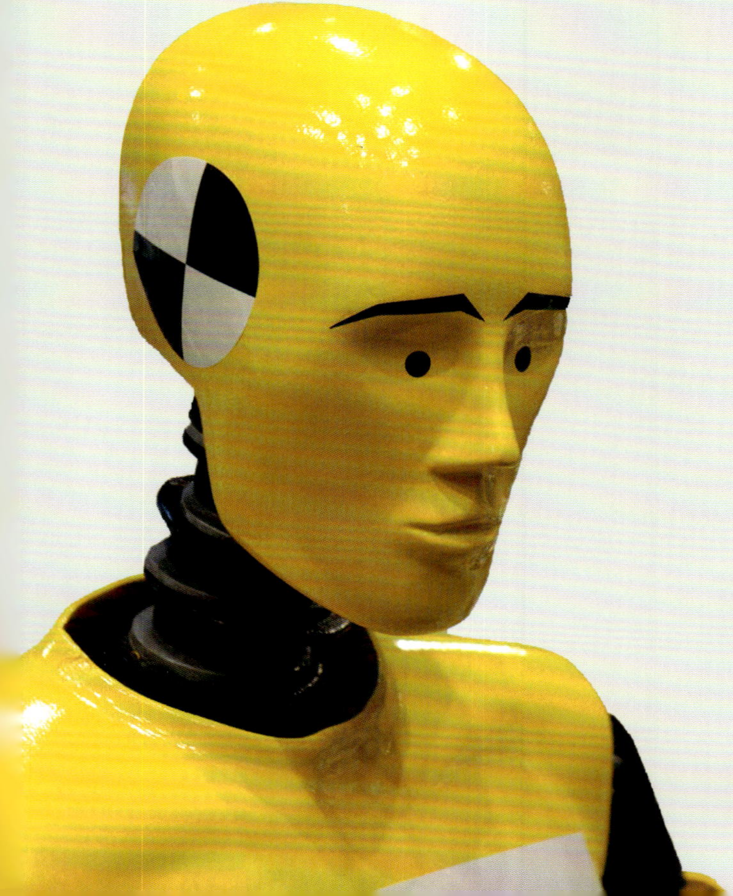

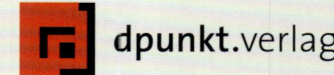

Heinz Hellerer

Soft Skills für Softwaretester und Testmanager

Kommunikation im Team, Teamführung, Stress- und
Konfliktmanagement

Das Buch zeigt, was von Testern
in einem Entwicklungsteam
erwartet wird, in welche Zwick-
mühlen sie geraten können
und wie sie am besten mit den
Teammitgliedern kommunizieren.
Testmanager erfahren, auf welche
Herausforderungen sie sich bei
ihrer Arbeit in »klassischen« und
agilen Teams einstellen sollten.

2013, 184 Seiten, Broschur, € 29,90 (D)
ISBN 978-3-89864-831-8

Kees Blokland • Jeroen Mengerink •
Martin Pol

Testing Cloud Services

How to Test SaaS, PaaS & IaaS

Testing Cloud Services contains
an extensive list of risks that
arise when implementing cloud
computing; among these are
some traditional risks, but also
some completely new ones. The
effective approach in this book
can immediately be applied in
practice.

2014, 182 Seiten, Broschur, € 30,00 (D)
ISBN 978-1-937538-38-5 (Rocky Nook)

Kurt Schneider

Abenteuer Softwarequalität

Grundlagen und Verfahren für Qualitätssicherung und Qualitätsmanagement

Das Buch vermittelt ein fundiertes Grundwissen über Softwarequalität.
Dabei werden sowohl organisatorische Fragen, Bedienbarkeit von Software und agile Methoden erörtert. Die fachliche Sicht wird ergänzt durch
die Geschichte von »Q«, der Zweifel und Erfolge beim »Abenteuer Softwarequalität« erlebt.

2., überarbeitete und erweiterte Auflage
2012, 262 Seiten, Broschur, € 29,90 (D)
ISBN 978-3-89864-784-7

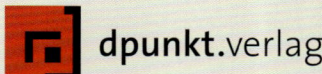

dpunkt.verlag

Wieblinger Weg 17
69123 Heidelberg

fon 0 62 21/14 83 0
fax 0 62 21/14 83 99

hallo@dpunkt.de
www.dpunkt.de

rockynook

Rocky Nook ist ein Schwesterverlag des
dpunkt.verlags in den USA.
Alle Rocky-Nook-Titel können Sie beim
dpunkt.verlag bestellen.

Als **plus⁺**-Mitglied erhalten Sie zu vielen
dpunkt.büchern, die Sie als gedruckte Ausgabe
erworben haben oder noch kaufen werden, das
entsprechende E-Book im PDF-Format. Dabei spielt
es keine Rolle, wo Sie die Bücher gekauft haben.

Sie können als Mitglied bis zu zehn E-Books als
Ergänzung zu Ihren gedruckten dpunkt.büchern
herunterladen. Eine Jahres-Mitgliedschaft kostet
Sie lediglich 9,90 €, weitere Kosten entstehen nicht.

Melden Sie sich gleich an:
www.dpunkt.de/plus

Einzelne E-Books finden Sie auch hier:
www.dpunkt.de/ebooks

Da bei der Erstellung des Tests die Prüfung der zu entwickelnden
Funktion und nicht die Prüfung einer anderen bereits existierenden
Funktion im Vordergrund steht, können Sie diese Funktionen durch
Stubs ersetzen, deren Verhalten Sie im Vorfeld des Tests festlegen.

Bei der Erstellung einer Applikation können Sie nicht nur von
einem positiven Verlauf ausgehen. Wie soll sich die Funktion, die Sie
gerade erstellen, verhalten, wenn eine andere Funktion eine Exception
wirft? Einen solchen Fehlerfall im Test zu konstruieren, ist immer mit
erhöhtem Aufwand verbunden. Mit einem Stub können Sie definieren,
dass eine bestimmte Funktion beim Aufruf mit einer Exception
reagiert. In Ihrem Test können Sie dann Ihre Erwartungshaltung formulieren, wie mit der Exception umgegangen werden soll. Dieser Test
schlägt bei der ersten Ausführung erwartungsgemäß fehl, da die Fehlerbehandlung noch nicht implementiert ist. Damit befinden Sie sich
wieder im Red-Green-Refactor-Zyklus und können auch Fehlerbe-
handlungsroutinen testgetrieben entwickeln.

Kontrolliert Exceptions werfen

Ein weiteres Einsatzgebiet für Stubs ist die gezielte Vermeidung der
Ausführung von Funktionslogik. Angenommen Sie müssen eine Funktion implementieren, die unter der Verwendung einer anderen Funktion bestimmte Daten in ein Ausgabeformat transformiert. Die Daten
werden von der zweiten Funktion von einem Server geholt. Diese Verbindung zum Server macht Ihren Test in mehrerlei Hinsicht instabil.
Zum einen müssen Sie bei jedem Testlauf in jeder Umgebung sicherstellen, dass der Server verfügbar ist. Außerdem muss der Server immer
gleich antworten und es dürfen keine Probleme wie Timeouts in der
Verbindung auftreten.

Funktionslogik nicht ausführen

Mit einem Stub können Sie einerseits genau festlegen, wie der
Rückgabewert der Funktion aussehen soll, die die Daten vom Server
holt. Diese Rückgabe ist bei jedem Aufruf die gleiche. In diesem Fall
sind Sie auch nicht abhängig von einer potenziell unzuverlässigen Verbindung zum Server. Zusätzlich haben Sie den Vorteil, dass weder die
Funktion noch der Request zum Server ausgeführt wird, was einen
Performancevorteil bedeutet. Eine Anforderung an Ihre Tests sollte
lauten, dass die Tests schnell ablaufen können. Testen Sie eine Funktion, die Daten von einem Server holt und dafür im schlimmsten Fall
eine bis fünf Sekunden benötigt, können Ihre Tests nicht mehr schnell
laufen. Schon gar nicht, wenn Sie mehrere Tests dieser Art haben.

Die Erstellung solcher Stub-Funktionen funktioniert ganz ähnlich
wie bei den Spies. Im folgenden Abschnitt sehen Sie am konkreten Beispiel, wie Sie eine Stub-Funktion für Ihren Test generieren können.

5.5.2   Stubs verwenden

Bevor Sie dazu übergehen können anzugeben, wie ein Stub bei der Verwendung reagieren soll, müssen Sie ein Stub-Objekt erzeugen. In Sinon.JS erreichen Sie dies auf verschiedene Arten, wie Sie in Listing 5–16 sehen können.

Listing 5–16
Erstellung von Stubs
in Sinon.JS

```
it('should create a stub', function () {
    var myObj = {
        name: 'Klaus',
        getName: function () {
            return this.name;
        }
    }

    var stub1 = sinon.stub();
    var stub2 = sinon.stub(myObj, 'getName');
    var stub3 = sinon.stub(myObj);
});
```

Allen Methoden zur Erstellung eines Stubs ist gemein, dass Sie dabei die stub-Methode von Sinon.JS verwenden. Ohne Argumente erstellt diese Methode ein anonymes Stub-Objekt. Übergeben Sie ein Objekt und den Namen einer Methode, wird dieses von einem Stub überlagert. Lassen Sie den Namen der Methode weg, werden sämtliche Methoden des Objekts durch Stubs ersetzt.

Bei der Erstellung von Stubs sollten Sie einige Dinge beachten. So können Sie beispielsweise keinen Stub für eine nicht existierende Methode eines Objekts erstellen. Ein solcher Versuch wird mit einem TypeError und dem Fehlschlagen des Tests quittiert. Sie erhalten ebenfalls einen TypeError, wenn Sie versuchen, für eine Methode, für die bereits ein Stub existiert, einen weiteren Stub zu generieren.

Wie schon bei den Spies, können Sie Stubs mit einem Aufruf der restore-Methode wieder zurück auf die Originalfunktion setzen.

Mit einem Stub-Objekt können Sie jetzt durch verschiedene Methodenaufrufe definieren, wie sich der Stub bei einem Aufruf verhalten soll.

5.5.3   Die Stub-Schnittstelle

Neben sämtlichen Methoden, die Sie schon bei den Spies kennengelernt haben, können Sie bei einem Stub noch auf einige weitere Methoden zugreifen.

Die beiden wichtigsten Methoden sind returns und throws. Wie die Namen bereits andeuten, sorgen sie dafür, dass der Stub entweder einen konkreten Wert zurückgibt oder eine Exception wirft. Listing 5–17 zeigt Ihnen anhand eines Beispiels die Verwendung dieser Methoden.

```
it('should return and throw', function () {
    var myObj = {
        getName: function () {},
        setName: function () {}
    }
    var stub1 = sinon.stub(myObj, 'getName').returns('Klaus');
    var stub2 = sinon.stub(myObj, 'setName').throws(new Error('You
are not allowed to do this'));
});
```

Listing 5–17
Rückgabewerte und Exceptions mit Stubs

Verwenden Sie die returns- und throws-Methoden direkt auf dem Stub-Objekt, reagiert die Funktion entsprechend immer mit dem Rückgabewert beziehungsweise mit der Exception. Mit einer zusätzlichen Funktion können Sie das Verhalten des Stubs noch genauer steuern. Schalten Sie vor den Aufruf der returns- oder throws-Methode einen Aufruf der withArgs-Methode, können Sie angeben, bei welcher Kombination von Argumenten ein bestimmter Wert zurückgegeben oder eine bestimmte Exception geworfen werden soll. Wie das konkret funktioniert, zeigt Ihnen Listing 5–18.

```
it('should work withArgs', function () {
    var stub = sinon.stub();

    stub.withArgs(1).returns('Klaus');
    stub.withArgs(2).returns('Hans');

    expect(stub(1)).toBe('Klaus');
    expect(stub(2)).toBe('Hans');
});
```

Listing 5–18
Einsatz der withArgs-Methode bei einem Stub

Die Stub-API von Sinon.JS bietet noch wesentlich mehr Funktionen. Die drei hier vorgestellten sind jedoch die wichtigsten. Benötigen Sie Stubs, die Callback-Funktionen unterstützen, sollten Sie sich die callsArg beziehungsweise yields-Methoden von Sinon.JS ansehen.

5.5.4   Stubs im konkreten Beispiel

Nach dieser kleinen Einführung sehen Sie nun den Einsatz von Stubs an einem konkreten Beispiel. Die Aufgabenstellung besteht darin, dass Sie einen Passwortgenerator erstellen sollen. Diese Funktion soll als Argument eine Zahl akzeptieren und ein zufälliges Passwort aus einer bestimmten Zeichenmenge generieren. Die Länge des Passworts soll der angegebenen Zahl entsprechen.

Der erste Test dient dazu zu prüfen, ob der Rückgabewert der Funktion die gewünschte Länge aufweist. Listing 5–19 enthält den entsprechenden Quellcode.

```
it ("should generate a password with 7 characters", function () {
    var password = generatePassword(7);
    expect(password.length).toBe(7);
});
```

Der nächste Schritt besteht darin, dafür zu sorgen, dass der Test wieder grün wird. Im einfachsten Fall implementieren Sie die Funktion generatePassword und geben sieben Leerzeichen zurück. Diesen Schritt können Sie allerdings gleich mit dem nächsten zusammenfassen und innerhalb einer Schleife die Rückgabe mit einer vom Argument abhängigen Länge, wie Sie in Listing 5–20 sehen können, generieren.

```
function generatePassword (length) {
    var result = '';
    for (var i = 0; i < length; i++) {
        result += ' ';
    }
    return result;
}
```

Nun, da Sie eine Zeichenkette zurückgeben, müssen Sie noch dafür sorgen, dass statt eines Leerzeichens ein Zeichen aus einer vordefinierten Zeichenmenge zurückgegeben wird. Die Zeichenmenge ist ein Array, aus dem Sie zufällig Zeichen auswählen. Um den Index des jeweiligen Zeichens bestimmen zu können, können Sie auf den Zufallszahlengenerator von JavaScript in Form von Math.random zurückgreifen. Und genau an dieser Stelle beginnen die Schwierigkeiten. Der Zufall lässt sich nur sehr schlecht testen. Aus diesem Grund übergeben Sie dem Passwortgenerator Math.random als Abhängigkeit und ersetzen diese Funktion durch einen Stub. Der nächste Test muss dementsprechend aussehen wie in Listing 5–21.

```
it ("should generate a random password", function () {
    sinon.stub(Math, 'random').returns(0.5390104921534657);

    var password = generatePassword(7, Math.random);

    expect(password).toBe('ccccccc');
});
```

Der für den Test überschriebene Zufallsgenerator gibt bei jedem Aufruf den gleichen Wert zurück. Das bedeutet, dass das Passwort aus sieben gleichen Zeichen bestehen muss. Mit dieser Anpassung können Sie jedoch den Passwortgenerator entsprechend testen. Die random-Methode liefert Werte zwischen 0 und 1 zurück. Ein weiterer denkbarer Test wäre beispielsweise, die beiden Extremwerte zu prüfen, also einen Wert, der sehr nahe bei 0 liegt, und einen Wert, der sehr nahe bei 1 liegt. In diesem Fall können Sie feststellen, ob Sie korrekt auf die Zeichenmenge zugreifen und keine undefinierten Werte zurückerhalten. Das ist allerdings alles Zukunftsmusik, solange die Tests nicht grün sind. Das bedeutet, dass Sie sich zunächst um die Implementierung des zufällig generierten Passworts kümmern müssen. Listing 5–22 enthält den Quellcode der angepassten generatePassword-Funktion.

```
function generatePassword (length, random) {
    var chars = ['a', 'b', 'c', 'd', 'e'];
    var result = '';
    for (var i = 0; i < length; i++) {
        var index = Math.floor(random() * 5);
        result += chars[index];
    }
    return result;
}
```

Listing 5–22
Passwortgenerator –
Implementierung des
Passwortgenerators

Mit diesen Anpassungen sind die Tests grün und Sie können sich daranmachen, den nächsten Test zu implementieren oder den Code anzupassen. Zur Demonstration der Einsatzmöglichkeiten von Stubs in Applikationen soll dieses Beispiel vorerst ausreichen. Im nächsten Abschnitt sehen Sie, wie Sie mit Jasmine selbst auf eine ähnliche Funktionalität zurückgreifen können.

5.5.5 Stubs in Jasmine

Auch in Jasmine bilden Spies die Grundlage für Stubs. Sie müssen lediglich die spyOn-Funktion mit der andReturns-Methode kombinieren und haben eine leichtgewichtige Implementierung eines Stubs. In Listing 5–23 sehen Sie die konkrete Umsetzung anhand eines Beispiels.

```
it ('should also support stubs', function () {
    var myObj = {
        getName: function () {}
    }

    spyOn(myObj, 'getName').andReturn('Klaus');

    expect(myObj.getName()).toBe('Klaus');
});
```

Listing 5–23
Stubs in Jasmine

Die folgenden Abschnitte beschäftigen sich mit der letzten der drei Arten von Test Doubles, die Sie im Rahmen dieses Kapitels kennenlernen: den Mocks.

5.6   Mocks

Sinon.JS   Den Zusammenhang zwischen Spies, Stubs und Mocks können Sie sich im weitesten Sinne wie eine Pyramide vorstellen. Die Basis bilden die Spies, mit denen Sie die Verwendung von Funktionen aufzeichnen können. Darauf bauen die Stubs mit ihrem vordefinierten Verhalten auf. Die Spitze der Pyramide bilden schließlich die Mocks. Mit einem Mock können Sie beschreiben, wie eine Funktion zu verwenden ist. Sie formulieren also Ihre Erwartungen, die sogenannten Expectations. Nach Ihrem Testdurchlauf lassen Sie Sinon.JS diese Erwartungen überprüfen. Wurde die Funktion wie erwartet benutzt, ist der Test erfolgreich. Falls aber die Funktion nicht so benutzt wurde, wie Sie es erwarten, schlägt der Test fehl, und zwar ohne dass Sie eine explizite Assertion formuliert haben.

Und hier liegt auch der Unterschied zwischen Spies und Mocks: Ein Spy zeichnet die Verwendung einer Funktion lediglich auf. Diese Informationen können Sie zu einem späteren Zeitpunkt in einer Assertion benutzen. Eine solche Assertion benötigen Sie bei Mocks nicht.

5.6.1   Wann kommen Mocks zum Einsatz?

Mocks kommen immer dann zum Einsatz, wenn Sie die korrekte Verwendung von Methoden sicherstellen möchten.

Kommt in einem Ihrer Tests ein Mock zum Einsatz, sollte dieser Test möglichst keine weiteren Assertions enthalten. Der Mock an sich stellt im weitesten Sinne bereits eine Assertion dar.

Sie sollten auch vermeiden, mehrere Mocks in einem Test zu verwenden. Jeder Test soll genau einen Testfall abdecken. Benötigen Sie mehrere Mocks, ist das ein untrügliches Zeichen, dass Sie mit Ihrem Test versuchen, mehrere Fälle auf einmal abzusichern. Schreiben Sie hier am besten pro Mock mindestens einen separaten Test.

In der Expectation eines Mocks formulieren Sie, wie oft die Methode aufgerufen werden soll, mit welchen Argumenten dies geschieht und in welchem Kontext Sie erwarten, dass die Methode ausgeführt wird.

Die Erstellung des Mocks weicht etwas von der der Spies und Stubs ab, wie Sie im nächsten Abschnitt sehen können.

5.6.2 Mocks verwenden

Einen Mock generieren Sie stets für ein bestimmtes Objekt und eine konkrete Methode dieses Objekts. Diese Tatsache spiegelt sich auch in der Erstellung des Mocks wider. Wo Sie bei Stubs und Spies nur eine Methode benötigt haben, kommen bei den Mocks zwei Aufrufe zum Einsatz. Listing 5–24 zeigt Ihnen, wie Sie einen Mock erstellen.

```
it ('should work with mocks', function () {
    var myObj = {
        name: 'Klaus',
        getName: function () {
            return this.name;
        }
    }
    var mock = sinon.mock(myObj);
    mock.expects('getName').once();
    myObj.getName();
    mock.verify();
});
```

Listing 5–24
Erstellung eines Mocks

In diesem Codebeispiel sehen Sie sowohl die Erstellung als auch die Verwendung eines Mocks. Zunächst erstellen Sie den Mock durch einen Aufruf von sinon.mock. Auf dem dadurch entstandenen Objekt definieren Sie mit der expects-Methode Ihre Expectation. In diesem Fall erwarten Sie, dass die Methode getName genau einmal aufgerufen wird.

Im Anschluss an diesen Setup-Block führen Sie die Methode aus.

Der Aufruf der verify-Methode des Mock-Objekts sorgt dafür, dass sämtliche Expectations, die Sie formuliert haben, überprüft werden. Sind alle Erwartungen erfüllt, läuft der Test erfolgreich durch. Falls die getName-Methode jedoch nicht oder zweimal ausgeführt wurde, schlägt der Test mit einer entsprechenden Meldung fehl.

5.6.3 Die Mock-Schnittstelle

Im Vergleich zu den Spies und Stubs ist die API, die die Mocks zusätzlich bieten, recht übersichtlich. Sie können beispielsweise mit Methoden wie never, once, twice, atLeast oder atMost angeben, wie oft die zu testende Methode aufgerufen wurde.

Mit den Methoden withArgs beziehungsweise withExactArgs geben Sie an, welche Argumente der zu testenden Methode übergeben werden sollen.

Die on-Methode dient schließlich dazu anzugeben, in welchem Kontext die zu testende Methode ausgeführt wurde.

Mit dieser Sammlung an Methoden können Sie beispielsweise prüfen, ob im EventEmitter im Beispiel der Spies die Callback-Funktion korrekt ausgeführt wurde. Der Mock ist in diesem Fall der Ersatz für die Kombination aus Spy und der Assertion.

Jasmine

Jasmine verfügt nicht über ein Feature, das mit den Mocks von Sinon.JS vergleichbar ist. Möchten Sie eine ähnliche Funktionalität erreichen, müssen Sie dies über Spies und Assertions lösen.

5.7   Zusammenfassung

Sie haben in diesem Kapitel erfahren, wie Ihnen Spies, Stubs und Mocks dabei helfen können, Ihre Tests besser zu formulieren. Spies dienen dazu, die Aufrufe von Funktionen aufzuzeichnen. Auf diese protokollierten Informationen können Sie im Zuge Ihrer Tests zugreifen und entsprechende Assertions formulieren.

Stubs dienen dazu, Abhängigkeiten zu simulieren, ohne dass die Funktionen selbst aufgerufen werden müssen. Mit einem Stub können Sie festlegen, mit welchem Rückgabewert eine Funktion antwortet. Sie erhalten dadurch eine stabile und vorhersagbare Umgebung für Ihre Tests und machen den Erfolg oder Fehlschlag eines Tests nicht vom Zufall abhängig.

Mit Mocks definieren Sie schließlich ein erwartetes Verhalten vor und validieren das Mock-Objekt am Ende des Tests. Werden die Erwartungen nicht erfüllt, wirft das Mock eine Exception und lässt den Test damit fehlschlagen.

6 Abhängigkeiten vom DOM

JavaScript wird in den meisten Fällen im Browser ausgeführt. In jeder Umgebung kommen zum eigentlichen Sprachkern zusätzliche Funktionen. Serverseitig sind dies beispielsweise die Schnittstellen zum Betriebssystem und clientseitig ist dies vor allem die Verbindung zum HTML-Grundgerüst. Das HTML wird im Browser in eine baumförmige Struktur, das Document Object Model, kurz DOM, übersetzt. In diesem Kapitel erfahren Sie, wie Sie mit diesen Abhängigkeiten umgehen können.

6.1 Abhängigkeiten

Webapplikationen leben von der Interaktion des Benutzers mit der Software. Zur Interaktion kann der Benutzer verschiedene Elemente im Browser wie beispielsweise Links oder Formularelemente verwenden. Je nachdem, was für ein Gerät verwendet wird, können die Interaktionen Mausklicks, Tastatureingaben oder aber Gesten sein. Mit JavaScript können Sie auf all diese Eingaben reagieren. Sie dienen jedoch nicht nur zur Steuerung der Applikation wie beispielsweise dem Wechsel zwischen einzelnen Seiten im Falle eines Links, sondern durch sie entstehen auch Daten, die innerhalb der Applikation weiter verarbeitet werden, wie zum Beispiel, wenn Sie ein Element per Drag-and-Drop an eine andere Stelle verschieben.

Eingaben

Neben der Eingabe spielt auch die Ausgabe bei einer Webapplikation eine herausragende Rolle. Die Ausgabe umfasst vor allem die Visualisierung von Informationen in der Applikation. Diese Visualisierung betrifft einerseits die Darstellung statischer Inhalte, aber auch die Anzeige von dynamischen Informationen. Für JavaScript bedeutet das konkret, dass Sie visuelle Rückmeldungen für Nutzerinteraktionen erzeugen. Klickt ein Benutzer beispielsweise auf einen Button, sollte die Applikation darauf reagieren und dem Benutzer Feedback geben. Eines der schlimmsten Antipatterns in der Webentwicklung ist es, der

Ausgaben

Benutzer im Unklaren über eine Aktion zu lassen, und sei es nur die fehlenden Information, dass seine Eingabe verarbeitet wird. Unter den Begriff Ausgabe fallen sowohl so einfache Problemstellungen wie die direkte Visualisierung einer Eingabe als auch das Anzeigen von Ergebnissen. Das kann zum Beispiel das Ergebnis eines Ajax-Calls an das Backend sein oder die Darstellung einer Nachricht, die über eine Websocket-Verbindung vom Server an den Browser gesendet wird.

Tests   Da Sie sowohl mit Eingaben als auch mit Ausgaben umgehen müssen, sollten sich Ihre Tests auch nicht nur auf Funktionsebene bewegen, sondern bis hin zur Interaktion mit dem Benutzer reichen. Sie sollten zumindest einen Test formulieren, der die gesamte Strecke in Ihrer Applikation überprüft. Bestimmte Teile der Logik einer Applikation lassen sich nur testen, wenn auch die korrekte Darstellung des Ergebnisses mit überprüft wird. Ein weiteres Beispiel für einen Test, der über die Funktionsebene hinausgeht, ist, wenn Sie die Interaktion mehrerer Komponenten Ihres Systems überprüfen. Aus diesem Grund sollten Sie das DOM mit in Ihre Tests einbeziehen. Beachten Sie hier allerdings, dass Ihre Tests spürbar langsamer werden, wenn Sie DOM-Operationen, wie das Einfügen oder Entfernen von HTML-Elementen, in Ihre Tests integrieren. Eines der größten Performanceprobleme in JavaScript ist die Interaktion mit dem DOM, da die Darstellung der HTML-Elemente im Browser immer noch am meisten Zeit verbraucht. Bei vielen DOM-Operationen findet die Aktion nicht atomar statt, sondern wirkt sich auf die gesamte Seite aus. Fügen Sie also ein neues Element in die Seite ein, wird die Seite in den meisten Fällen vom Browser komplett neu dargestellt.

Tests ohne Nutzereingriff   In diesem Abschnitt erfahren Sie, wie Sie mit dieser Art von Abhängigkeit umgehen und sowohl Eingaben als auch Ausgaben zu Testzwecken simulieren können, ohne dass ein manueller Nutzereingriff erforderlich ist.

Die Abstraktion von Ein- und Ausgaben wird wichtig, da Ihre Tests unabhängig von äußeren Einflüssen sein sollten. Das Ziel besteht darin, dass Sie keine Serverinfrastruktur zur Ausführung Ihrer Tests benötigen. An dieser Stelle kommen die sogenannten Fixtures ins Spiel.

6.2   Fixtures

Ein Fixture kommt immer dann zum Einsatz, wenn Sie dafür sorgen möchten, dass sich das HTML Ihrer Applikation immer gleich verhält und Ihre Tests so vorhersagbar werden.

Testen Sie clientseitiges JavaScript, simulieren Sie beispielsweise Formulare, Navigationsbäume oder ganze Seiten mit Fixtures. Das bedeutet, dass Sie eine gewisse Menge von HTML-Elementen benötigen, auf denen dann der Test ausgeführt wird.

Arrange, Act, Assert

Arrange, Act, Assert

Dieses Muster beschreibt den grundlegenden Aufbau von Unit-Tests.

- Arrange:
  Die Testausführung wird vorbereitet. In diesem Schritt wird die Umgebung für den Test erstellt. Typischer Bestandteil dieses Schritts ist die Erstellung von Objekten.

- Act:
  Im zweiten Schritt eines Tests wird die zu testende Routine ausgeführt und das Ergebnis für den dritten Schritt gespeichert.

- Assert:
  Den Abschluss eines Tests stellt die sogenannte Assertion dar. Hier wird das Ergebnis aus dem zweiten Schritt mit einer vordefinierten Erwartung verglichen. Ist dieser Vergleich erfolgreich, gilt der Test als positiv beendet. Ist der Vergleich negativ, stellt das einen Fehlschlag des Tests dar.

Dieses Muster ist lediglich eine Empfehlung. Je nach Test können auch Schritte zusammengefasst werden. Für eine bessere Lesbarkeit sollten Sie allerdings darauf achten, dass Sie dieses Muster in jedem Test verfolgen.

Die Fixtures kommen gleich im ersten Teil des Tests zum Einsatz. Beim ersten Schritt eines Unit-Tests, dem Arrange, erstellen Sie nicht nur Objekte, sondern bereiten auch das DOM vor.

Nach einem Test müssen Sie dafür sorgen, dass Sie die Umgebung wieder zurücksetzen, sodass Sie den Browser so hinterlassen, wie er vor dem Test war. Mit dieser Anforderung schaffen Sie die Bedingungen, dass sämtliche Tests unabhängig voneinander ablaufen können. Sie können bei jedem Testlauf davon ausgehen, dass sich der Browser in einem ordnungsgemäßen Zustand befindet und keinerlei Überbleibsel von vorhergehenden Tests vorhanden sind.

Fixtures beschränken sich jedoch nicht nur auf HTML-Elemente, sondern beinhalten alle Informationen, die aus externen Umgebungen entstehen können. So können Sie bei der serverseitigen Entwicklung mit JavaScript auf der Basis von Node.js auch die Abhängigkeit von Datenbanken mit Fixtures auflösen.

Im Zuge dieses Kapitels erfahren Sie mehr über das Thema HTML Fixtures und vor allem darüber, wie und bei welchen Gelegenheiten Sie diese einsetzen können.

6.3   Selbst erstellte HTML Fixtures

HTML Fixtures kommen immer dann zum Einsatz, wenn Ihre Java-Script-Logik mit dem DOM verbunden ist. In den meisten Fällen sollten Sie eine solche Verbindung vermeiden, da Tests, die auf Fixtures basieren, deutlich teurer in ihrer Ausführung sind. Das liegt vor allem daran, dass Sie DOM-Operationen durchführen und diese grundsätzlich ressourcenintensiver sind als die Ausführung normaler JavaScript-Logik.

Performanceproblem   Hier stoßen Sie auf ein sehr häufiges Performanceproblem in Webapplikationen. Die Schwachstelle ist hier nämlich nicht schlecht entwickelter JavaScript-Code, sondern es sind langsame Rendering-Operationen des DOM. Für Sie bedeutet das, dass Sie auch beim Aufbau Ihrer Fixtures dafür sorgen sollten, dass Sie möglichst sämtliche DOM-Operationen, die zum Aufbau des Fixtures notwendig sind, in einem Schritt zusammenfassen.

Die klassischen browserbasierten Testframeworks wie Jasmine oder QUnit, aber auch die serverbasierten Testframeworks arbeiten im Browser. Wenn Sie sich noch an den Aufbau von Jasmine aus Kapitel 2 erinnern, wissen Sie, dass es sich hierbei um eine einfache HTML-Seite handelt, über die eine Reihe von weiteren Dateien nachgeladen werden. Das sind beispielsweise der Quellcode von Jasmine selbst und die Dateien, die die Tests und den Quellcode enthalten. Wenn Sie nun mit HTML Fixtures arbeiten möchten, können Sie diese einfach innerhalb des Tests aufbauen und die Elemente, die Sie benötigen, in die HTML-Seite einfügen. Sie erleichtern sich die Arbeit, indem Sie eine Bibliothek wie jQuery einbinden, mit deren Hilfe die Operationen komfortabler zu schreiben sind. Dies hat vor allem den Vorteil, dass der Quellcode des Tests übersichtlicher wird.

6.3.1   Die Aufgabenstellung

Die Aufgabe, die Sie in diesem Beispiel lösen sollen, ist die Validierung eines sehr einfachen Registrierungsformulars. Das Formular besteht insgesamt aus fünf Eingabefeldern. Der Benutzer soll seinen Vor- und Nachnamen, seine E-Mail-Adresse und zweimal sein Passwort eingeben. Die Aufgabe sieht vor, dass sämtliche Felder erforderlich sind, also ausgefüllt werden müssen. Ist eines der Felder leer, wenn der Benutzer das Formular abschickt, werden ihm eine Fehlermeldung und ein roter Rahmen um das fehlerhafte Feld angezeigt.

6.3.2   Setup

Auch für dieses Beispiel verwenden Sie wieder die Kombination aus Jasmine und Karma. Das Setup für QUnit oder ähnliche Frameworks funktioniert jedoch im Prinzip gleich.

Zunächst müssen Sie sich darum kümmern, dass alle notwendigen Dateien existieren und die Konfiguration korrekt ist. Der Aufbau des Projekts gleicht dem aus Kapitel 3. Sie benötigen also die Verzeichnisse src für den Quellcode und spec für die Tests und außerdem eine Konfiguration für den Karma-Server.

Den Quellcode speichern Sie in der Datei validator.js im src-Verzeichnis und die Tests in der Datei validator.spec.js im spec-Verzeichnis. Zum komfortablen Umgang mit den HTML Fixtures binden Sie außerdem jQuery in Ihr Test-Setup ein. Sie erhalten diese Bibliothek unter *http://jquery.com/download* und sollten die JavaScript-Datei in einem separaten Verzeichnis lib speichern. Damit diese Datei in Ihren Tests geladen wird, müssen Sie sie in der Karma-Konfiguration in der Datei karma.conf.js angeben. Listing 6–1 enthält den Abschnitt der Konfiguration, der dafür verantwortlich ist.

```
files: [
    'lib/*.js',
    'spec/*.js',
    'src/*.js'
],
```

Listing 6–1
Karma.conf.js –
Laden von Dateien

Mit der Zeile 'lib/*.js' laden Sie auch jQuery und können so schnell und bequem mit dem DOM interagieren. Wie bei der testgetriebenen Entwicklung üblich beginnen Sie wieder mit einem zunächst fehlschlagenden Test.

6.3.3   Ein einfacher Test

Den ersten Test beginnen Sie am besten damit, dass Sie das Formular abschicken und erwarten, dass fünf Fehlermeldungen angezeigt werden. Listing 6–2 zeigt Ihnen den Quellcode für den Test.

```
describe("validator", function () {
    it ("should show five messages", function () {
        $('.registerForm').submit();
        expect($('.message.visible').length).toBe(5);
    });
});
```

Listing 6–2
Spec/validator.spec.js –
Validator-Test

Der Test sorgt dafür, dass das Formular mit der Methode submit abgeschickt wird. Diese Methode ist auch dafür verantwortlich, dass die

Formulareingaben validiert werden. Anschließend prüfen Sie, ob sich fünf Elemente auf der Seite befinden, deren class-Attribut den Wert message und visible aufweisen.

Wie zu erwarten war, schlägt dieser Test fehl, wenn Sie ihn ausführen. Sie erhalten die Meldung »Expected 0 to be 5«. Das bedeutet, dass kein einziges Element, auf das die Voraussetzung zutrifft, auf der Seite zu finden ist. Was in diesem Test fehlt, ist der erste Schritt im Triple-A, das Arrangieren der Testumgebung. Zum Zeitpunkt, zu dem der Test ausgeführt wird, existiert lediglich die mit Karma konfigurierte Umgebung, die die JavaScript-Dateien einbindet, allerdings keine HTML-Struktur und schon gar kein Formular, das abgeschickt werden kann. Im nächsten Schritt müssen Sie diese Situation also ändern und dafür sorgen, dass zumindest das Formular verfügbar ist.

6.3.4   HTML Fixture

Der Aufbau des Formulars ist denkbar einfach. Es besteht aus fünf Eingabefeldern mit je einem Label und einem Button zum Absenden des Formulars. Abbildung 6–1 zeigt Ihnen dieses Formular.

Abb. 6–1
Registrierungsformular

Für das HTML Fixture benötigen Sie jetzt den Quellcode dieses Formulars. In Listing 6–3 finden Sie den entsprechenden Quellcode.

Listing 6–3
Quellcode für das HTML Fixture

```
<form id="registerForm"><div><label
for="firstname">Vorname</label><input id="firstname"
name="firstname"/><div class="message hidden">Bitte Vornamen
angeben</div></div><div><label
for="surname">Nachname</label><input id="surname"
name="surname"/><div class="message hidden">Bitte Nachnamen
angeben</div></div><div><label for="email">E-Mail</label><input
id="email" name="email"/><div class="message hidden">Bitte E-Mail
angeben</div></div><div><label
for="password1">Passwort</label><input type="password"
id="password1" name="password1"/><div class="message hidden">Bitte
Passwort angeben</div></div><div><label for="password2">Passwort
wiederholen</label><input type="password" id="password2"
name="password2"/><div class="message hidden">Bitte Passwort
angeben</div></div><div><label></label><input
type="submit"value="registrieren"/></div></form>
```

Da Sie jQuery in Ihrem Test-Setup verfügbar haben, können Sie ohne Probleme den Quellcode in das Setup einbinden. Sie müssen nämlich lediglich eine JavaScript-Zeichenkette in eine Sammlung gültiger HTML-Elemente umwandeln und in die Seite einhängen. Der Quellcode in Listing 6–4 enthält die verkürzte Version des Fixtures und deren Einbindung.

```
describe("validator", function () {

    var fixture = '<form…</form>';

    beforeEach(function () {
        $('body').append(fixture);
    });

    it ("should show five messages", function () {
        $('.registerForm').submit();
        expect($('.message.visible').length).toBe(5);
    });
});
```

Listing 6–4
Laden des Fixtures

An dieser Stelle ist Ihr HTML Fixture korrekt in den DOM eingebunden und Sie können damit beginnen, das eigentliche Problem zu lösen. Möchten Sie testen, ob alles funktioniert hat, dann erreichen Sie dies, indem Sie beispielsweise prüfen, ob auf Ihrer Seite fünf Elemente mit der Klasse message vorhanden sind. Zu diesem Zweck ändern Sie einfach den Selektor im Test von .message.visible in .message und führen den Test erneut aus. Nachdem der Test erfolgreich durchgelaufen ist, vergessen Sie bitte nicht, die Änderung wieder rückgängig zu machen.

6.3.5   Green – Anzeige der Nachrichten

Wie immer bei der testgetriebenen Entwicklung besteht Ihre nächste Aufgabe darin, den Test so schnell wie möglich wieder grün zu bekommen. Listing 6–5 enthält den Quellcode, der dafür verantwortlich ist, dass dieser erste Test erfolgreich durchlaufen werden kann.

```
function validate(e) {
    e.preventDefault();
    $('.message').addClass('visible');
    return false;
}
```

Listing 6–5
*Implementierung
des Validators*

Zunächst benötigen Sie eine Funktion, die die Validierung übernimmt. In diesem Fall trägt diese Funktion den Namen validate und fügt zu jedem Element mit der Klasse message durch einen Aufruf der Methode addClass die Klasse visible hinzu.

Den Zweck der beiden übrigen Statements dieser Funktion erfahren Sie gleich im Anschluss.

Die `validate`-Funktion alleine führt noch nicht zur Lösung der Aufgabenstellung. Dafür müssen Sie den Aufruf der Funktion zusätzlich an das Absenden des Formulars knüpfen. Eigentlich übernimmt diese Aufgabe Ihre Applikation. Zu Testzwecken können Sie dies allerdings auch in der `beforeEach`-Funktion Ihrer Tests durchführen.

Listing 6–6
Setup-Routine

```
beforeEach(function () {
    $('body').append(fixture);
    $('#registerForm').on('submit', validate);
});
```

Haben Sie diese Anpassungen vorgenommen, wird die `validate`-Funktion ausgeführt, sobald Sie auf den *Submit*-Button klicken. Daneben wird aber auch das Formular abgeschickt, was im Normalfall zu einem Reload der Seite und der Meldung »Some of your tests did a full page reload!« führt. Falls der Validator auf einen Fehler im Formular stößt, soll das Formular nicht zum Server gesendet und die Seite dementsprechend auch nicht neu geladen werden, sondern lediglich die Fehlermeldungen angezeigt werden. Das Standardverhalten des Browsers können Sie umgehen, indem Sie auf dem `Event`-Objekt, das Sie als Argument in der `validate`-Funktion erhalten, die Methode `preventDefault` aufrufen. Falls die Validierung fehlschlägt, sollten Sie außerdem den Wert `false` zurückgeben.

Mit diesen Anpassungen haben Sie alle Voraussetzungen für einen erfolgreichen ersten Testlauf erfüllt.

6.3.6   Triangulate

Der bestehende Quellcode sorgt aktuell dafür, dass bei jedem Absenden die Fehlermeldungen angezeigt werden und das Formular nicht abgesendet wird. Das eigentliche Ziel der Aufgabe ist jedoch, dass Sie die Formularelemente validieren und nur bei fehlerhaften Elementen die Fehlermeldung anzeigen.

An dieser Stelle haben Sie zwei Möglichkeiten: Entweder Sie führen ein Refactoring Ihres Quellcodes durch oder Sie schreiben einen weiteren Test. Ein Refactoring würde bedeuten, dass Sie Ihre validate-Funktion so umbauen, dass sie jedes Formularelement einzeln prüft. Dieser Schritt ist, in Anbetracht der Tatsache, dass Sie momentan lediglich über einen einzigen Test verfügen, recht groß. Das bedeutet, Sie schreiben einen Test, der durch die aktuelle Implementierung nicht abgedeckt ist. Im einfachsten Fall füllen Sie ein Formularelement aus und erwarten, dass für dieses Element keine Fehlermeldung angezeigt wird. Den entsprechenden Test finden Sie in Listing 6–7.

```
it ("should show four messages, if one field is filled", function ()
{
    $('#firstname').val('Klaus');
    $('#registerForm').submit();
    expect($('.message.visible').length).toBe(4);
});
```

Listing 6–7
Triangulationstest
für den Validator

In diesem Test setzen Sie für das Eingabefeld, das den Vornamen des Benutzers enthalten soll, den Wert Klaus. Danach senden Sie das Formular ab und erwarten, dass lediglich vier Fehlermeldungen angezeigt werden.

Die Ausführung der Tests führt zu einem etwas überraschenden Ergebnis: »Expected 10 to be 4«. Das liegt allerdings daran, dass Sie bis jetzt noch nicht dafür gesorgt haben, dass die Umgebung nach dem Testlauf wieder zurückgesetzt wird und sich aus diesem Grund insgesamt zwei Formulare mit je fünf Eingabefeldern auf der Seite befinden.

6.3.7   Cleanup

Bei der testgetriebenen Entwicklung müssen Sie darauf achten, dass Sie nach jedem Test eine saubere Umgebung hinterlassen, um die Unabhängigkeit der einzelnen Tests zu gewährleisten. Aus diesem Grund sollten Sie auch in der afterEach-Funktion dafür sorgen, dass Ihr Formular wieder aus dem DOM entfernt wird und es so nicht zu Duplikaten kommt. Listing 6–8 zeigt Ihnen die dafür notwendige Implementierung.

```
afterEach(function () {
    $('#registerForm').remove();
});
```

Listing 6–8
Aufräumroutine

Diese Zeile sorgt dafür, dass das gesamte Formular entfernt wird. Durch diese Änderung erhalten Sie im anschließenden Lauf die erwartete Fehlermeldung: »Expected 5 to be 4«. Das bedeutet, Sie können sich nun wieder der Lösung des Problems widmen.

6.3.8   Green – dynamischer Validator

Die Aufgabenstellung lautet, dass Sie nur für nicht ausgefüllte Felder die Fehlermeldung anzeigen sollen. Um dies zu erfüllen, müssen Sie über sämtliche Eingabefelder iterieren und deren Status prüfen. In Listing 6–9 sehen Sie den entsprechenden Quellcode.

Listing 6–9
Dynamische Version des
Validators

```
function validate(e) {
    e.preventDefault();

    var inputs = $('#registerForm input');

    for (var i = 0; i < inputs.length; i++) {
        var el = $(inputs[i]);

        if (el.val() === '') {
            var error = el.parent().find('.message');
            error.addClass('visible');
        }
    }

    return false;

}
```

In der erweiterten Implementierung der validate-Funktion holen Sie sich zunächst die Referenzen auf die Eingabefelder. Über dieses Array iterieren Sie in einer for-Schleife und prüfen, ob das Feld einen Wert enthält. Ist dies nicht der Fall, fügen Sie die visible-Klasse zum nächstgelegenen Element mit der Klasse message hinzu.

Führen Sie Ihre Tests nach dieser Anpassung erneut aus, ist der Status grün. Das bedeutet, dass Sie nun entweder eine Verbesserung des Quellcodes durchführen oder den nächsten Test formulieren können. Für dieses Beispiel soll der aktuelle Stand aber ausreichen.

Falls Sie den Validator weiter ausbauen möchten, bestehen die nächsten Schritte darin, dass Sie die fehlerhaften Felder mit einem roten Rahmen dekorieren sollten. Außerdem müssen Sie bei jeder Validierung die Fehlermeldungen zunächst zurücksetzen, damit bereits behobene Fehler nicht erneut angezeigt werden. Schließlich müssen Sie dafür sorgen, dass das Formular mit gültigen Werten auch korrekt zum Server gesendet wird und der Absendevorgang nicht in jedem Fall durch das preventDefault unterbrochen wird.

Im Verlauf dieses Kapitels lernen Sie nun weitere Bibliotheken kennen, die Sie im Umgang mit Fixtures unterstützen.

6.4   jasmine-jquery

Das Testframework Jasmine ist selbst komplett in JavaScript geschrieben. Das bedeutet, dass es sich grundsätzlich ohne weitere Probleme erweitern lässt. Diese Tatsache macht sich die Erweiterung jasmine-jquery zunutze. jasmine-jquery ergänzt Jasmine um einige Features, die Ihnen als Entwickler nutzen, wenn Sie frontend-lastige Tests schreiben, die über viele Schnittstellen zum DOM verfügen. Die Kernfeatures von jasmine-jquery sind:

  ▦ Funktionen zum Laden von externen HTML-Fixtures
  ▦ Zahlreiche zusätzliche Matcher zum Umgang mit dem DOM

Um diese Features auch nutzen zu können, müssen Sie zunächst die Bibliothek einbinden.

6.4.1   Installation

jasmine-jquery ist, wie auch Jasmine selbst, ein Open-Source-Projekt unter der MIT-Lizenz. Den Quellcode dieses Projekts erhalten Sie auf GitHub unter *https://github.com/velesin/jasmine-jquery.* Nachdem Sie die Datei jasmine-jquery.js aus dem lib-Verzeichnis des Repositorys heruntergeladen und Ihr Projekt ebenfalls in das lib-Verzeichnis verschoben haben, müssen Sie sich zunächst um die Abhängigkeiten kümmern.

   Wie der Name bereits vermuten lässt, baut jasmine-jquery sowohl auf Jasmine als auch auf jQuery auf. Das bedeutet, dass Sie nicht nur jasmine-jquery in einem Test laden, sondern auch jQuery in Ihre Tests einbinden müssen.

   An diesem Punkt stehen Sie nun vor einer kleinen Schwierigkeit mit dem bisher bekannten Setup. jasmine-jquery bietet Ihnen die Möglichkeit, Fixtures zu laden. Zu diesem Zweck benötigen Sie allerdings HTML-Dateien. Die Infrastruktur von Karma unterstützt allerdings die Auslieferung von HTML-Dateien nicht ohne Probleme, sodass Sie zum Test von jasmine-jquery auf das Stand-alone-Release von Jasmine zurückgreifen sollten, um den vollständigen Funktionsumfang von jasmine-jquery testen zu können. Wie Sie mit der Karma-Infrastruktur und Fixtures umgehen können, erfahren Sie im Verlauf dieses Kapitels noch.

   Zunächst geht es nun aber an das Setup für jasmine-jquery. Nachdem Sie sich das Stand-alone-Release von Jasmine heruntergeladen haben, bauen Sie eine Verzeichnisstruktur wie in Listing 6–10 auf.

Listing 6–10
Verzeichnishierarchie für
jasmine-jquery

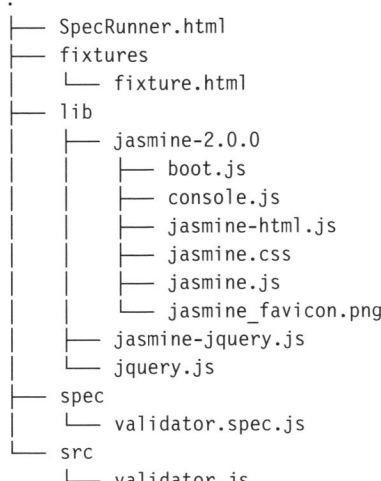

```
.
├── SpecRunner.html
├── fixtures
│   └── fixture.html
├── lib
│   ├── jasmine-2.0.0
│   │   ├── boot.js
│   │   ├── console.js
│   │   ├── jasmine-html.js
│   │   ├── jasmine.css
│   │   ├── jasmine.js
│   │   └── jasmine_favicon.png
│   ├── jasmine-jquery.js
│   └── jquery.js
├── spec
│   └── validator.spec.js
└── src
    └── validator.js
```

Jasmine stellt Ihnen nach dem Entpacken der ZIP-Datei die Verzeichnisse `lib`, `spec` und `src` zur Verfügung, die Sie für dieses Beispiel weiter verwenden können. In das Verzeichnis `lib` kopieren Sie außerdem die beiden Dateien `jasmine-jquery.js` und `jquery.js`. Damit haben Sie sowohl jasmine-jquery als auch alle erforderlichen Abhängigkeiten installiert. Außerdem kopieren Sie die Dateien `validator.js` und `validator.spec.js` aus dem vorangegangenen Beispiel dieses Kapitels.

Damit Sie Ihre Tests ausführen können, müssen Sie den Einstiegspunkt in Ihre Tests, die Datei `SpecRunner.html`, ebenfalls anpassen. Hier müssen Sie zunächst dafür sorgen, dass sowohl jQuery als auch jasmine-jquery geladen werden. Das Jasmine Stand-alone-Release liefert zwei Quellcode-Dateien und zwei Tests mit. Die Verweise auf diese vier Dateien ersetzen Sie jeweils durch eine Referenz auf die Dateien `validator.js` und `validator.spec.js`. Den entsprechenden Teil der Datei finden Sie in Listing 6–11.

Listing 6–11
Anpassungen an der Datei
SpecRunner.html

```
<script type="text/javascript" src="lib/jasmine-
2.0.0/jasmine.js"></script>
<script type="text/javascript" src="lib/jasmine-2.0.0/jasmine-
html.js"></script>
<script type="text/javascript" src="lib/jasmine-
2.0.0/boot.js"></script>

<script type="text/javascript" src="lib/jquery.js"></script>
<script type="text/javascript" src="lib/jasmine-
jquery.js"></script>

<!-- include source files here… -->
<script type="text/javascript" src="src/validator.js"></script>
```

```
<!-- include spec files here… -->
<script type="text/javascript"
src="spec/validator.spec.js"></script>
```

Bevor Sie allerdings Ihre Tests ausführen, müssen Sie noch einige Anpassungen am Quellcode Ihrer Tests durchführen. Die Tests laufen in ihrem aktuellen Stand fehlerfrei durch. Das ist allerdings nicht das Ziel der Übung. Also löschen Sie im nächsten Schritt aus der Datei validator.spec.js die Aufrufe der Funktionen beforeEach und after-Each sowie die Variable fixture.

Nachdem Sie diese Änderungen durchgeführt haben, können Sie Ihre Tests bereits ausführen, indem Sie die Datei SpecRunner.html in Ihrem Browser öffnen. Das Resultat sehen Sie in Abbildung 6–2.

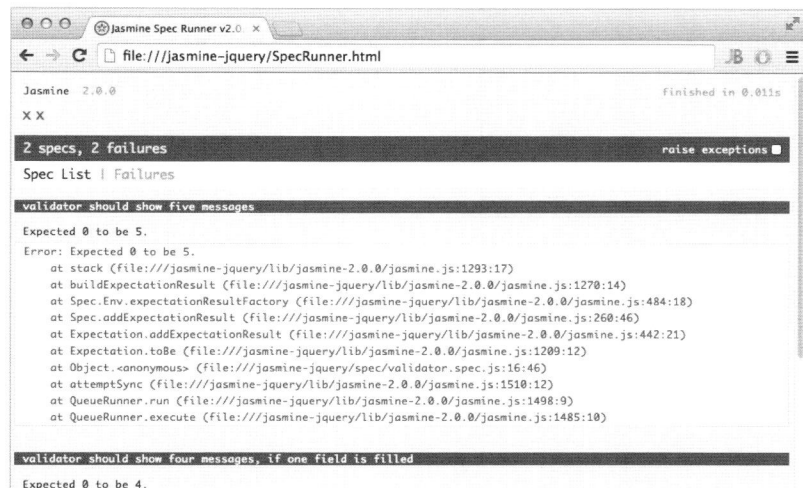

Abb. 6–2
Resultate der Jasmine-jQuery-Tests

Der Fehlschlag der Tests ist verständlich, da die erforderliche HTML-Grundstruktur der Seite nicht mehr geladen wird. Im nächsten Schritt ist das Ziel also, die Fixtures über jasmine-jquery zu laden.

6.4.2 Fixtures laden

Die Aufgabe, die Sie zuvor von Hand erledigen mussten, nimmt Ihnen jasmine-jquery ab. Alles, was Sie benötigen, ist eine HTML-Datei, die das Fixture enthält, die Sie für Ihren Test einfügen möchten.

Für dieses Beispiel speichern Sie die Datei fixture.html im Verzeichnis fixtures. Diese Datei enthält den gleichen Quellcode, den Sie zuvor schon als Zeichenkette eingebunden haben. Hier haben Sie allerdings den Vorteil, dass Sie die HTML-Struktur gut lesbar formatieren können, ohne eine Variablenzuweisung oder eine Stringkonkatenierung durchzuführen. Der Code der eingesetzten Fixtures wird so um einiges besser les- und wartbar. Listing 6–12 enthält den kompletten Quellcode der Datei fixture.html.

Listing 6–12
Inhalt der Datei
fixture.html

```
<form id="registerForm">
    <div>
        <label for="firstname">Vorname</label><input id="firstname"
name="firstname"/>
        <div class="message hidden">Bitte Vornamen angeben</div>
    </div>
    <div>
        <label for="surname">Nachname</label><input id="surname"
name="surname"/>
        <div class="message hidden">Bitte Nachnamen angeben</div>
    </div>
    <div>
        <label for="email">E-Mail</label><input id="email"
name="email"/>
        <div class="message hidden">Bitte E-Mail angeben</div>
    </div>
    <div>
        <label for="password1">Passwort</label><input
type="password" id="password1" name="password1"/>
        <div class="message hidden">Bitte Passwort angeben</div>
    </div>
    <div>
        <label for="password2">Passwort wiederholen</label><input
type="password" id="password2" name="password2"/>
        <div class="message hidden">Bitte Passwort angeben</div>
    </div>
    <div>
        <input type="submit" value="registrieren"/>
    </div>
</form>
```

Nun, da sämtliche Einzelkomponenten bereit sind, können Sie dazu übergehen, diese miteinander zu verbinden.

jasmine-jquery stellt Ihnen mit der loadFixtures-Funktion einen komfortablen Weg zur Einbindung von Fixtures zur Verfügung. Nutzen Sie die Standardkonfiguration und geben einen Dateinamen an, wird diese Datei aus dem Verzeichnis spec/javascripts/fixtures geladen. Dieses Verhalten können Sie allerdings über die Eigenschaft jasmine.getFixtures().fixturesPath beeinflussen. Im Falle des Beispiels müssen Sie dieser Eigenschaft den Wert fixtures/ zuweisen. Der nächste Schritt besteht nun aus dem eigentlichen Laden des Fixtures. Da beide Testfälle auf der Struktur des Fixtures aufbauen, empfiehlt es sich, dass Sie die Einbindung in der beforeEach-Funktion vornehmen.

Listing 6–13 enthält die Anpassungen an der Datei `validator.spec.js` im Verzeichnis `spec`.

```
describe("validator", function () {

    jasmine.getFixtures().fixturesPath = 'fixtures/'

    beforeEach(function () {
        loadFixtures('fixture.html');
        $('#registerForm').on('submit', validate);
    });
```

Listing 6–13
Anpassung der Tests

Der bereits erwähnte Aufruf von `loadFixtures` sorgt dafür, dass die angegebene Datei geladen und ihr Inhalt in einen Container eingefügt wird. jasmine-jquery legt diesen Container als `div`-Element automatisch an und versieht ihn mit einem `id`-Attribut, das den Wert `jasmine-fixtures` enthält.

Neben dem Laden des Fixtures müssen Sie zusätzlich die `validate`-Funktion an das `submit`-Event des Formulars binden, um die Funktionalität korrekt testen zu können.

jasmine-jquery weist einige Besonderheiten im Umgang mit Fixtures auf. Zum einen werden die zu ladenden Fixtures gecached, sodass die Datei lediglich einmal geladen wird, auch wenn Sie sie mehrmals verwenden. Auch die Aufräumarbeit nach einem Test nimmt Ihnen jasmine-jquery ab, indem der Container, der die Fixtures enthält, nach einem Test automatisch bereinigt wird. So wird sichergestellt, dass eine Fixture nicht mehrmals im Browser existiert und zu unerwartetem Verhalten führt.

Führen Sie nun Ihre Tests erneut aus, laufen diese erfolgreich ab und Sie erhalten eine Anzeige im Browser, die der in Abbildung 6–3 ähneln sollte.

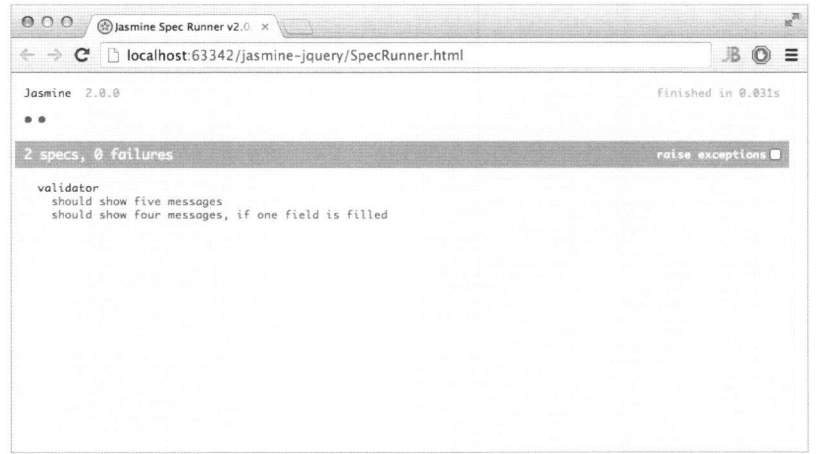

Abb. 6–3
Erfolgreiche Tests mit
jasmine-jquery

Die zuvor noch recht umständlichen Schritte, die Sie unternehmen mussten, um Ihre Fixtures einzubinden, werden Ihnen durch jasmine-jquery erheblich vereinfacht.

Die loadFixtures ist nur eine von mehreren Funktionen, auf die Sie im Umgang mit Fixtures zurückgreifen können. Eine weitere Variante dieser Funktionalität bietet die Funktion appendLoadFixtures, die die angegebene Datei an eventuell bestehende Fixtures im Container anhängt. Die Funktion readFixtures arbeitet wie loadFixture oder appendLoadFixtures, nur dass bei dieser Funktion die HTML-Elemente des Fixtures nicht in die Seite eingefügt, sondern als Zeichenkette zurückgegeben werden. Alle drei Funktionen akzeptieren nicht nur eine Fixture-Datei. Sie können auch mehrere Dateien angeben, die dann durch die Funktion geladen werden. Mit den Funktionen setFixtures und appendSetFixtures machen Sie sich weniger abhängig von externen Dateien und können als Argument eine Zeichenkette mit gültigem HTML angeben. Die Funktion preload schließlich nimmt einen oder mehrere Dateinamen entgegen und befüllt mit dem Inhalt dieser Dateien den Fixtures-Cache. Tabelle 6–1 zeigt Ihnen eine Übersicht über die Fixture-Funktionen von jasmine-jquery.

Tab. 6–1
Funktionen zum
Umgang mit Fixtures
in jasmine-jquery

Funktion	Bedeutung
loadFixtures(fixtureUrl, fixtureUrl,…)	Lädt Fixtures, überschreibt bestehende Inhalte
appendLoadFixtures(fixtureUrl, fixtureUrl,…)	Lädt Fixtures, hängt an bestehende Inhalte an
readFixtures(fixtureUrl, fixtureUrl,…)	Lädt Fixtures und gibt sie als Zeichenkette zurück
setFixtures(html)	Fügt das angegebene HTML in den Container ein, überschreibt bestehende Inhalte
appendSetFixtures(html)	Fügt das angegebene HTML in den Container ein, hängt an bestehende Inhalte an
preload(fixtureUrl, fixtureUrl,…)	Lädt Fixtures in den Cache

Der Funktionsumfang von jasmine-jquery beschränkt sich jedoch nicht auf das Laden von Fixtures. Diese Erweiterung von Jasmine stellt Ihnen außerdem eine Reihe von Methoden zur Formulierung von frontend-lastigen Tests zur Verfügung.

6.4.3   Zusätzliche Matcher

Wie der Name von jasmine-jquery bereits andeutet, ist diese Erweiterung des Jasmine-Frameworks an jQuery angelehnt. Das bedeutet, dass es Jasmine in diesem Bereich ergänzt und die bereits erwähnten Fixtures einführt, aber auch neue Matcher liefert, die speziell für den Umgang mit dem DOM gedacht sind.

Das Ziel dieser zusätzlichen Matcher ist es, Ihnen Schreibarbeit für häufig auftretende Aufgaben abzunehmen und Ihre Tests lesbarer zu gestalten. Ein klassisches Beispiel ist die Prüfung, ob ein HTML-Element leer ist. jasmine-jquery bietet für diesen Zweck den `toBeEmpty`-Matcher.

```
it ("should test an empty element", function () {
    expect($('#myEmptyElement')).toBeEmpty();
});
```

Listing 6–14
Der toBeEmpty-Matcher
von jasmine-jquery

Wie Sie in Listing 6–14 sehen können, sind die Tests, die einen bestimmten Zustand des DOM testen, durch den Einsatz von jasmine-jquery gut lesbar und übersichtlich. Der `toBeEmpty`-Matcher prüft, ob ein HTML-Element einen Textknoten oder ein anderes Element enthält, und führt entsprechend zu einem Fehlschlag des Tests. In diesem Beispiel fehlt natürlich jegliche Interaktion mit Ihrer Applikation. Allerdings vermittelt er einen Eindruck, wie die zusätzlichen Matcher eingesetzt werden können und welchen Mehrwert sie Ihnen bei der Entwicklung bringen.

Der Grund, aus dem Sie dieses Beispiel nicht direkt in die Karma-Infrastruktur eingefügt haben, ist, dass Karma zwar Dateien laden kann, aber das Laden von HTML-Dateien nicht unterstützt. Es gibt allerdings eine Erweiterung für Karma, die sich dieses Problems annimmt.

6.5   Karma html2js

Karma besteht aus einer Plug-in-Infrastruktur. Das bedeutet, dass Karma aus einem Kern besteht, der Ihnen die grundlegende Infrastruktur zur Verfügung stellt, mit der Sie Ihre Tests ausführen können. An diesen Kern können Sie verschiedenste Plug-ins andocken. Ein Beispiel für ein solches Plug-in, das auch hier Anwendung findet, ist der html2js Preprocessor.

Generell werden die Plug-ins von Karma, wie auch Karma selbst, über NPM installiert. Im Fall des html2js-Plug-ins erreichen Sie dies durch die Kommandozeile aus Listing 6–15.

Listing 6–15
*Installation des
html2js-Plug-ins*

```
$ npm install --save karma-html2js-preprocessor
```

Nach der Installation des Plug-ins folgt die Konfiguration. Diese passiert wie gewohnt in der Datei karma.conf.js. Hier müssen Sie die Konfiguration um den Punkt preprocessors erweitern und angeben, mit welchem Preprocessor die HTML-Dateien bearbeitet werden sollen. Außerdem müssen Sie unter der files-Angabe Ihr Fixture-Verzeichnis aufnehmen. Listing 6–16 zeigt die entsprechenden Abschnitte der Konfigurationsdatei.

Listing 6–16
*Anpassung der
Karma-Konfiguration
für das html2js-Plug-in*

```
preprocessors: {
  '**/*.html': ['html2js']
},

files: [
  'src/*.js',
  'spec/*.js',
  'fixtures/*.html'
],
```

Nach diesen Anpassungen stellt Ihnen Karma innerhalb Ihrer Tests die angegebenen Fixtures innerhalb einer Datenstruktur als Zeichenkette zur Verfügung. Die Variable window.__html__ enthält ein Objekt, dessen Schlüssel aus den Namen der Fixture-Dateien bestehen. Die Werte sind die Inhalte. Legen Sie nun die Fixture für Ihren Test in der Datei fixtures/fixture.html ab, können Sie also über window.__html__['fixtures/fixture.html'] aus Ihren Tests auf deren Inhalt zugreifen.

Um das Beispiel zu komplettieren, kopieren Sie die Dateien aus dem initialen Fixture-Beispiel aus den Verzeichnissen src, spec und lib. Zur Einbindung der Karma-Fixtures in Ihren Test müssen Sie lediglich den Test anpassen. Listing 6–17 zeigt Ihnen die entsprechenden Stellen.

Listing 6–17
*Einbindung der
Karma-Fixtures*

```
beforeEach(function () {
    $('body').append(window.__html__['fixtures/fixture.html']);
    $('#registerForm').on('submit', validate);
});
```

Wie Sie sehen können, müssen Sie lediglich die Callback-Funktion der beforeEach-Funktion anpassen. Sie greifen dabei direkt auf die bereits angesprochene Datenstruktur zu, die Ihnen der html2js Preprocessor zur Verfügung stellt.

Zusammengefasst unterscheidet sich der Einsatz des html2js Preprocessor lediglich durch die Auslagerung des Fixtures in eine separate Datei vom ersten Beispiel, bei dem das Fixture noch direkt im Test als Zeichenkette abgelegt wurde.

Um an dieser Stelle den Bogen zu jasmine-jquery zu schließen, können Sie diese Library einbinden und haben damit Zugriff auf den gesamten Funktionsumfang. Außerdem können Sie mit der `setFixtures`-Funktion von jasmine-jquery die Fixtures besser verwalten und müssen sich nicht weiter um das Entfernen der Fixtures aus der Seite kümmern.

6.6   Zusammenfassung

In diesem Kapitel haben Sie erfahren, wie Sie HTML-Fixtures in Ihre Tests einbinden und so nicht nur die Logik Ihrer Applikation durch reine Funktionstests mit definierten Ein- und Ausgaben testen können, sondern auch die Auswirkungen und Seiteneffekte der Funktionen Ihrer Applikation auf das DOM testen können.

Die hier vorgestellten Methoden stellen nur einen kleinen Ausschnitt der auf dem Markt verfügbaren Lösungsoptionen dar. Sie haben hier allerdings gesehen, auf welche Merkmale es bei einer Fixture-Bibliothek ankommt:

- Keine Serverkomponente erforderlich (unabhängig)
- Gute Benutzbarkeit/Lesbarkeit der Tests
- Ein- und Aushängen der Fixtures möglich
- Zusätzliche Funktionalität wie z.B. Matcher bei jasmine-jquery

Bei der Erstellung von Tests mit JavaScript werden Sie nicht nur mit der Auflösung von Abhängigkeiten vom DOM konfrontiert. Arbeiten Sie mit JavaScript, müssen Sie sich früher oder später mit asynchronen Funktionen auseinandersetzen. Diese Art der Funktion kommt vor allem zum Einsatz, wenn Sie mit anderen Systemen kommunizieren oder wenn Sie zeitabhängige Funktionen implementieren. Was das für die Erstellung Ihrer Tests bedeutet und auf welche Unterstützung Sie zurückgreifen können, das erfahren Sie im nächsten Kapitel.

7 Asynchrones Testen und Kommunikation mit dem Server

Die Abhängigkeit vom DOM ist nur eine Problemstellung, mit der Sie konfrontiert werden, wenn Sie Ihre JavaScript-Applikation umfangreich testen möchten. In diesem Kapitel lernen Sie weitere Herausforderungen kennen, auf die Sie bei der Entwicklung häufig treffen werden.

Der erste Teil dieses Kapitels widmet sich einem Problem, das Ihnen bei der Umsetzung von JavaScript-Applikationen recht häufig begegnet: asynchrone Funktionen.

Problematisch sind auch zeitabhängige Routinen innerhalb Ihrer Applikation. In diesem Kapitel erfahren Sie, worin genau die Schwierigkeit bei Funktionen liegt, die entweder nach einer bestimmten Zeit oder in regelmäßigen zeitlichen Abständen ausgeführt werden. Außerdem lernen Sie, wie Sie damit in Ihren Tests umgehen können.

Der letzte Teil dieses Kapitels widmet sich der Schnittstelle zwischen Client und Server. Das Ziel von Tests im Frontend ist, dass Sie diese ohne ein Backend durchführen können.

7.1 Asynchrone Funktionen

Tests von Businesslogik mit definierter Ein- und Ausgabe sind relativ einfach umzusetzen. Bei der Implementierung von JavaScript-Applikationen stoßen Sie auch immer wieder auf das Problem, dass Sie bestimmte Operationen asynchron umsetzen müssen. Listing 7–1 zeigt ein Beispiel einer solchen asynchronen Operation.

```
console.log('First Statement');
$('#myButton').on('click', function (e) {
    console.log('Second Statement');
});
console.log('Third Statement');
```

Listing 7–1
Asynchrone Funktion

Bei einer asynchronen Funktion wird der Programmcode nicht Statement für Statement von oben nach unten ausgeführt. Stattdessen wird die asynchrone Funktion erst ausgeführt, nachdem der übrige Quellcode schon beendet ist, oder auch zwischen anderen Statements, je nachdem, wann für die Funktion Rechenzeit zur Verfügung gestellt wird.

Binden Sie den Quellcode aus Listing 7–1 in eine Webseite ein und führen diesen dann aus, wird zunächst das erste `console.log`-Statement ausgeführt und die Zeichenkette `'First Statement'` auf der Konsole ausgegeben. Danach wird die Callback-Funktion an den Klick auf den Button gebunden, was noch zu keiner Ausgabe führt, und schließlich wird mit dem dritten `console.log`-Statement die Zeichenkette `'Third Statement'` auf der Konsole ausgegeben. Das zweite `console.log` wird nicht direkt ausgeführt, sondern erst, wenn Sie auf das Element klicken, an das die Callback-Funktion gebunden ist.

Probleme bei
asynchronen Operationen
Sie ahnen schon, was das für Ihre Tests bedeutet. Bei asynchronen Operationen können Sie nicht einfach auf Ein- und Ausgaben einer Funktion testen. Die Ausgabe beziehungsweise das Resultat der Funktion liegt erst vor, wenn der übrige Quellcode bereits abgearbeitet ist. So gesehen existiert kein Rückgabewert, auf den Sie prüfen können.

7.1.1   Ein erstes asynchrones Beispiel

Nun stellen Sie sich wahrscheinlich die Frage, wie Sie beim Testen von asynchronen Funktionen vorgehen sollen. Um diese Frage zu beantworten, eignet sich am besten ein einfaches Beispiel, dem Sie im Alltag immer wieder begegnen werden. Callback-Funktionen, wie Sie sie in Listing 7–1 gesehen haben, sind ein Paradebeispiel für asynchrone Programmierung.

Möchten Sie jetzt den Quellcode testen, der den Klick auf den Button enthält, müssen Sie das Beispiel aus Listing 7–1 modifizieren. An erster Stelle steht jedoch der erste Test.

Listing 7–2
Test für einen Klickhandler
```
it ("should print something on button click", function () {
    var src = '<button id="button">Button</button>' +
        '<output id="output"></output>';
    $('body').append(src);
    $('#button').on('click', myClickHandler);

    $('#button').trigger('click');

    expect($('#output').html()).toEqual('something');
});
```

Dieser Test nutzt einige bereits bekannte Komponenten. Im ersten Bereich bereiten Sie zunächst die Umgebung für den Test vor. Die Voraussetzung für den Test bildet eine bestimmte HTML-Struktur. Diese binden Sie als leichtgewichtige Fixture ein.

Wie Sie aus dem Kapitel 6 über den Umgang mit Fixtures in Tests wissen, existieren mehrere Möglichkeiten, wie Sie eine Fixture einbinden können. In diesem Beispiel nutzen Sie die einfachste Variante: Sie definieren die Fixture innerhalb Ihres Tests und nutzen jQuery, um die Elemente in die Seite einzubinden. Danach können Sie Ihren Klickhandler, also die eigentliche Logik, die Sie testen möchten, an den Button binden. Haben Sie diese Schritte durchgeführt, ist der erste Schritt, das Arrangement, Ihres Tests abgeschlossen. Im Anschluss interagieren Sie mit der Logik Ihrer Applikation. Im Falle des Buttons ist dies ein einfacher Klick, den Sie mit der trigger-Methode auslösen. Als Reaktion auf den Klick sollte Ihre Logik mit dem Einfügen der Zeichenkette 'something' in das output-Element reagieren. Ob diese Operation korrekt funktioniert hat, prüfen Sie schließlich mit der Expectation.

Das Besondere in diesem Test ist, dass Sie nicht eine Funktion ausführen und auf deren Rückgabewert testen, sondern stattdessen prüfen, ob ein bestimmter Seiteneffekt eingetreten ist, der durch die Ausführung der Funktion verursacht wurde. Dieser einfache Fall zeigt, worauf es beim Testen von asynchronen Funktionen ankommt und worauf Sie grundsätzlich achten müssen. Verschärft werden diese Problemstellungen, sobald Sie von externen Faktoren wie beispielsweise dem Server oder der Browserzeit abhängig sind. Doch dazu später in diesem Kapitel.

Prüfen von Seiteneffekten

Zunächst lernen Sie aber nun mit Promises ein Konzept der asynchronen Programmierung kennen und erfahren, wie Sie bei Ihren Tests mit Promises umgehen müssen.

7.1.2 **Asynchronität mit Promises**

Eine Problemstellung, mit der Sie in der Entwicklung von JavaScript-Applikationen immer wieder konfrontiert werden, sind verschachtelte Callbacks. Wie Sie in dem vorangegangenen Beispiel bereits sehen konnten, sind schon einfache Callbacks schwer wartbar. Verschachteln Sie allerdings Callbacks bis in die dritte oder vierte Ebene, dann ist die Wartbarkeit der Applikationslogik kaum noch gegeben. Ganz zu schweigen von der Testbarkeit des Systems. Um für eine bessere Wartbarkeit von asynchronem Code zu sorgen, wurde das Konzept der Promises entwickelt.

Die Standardisierungsbewegung CommonJS hat es sich zum Ziel gesetzt, JavaScript abseits des ECMAScript-Standards vor allem auf Serverseite zu standardisieren. Einer dieser Standards umfasst Promises. Zusammengefasst ist ein Promise ein Versprechen auf die Erfüllung einer asynchronen Operation. Das ist der Tatsache geschuldet, dass eine asynchrone Funktion keinen Wert bzw. keine Exception zurückgeben kann. Aus diesem Grund geben solche Funktionen ein Promise-Objekt zurück, das zu einem späteren Zeitpunkt dann aufgelöst beziehungsweise im Fehlerfall zurückgewiesen werden kann.

Deferred-Objekt   Promises werden im JavaScript-Standard nicht nativ unterstützt. Deshalb sollten Sie auf eine von zahlreichen Bibliotheken zurückgreifen. Beispiele für solche Implementierungen sind das Deferred-Objekt von jQuery oder die Q-Library.

7.1.3   Promises mit Q

Der Nachteil der Promises-Implementierung ist, dass sie sich nicht genau an den Standard hält und Ihnen aus diesem Grund einige Features nicht zur Verfügung stehen. Besser ist hier die Implementierung von Kris Kowal mit dem Namen Q. Diese Bibliothek ist unabhängig von anderen Frameworks und kann sowohl im Browser als auch unter Node.js auf dem Server eingesetzt werden.

Alles, was Sie für den Einsatz dieser Bibliothek benötigen, also vor allem den Quellcode des Projekts, finden Sie auf Github unter *https://github.com/kriskowal/q*. Wie viele andere JavaScript-Bibliotheken, ist auch Q Open-Source-Software und Sie können sie kostenlos in Ihr Projekt integrieren.

Promise-API   Bevor Sie nun Ihren ersten Test formulieren und mit der Integration von Promises in Ihre Applikation beginnen, sollen Sie zunächst etwas mehr über die Schnittstellen von Promises erfahren und worin die Probleme bei der Implementierung liegen.

Der Einsatz von Promises lohnt sich vor allem, wenn Sie mit Asynchronität umgehen müssen. Das bedeutet konkret, dass Sie eine Funktion schreiben, die nicht unmittelbar einen Wert zurückgeben kann. Die Ursachen können hier vielfältig sein. Ein Beispiel kann die Kommunikation zum Server sein, ein weiteres sind zeitabhängige Funktionen. Der Quellcode Ihrer Applikation wird weiter ausgeführt und erst wenn die Antwort des Servers vorliegt beziehungsweise eine bestimmte Zeitspanne vergangen ist, kann mit dem Resultat der asynchronen Funktion weitergearbeitet werden.

Damit Sie sich den Sachverhalt besser vorstellen können, hier ein kleines Beispiel.

```
var myObj = {
    value: 500
};

function incrementValue(obj) {
    setTimeout(function() {
        obj.value += 100;
    }, 1000);
}

incrementValue(myObj);
```

Listing 7–3
Asynchrone Funktion

Einen Test für den Quellcode aus Listing 7–3 zu schreiben ist schwierig. Ein klassischer Unit-Test kommt in diesem Fall nicht infrage, wenn Sie die Funktion incrementValue testen möchten, da Sie von dieser Funktion lediglich den Wert undefined erhalten und deswegen nicht auf den Erfolg oder Misserfolg der Funktion testen können. Alternativ können Sie natürlich die Funktion aufrufen und in Ihrem Test eine Sekunde warten und anschließend prüfen, ob die Eigenschaft value des Objekts myObj nun den Wert 600 aufweist. Optimal ist diese Implementierung dann aber immer noch nicht.

Sie können die Funktion aber auch mit Promises implementieren. Zu diesem Zweck müssen Sie allerdings zunächst die Konfiguration Ihrer Tests ein wenig anpassen. Dann können Sie die Funktion testgetrieben mit Promises umsetzen.

Zur bekannten Initialisierung von Karma kommt in diesem Beispiel die Einbindung der Q-Bibliothek. Hierfür laden Sie sich Q herunter, speichern es in einem Verzeichnis innerhalb Ihrer Applikation und sorgen anschließend dafür, dass Karma diese Datei auch lädt.

7.1.4   Promises testen

Im ersten Schritt der Implementierung müssen Sie zunächst sicherstellen, dass die Funktion incrementValue ein Promise-Objekt zurückgibt. Der erste Testfall ist damit schon klar umrissen. In Listing 7–4 sehen Sie die entsprechende Implementierung.

```
it('should return a promise', function() {
    var promise = incrementValue();
    expect(promise.__proto__ ==
Q.defer().promise.__proto__).toBe(true);
});
```

Listing 7–4
*Test des Rückgabewertes
der incrementValue-
Funktion*

Der Test schlägt erwartungsgemäß fehl, da die Funktion incrementValue zu diesem Zeitpunkt noch nicht existiert. Das bedeutet, dass Sie im ersten Schritt die Funktion implementieren müssen, was den Test allerdings immer noch nicht ordnungsgemäß ablaufen lässt. Ihr Ziel erreichen Sie, indem Sie Q nutzen, ein Promise generieren und dieses zurückgeben. Listing 7–5 zeigt Ihnen die erforderliche Implementierung.

Listing 7–5
Erstellung eines
Promise-Objekts

```
function incrementValue() {
    var deferred = Q.defer();
    return deferred.promise;
}
```

Mit dieser Implementierung ist der erste Teil der Aufgabe bereits erledigt und der erste Test läuft erfolgreich ab. Jetzt können Sie dazu übergehen, die eigentliche Applikationslogik umzusetzen. Für das weitere Vorgehen müssen Sie wissen, dass das Promise-Objekt über eine Methode then verfügt, die zwei Callback-Funktionen als Argumente akzept-iert. Die erste Funktion wird ausgeführt, wenn das Promise resolved wird, die zweite, wenn das Promise rejected wird. Der nächste Test sollte nun prüfen, ob das Promise resolved wird und der value-Wert des übergebenen Objekts um 100 mehr ist. Listing 7–6 beinhaltet den Quellcode des Tests.

Listing 7–6
Prüfung auf die Erfüllung
des Promise

```
it('should resolve the promise and increment the value',
function(done) {
    var myObj = {value: 500};
    var promise = incrementValue(myObj);
    promise.then(function() {
        expect(myObj.value).toBe(600);
        done();
    });
});
```

Der Test aus Listing 7–6 beinhaltet zwei Dinge, die Sie beachten sollten. Da die Inkrementierung des Wertes erst nach einer Sekunde stattfindet, handelt es sich bei dem Test grundsätzlich um einen asynchronen Test. Das bedeutet, dass Sie die done-Funktion benötigen, um Jasmine zu signalisieren, dass es auf das Resultat der asynchronen Operation warten soll. Außerdem sehen Sie in diesem Test, dass Sie der then-Methode eine Callback-Funktion übergeben und darin Ihre eigentliche Expectation formulieren können. Um den Test abzuschließen, müssen Sie die done-Funktion aufrufen.

Damit dieser zweite Test ebenfalls erfolgreich ablaufen kann, müssen Sie Ihre Applikationslogik um die Time-out-Funktionalität und die eigentliche Erhöhung des Wertes erweitern. Listing 7–7 zeigt Ihnen, wie Sie hier vorgehen sollten.

```
function incrementValue(obj) {
    var deferred = Q.defer();

    setTimeout(function() {
        obj.value += 100;
        deferred.resolve();
    }, 1000);

    return deferred.promise;
}
```

Listing 7–7
Erfüllung des Promise

Die Funktion unterscheidet sich jetzt kaum noch von der Funktion aus
Asynchrone Funktion. Sie erhalten ein Objekt als Argument, führen
nach einer Sekunde eine Callback-Funktion aus, die dafür sorgt, dass
der value-Wert des Objekts um 100 erhöht wird. Die Unterschiede
bestehen in der Erstellung des Deferred-Objekts, dessen Promise-
Eigenschaft als Rückgabewert der Funktion dient. Nachdem der Time-
out abgelaufen ist, wird die Promise resolved.

Nachdem Sie die Funktion implementiert haben, laufen Ihre Tests
erfolgreich durch. Sie können im nächsten Schritt den Quellcode noch
etwas erweitern. Eine weitere Eigenschaft von Promises besteht darin,
dass Sie sie nicht nur resolven, sondern dabei auch einen Wert übergeben können. Zu diesem Zweck passen Sie zunächst Ihren Test wie in
Listing 7–8 an.

```
it('should resolve the promise and increment the value',
function(done) {
    var myObj = {value: 500};
    var promise = incrementValue(myObj);
    promise.then(function(modifiedObj) {
        expect(modifiedObj.value).toBe(600);
        done();
    });
});
```

Listing 7–8
Test der Übergabe beim
Resolven eines Promise

Der Test schlägt zunächst fehl, da das Promise ohne ein Objekt resolved wird. Das bedeutet, dass Sie Ihre Implementierung dahingehend
anpassen müssen. Listing 7–9 enthält die neue Version der Funktion.

```
function incrementValue(obj) {
    var deferred = Q.defer();

    setTimeout(function() {
        obj.value += 100;
        deferred.resolve(obj);
    }, 1000);

    return deferred.promise;
}
```

Listing 7–9
Übergabe eines Objekts
beim Resolven des
Promise

Der positive Fall der Implementierung ist getestet und funktioniert. Als
Nächstes behandeln Sie nun den negativen Fall, also den reject-Fall.
Angenommen der Wert darf nur bis zu einem Maximum von 1000
inkrementiert werden. Jeder Wert, der darüber liegt, soll zu einem
Fehlschlag der Funktion führen. Zunächst müssen Sie einen Test wie in
Listing 7–10 formulieren.

Listing 7–10
Test für den Reject
eines Promise

```
it('should reject the promise if the value will be over 1000',
function(done) {
    var myObj = {value: 950};
    var promise = incrementValue(myObj);
    promise.then(mull, function(modifiedObj) {
        expect(modifiedObj.value).toBe(950);
        done();
    });
});
```

Es gibt mehrere Möglichkeiten, auf einen Fehlschlag eines Promise zu
reagieren. Ein Weg ist, eine zweite Callback-Funktion an die then-
Funktion des Promise zu übergeben, die bei einem Reject ausgeführt
wird. Eine andere Art, auf einen Reject zu reagieren, ist die Verwendung der fail-Funktion statt der then-Funktion. Nutzen Sie die fail-
Funktion, übergeben Sie lediglich eine Callback-Funktion, die dann
bei einem Fehlschlag ausgeführt wird. Egal für welche Funktion Sie
sich entscheiden und in Ihrem Test verwenden, Ihr Test schlägt
zunächst fehl. Listing 7–11 enthält die Implementierung, die dafür
sorgt, dass auch dieser Test fehlerfrei funktioniert.

Listing 7–11
Implementierung des
Promise Reject

```
function incrementValue(obj) {
    var deferred = Q.defer();

    setTimeout(function() {
        if (obj.value + 100 > 1000) {
            deferred.reject(obj);
        } else {
            obj.value += 100;
            deferred.resolve(obj);
        }
    }, 1000);

    return deferred.promise;
}
```

Sie erweitern die incrementValue-Funktion innerhalb der Time-out-
Funktionalität um eine Prüfung, ob der resultierende Wert über 1000
liegt. Ist dies der Fall, rufen Sie die reject-Funktion des Deferred-
Objekts auf und übergeben dieser Funktion das Objekt. Mit dieser
Implementierung haben Sie nun die wichtigsten Schnittstellen von Pro-

mises kennengelernt. Promises bieten Ihnen noch wesentlich mehr Funktionalität. Darauf in diesem Buch weiter einzugehen, würde allerdings den Rahmen sprengen.

Neben den allgemeinen Problemstellungen bei der asynchronen Programmierung, die Sie bereits kennengelernt haben, gibt es weitere Sonderfälle wie die zeitliche Abhängigkeit von Funktionen, die ganz spezielle Problemstellungen mit sich bringen.

7.2 Zeitabhängige Funktionen

Für die Programmierung von zeitgesteuerten Abläufen in JavaScript stehen Ihnen grundsätzlich zwei verschiedene Funktionen zur Verfügung. Möchten Sie eine bestimmte Funktion nach einer definierten Zeitspanne aufrufen, benutzen Sie die `setTimeout`-Funktion. Für die mehrmalige Abarbeitung von Funktionen in bestimmten Zeitintervallen verwenden Sie die `setInterval`-Funktion. Bis auf diesen Unterschied gleichen sich die beiden Funktionen. Beide erhalten als erstes Argument eine Callback-Funktion, die nach einer bestimmten Zeitspanne aufgerufen wird. Das zweite Argument gibt diese Zeitspanne an. Der Rückgabewert der Funktionen ist eine Ganzzahl, die als Verweis auf den Time-out beziehungsweise auf das Intervall dient, mit dem Sie diesen dann abbrechen können.

setTimeout und setInterval

Typische Problemstellungen, die Sie mit diesen zeitabhängigen Funktionen lösen können, sind geplante Verzögerungen in Ihrer Applikation: beispielsweise die Anzeige beziehungsweise das Verstecken von Nachrichten oder eine zeitgesteuerte Kommunikation mit dem Server, falls Sie bestimmte Informationen erst zu einem späteren Zeitpunkt nachladen möchten. Mit der `setInterval`-Funktion können Sie beispielsweise regelmäßige Updates zum Server schicken oder Animationen steuern.

Mit dem Einsatz dieser beiden Funktionen ergeben sich allerdings auch einige Nachteile, die sich vor allem auf die Testbarkeit Ihrer Applikation und die Erstellung Ihrer Tests auswirken.

7.2.1 Problemstellungen bei zeitabhängiger Programmierung

Das Problem, das bei genauerer Betrachtung als Erstes ins Auge sticht, ist die Laufzeit von Tests, sobald diese abhängig von Zeit werden. Zur Verdeutlichung dieses Sachverhalts soll ein einfacher Test wie in Listing 7–12 dienen.

Listing 7–12
Zeitunabhängiger Test

```
it('should hide the message', function() {
    hide();
    expect($('#msg').css('display')).toEqual('none');
});
```

Dieser Test ruft eine Funktion auf, die ein Element mit der ID `msg` versteckt. Im Anschluss prüfen Sie, ob das Element wirklich versteckt ist. Dieser Test hat eine Laufzeit von etwa 50 Millisekunden. Fügen Sie jetzt einen weiteren Test hinzu, der allerdings zeitlich abhängig ist und bei dem das Element erst nach fünf Sekunden versteckt wird, sieht die Situation anders aus. Den entsprechenden Test finden Sie in Listing 7–13.

Listing 7–13
Zeitabhängiger Test

```
it('should hide the message after 5 sec', function(done) {
    delayedHide();
    setTimeout(function() {
        expect($('#msg').css('display')).toEqual('none');
        done();
    }, 5001);
});
```

Die Implementierung der Funktion `delayedHide` enthält einen Aufruf der Funktion `setTimeout` mit einem Wert von 5000. Innerhalb der Callback-Funktion müssen Sie dann dafür sorgen, dass das `msg`-Element versteckt wird. Im Test sehen Sie, dass Sie hier ebenfalls auf die `setTimeout`-Funktion zurückgreifen müssen. Für die Laufzeit Ihrer Tests bedeutet das, dass diese statt einer reinen Laufzeit von etwa 100 Millisekunden über 5100 Millisekunden in Anspruch nehmen, da zur Ausführung noch die Wartezeit des Time-outs addiert werden muss. Sie sehen, jeder Time-out in Ihren Tests verlängert unweigerlich die Laufzeit Ihrer Tests. Kommt eine Zeitabhängigkeit häufiger in Ihrer Applikation vor, kann es durchaus passieren, dass Ihre Tests mehrere Minuten lang laufen und Sie sich damit immer weiter von einem schnellen und leichtgewichtigen Feedback durch Ihre Tests entfernen.

Unzuverlässige Browserzeit
Ein weiteres Problem ist, dass die Zeit im Browser unzuverlässig ist. Sie können Time-outs zwar in Millisekunden angeben, Ihr Browser gewährleistet Ihnen jedoch nicht, dass der Time-out wirklich in der angegebenen Millisekunde beendet und die Callback-Funktion zu diesem Zeitpunkt ausgeführt wird. Sie sollten sich bei der Formulierung Ihrer Tests also nicht darauf verlassen, dass die Browserzeit millisekundengenau ist. Es genügt schon eine Lastspitze auf Ihrem System und Ihr Browser erhält nicht die erforderlichen Ressourcen, um alle Abläufe korrekt zu gewährleisten.

Für diese Problemstellungen gibt es allerdings eine recht einfache Lösung, mit der Sie sowohl die Laufzeit Ihrer Tests reduzieren als auch die Zuverlässigkeit der Tests sicherstellen können.

7.2.2   Einsatz von Fake-Timern

Einer der großen Vorteile von JavaScript ist seine Dynamik. Sie können in JavaScript beinahe jeden Aspekt beeinflussen und modifizieren und so auch die Funktionen setTimeout und setInterval. Ersetzen Sie diese beiden Funktionen durch Ihre eigene Implementierung, können Sie beispielsweise dafür sorgen, dass die Callback-Funktion sofort und ohne jegliche Zeitverzögerung ausgeführt wird. Die einfachste denkbare Implementierung finden Sie in Listing 7–14.

```
function setTimeout(cb) {
    cb();
}
```

Listing 7–14
Überschreiben der setTimeout-Funktion

Diese Implementierung sorgt zumindest dafür, dass Ihre Tests wesentlich schneller ablaufen können. Ein entscheidender Nachteil besteht allerdings darin, dass Ihnen diese Funktion keinerlei Möglichkeiten bietet, mit Time-outs mit unterschiedlichen Laufzeiten umzugehen. Außerdem können Sie das Standardverhalten Ihres Browsers für Time-outs nur durch einen Reload wiederherstellen. Das bedeutet, dass Sie auf eine alternative Lösungsstrategie setzen müssen. Glücklicherweise sind Sie nicht der Erste, der über Probleme dieser Art stolpert, und so können Sie auf bereits etablierte Implementierungen zurückgreifen. Sowohl Jasmine als auch Sinon.js verfügen über Mechanismen, die Sie hier unterstützen.

Um in Jasmine die Fake-Timer einzusetzen, müssen Sie diese zunächst aktivieren. Das geschieht mit dem Kommando jasmine.clock(). install(). Ab diesem Zeitpunkt haben Sie die vollständige Kontrolle über den Zeitablauf in Ihrem Test. Die Zeit im Browser läuft nur ab, wenn Sie dies wünschen beziehungsweise mit dem Kommando jasmine.clock().tick() dafür sorgen. Die tick-Funktion akzeptiert eine Zahl als Argument, die angibt, wie viele Millisekunden ablaufen sollen. Danach steht die Zeit wieder still. Möchten Sie das Standardverhalten für Time-outs und Intervalle Ihres Browsers wiederherstellen, erreichen Sie dies durch einen Aufruf von jasmine.clock().uninstall().

Sie können nun den Test aus Listing 7–13 so umschreiben, dass Sie nicht erst fünf Sekunden warten müssen. Listing 7–15 zeigt das Ergebnis des Umbaus.

```
it('should hide the message after 5 sec', function() {
    jasmine.clock().install();
    delayedHide();

    jasmine.clock().tick(5001);

    expect($('#msg').css('display')).toEqual('none');
    jasmine.clock().uninstall();
});
```

Listing 7–15
Fake-Timer mit Jasmine

Der Einsatz von Fake-Timern hat gleich mehrere Vorteile für Ihre Tests. Zunächst verkürzen Sie die Dauer Ihrer Tests drastisch, da Sie in diesem konkreten Fall nicht fünf Sekunden warten müssen, sondern lediglich die Uhr um diese Zeitspanne nach vorne drehen. Ein zweiter Vorteil besteht darin, dass Sie den Test nicht mehr asynchron formulieren müssen, sondern auf den Einsatz einer Callback-Funktion verzichten können. Ihr Test wird dadurch besser lesbar.

In diesem Test haben Sie das `install`- und auch das `uninstall`-Kommando direkt in den Test geschrieben. Diese Vorgehensweise bietet sich an, wenn Sie nur einmal einen Fake-Timer benötigen. Haben Sie mehrere Tests, die auf diese Funktionalität aufbauen, können Sie den Aufruf der `install`-Funktion auch in die Setup-Funktion und den Aufruf der `uninstall`-Funktion in die Teardown-Funktion verschieben.

Setzen Sie nicht Jasmine als Framework zur Formulierung Ihrer Tests ein oder möchten lieber Sinon.js für die Fake-Timer verwenden, ist dies ohne Probleme möglich. Die Schnittstelle der Sinon Fake-Timer ähnelt der der Fake-Timer von Jasmine. So aktivieren Sie mit `sinon.useFakeTimers()` die Funktionalität. Der Rückgabewert dieser Funktion dient Ihnen als Zugriffspunkt auf die Timer-Funktionalität. Auf diesem Objekt können Sie beispielsweise die `tick`-Funktion aufrufen. Als Argument akzeptiert diese Funktion, wie auch schon in Jasmine, eine Anzahl von Millisekunden, die die Browser-Uhr weiterlaufen soll. Mit der `restore`-Funktion des Rückgabewerts stellen Sie die ursprüngliche Browserfunktionalität wieder her. Listing 7–16 enthält den für Sinon.js angepassten Test.

Listing 7–16
Fake-Timer mit Sinon.js

```
it('should hide the message after 5 sec', function() {
    var timer = sinon.useFakeTimers();
    delayedHide();

    timer.tick(5001);

    expect($('#msg').css('display')).toEqual('none');
    timer.restore();
});
```

Mit der Verwendung der `setTimeout`- und `setInterval`-Funktionen haben Sie jedoch noch nicht alle Aspekte der zeitabhängigen Programmierung abgedeckt. Die Zeitabhängigkeit in JavaScript umfasst außerdem sämtliche Operationen, die mit Datumswerten zu tun haben.

7.2.3   Abhängigkeit vom Datum

Ein Bereich der Programmierung, der beinahe immer mit Schwierigkeiten belastet ist, ist die datumsabhängige Programmierung. JavaScript bietet Ihnen zum Umgang mit Datumsoperationen den Date-Constructor, mit dem Sie neue Datumsobjekte erstellen können. Auf den ersten Blick scheinen damit alle Probleme gelöst, da diese Objekte mit den unterschiedlichen Längen von Monaten, mit Jahreswechseln und Schaltjahren umgehen können. Die Probleme beginnen allerdings, wenn Sie versuchen, einen Test für einen bestimmten Tag zu formulieren. Angenommen Sie entwickeln eine Funktion, die Ihnen die Addition von Werktagen auf das aktuelle Datum ermöglicht und das resultierende Datum ausgibt. Ein Test für eine solche Aufgabenstellung liefert jeden Tag ein anderes Ergebnis. Das bedeutet, dass Ihre Tests nicht stabil sind. Eine mögliche Lösung ist, dass Sie in Ihrem Test Logik implementieren, die ähnlich zu der zu testenden Logik ist. Das bedeutet allerdings, wenn Sie einen Fehler in der Routine haben, findet sich dieser Fehler wahrscheinlich auch in Ihrem Test wieder.

Sinon.js löst dieses Problem auf elegante Art. Beim Setup Ihres Tests können Sie ein Datum angeben. Dabei geht die Bibliothek einen ähnlichen Weg wie schon bei den Fake-Timern und überschreibt die Standardfunktionalität von JavaScript.

Um diesen Sachverhalt etwas besser zu verdeutlichen, hier ein konkretes Beispiel.

```
it('should add 2 days to 14.01.2014 and return 16.01.2014',
function() {
    var clock = sinon.useFakeTimers((new Date('2014-01-
14')).getTime());

    var result = addWorkDays(2);
    var expected = new Date('2014-01-16');

    expect(result).toEqual(expected);

    clock.restore();
});
```

Listing 7–17
Test mit
Datumsabhängigkeit

Im Test in Listing 7–17 sehen Sie, dass die useFakeTimers-Funktion von Sinon.js als erstes Argument einen Timestamp akzeptiert. Dieser Timestamp wird dann für das aktuelle Datum verwendet. Das bedeutet, dass Sie nicht nur die Zeit beeinflussen können, sondern auch den Startwert der Zeit und des Datums für Ihren Test festlegen können. In diesem Fall wird für den Test der 14.01.2014 als aktuelles Datum gesetzt. Die Funktion addDays addiert zum aktuellen Datum zwei Tage und gibt das neue Datum zurück. Danach müssen Sie nur noch prüfen, ob das zurückgegebene Datum Ihren Erwartungen entspricht. Dieser

Test deckt natürlich bei Weitem noch nicht alle Eventualitäten ab. Die Funktion soll ja dafür sorgen, dass Werktage zum aktuellen Datum addiert werden. Also müssen Sie im nächsten Schritt mit Wochenenden und Feiertagen umgehen. Die Ausformulierung dieses Anwendungsfalls würde allerdings zu weit führen und so bleibt Ihnen die Fertigstellung der Funktion selbst überlassen.

Der Rest dieses Kapitels widmet sich nun einem weiteren Bereich der externen Abhängigkeiten bei der Entwicklung einer Webapplikation, der Kommunikation mit einem Server.

7.3   Abhängigkeiten vom Server

Grundsätzlich benötigen Sie keinen Server, um eine JavaScript-Applikation zu betreiben. Sie können die Dateien, die den Quellcode Ihrer Applikation beinhalten, auch vom lokalen Dateisystem Ihres Rechners laden. Spätestens wenn Sie aber Ihre Applikation für mehrere Personen verfügbar machen möchten, ist diese Art der Auslieferung nicht mehr praktikabel und Sie sollten auf einen Webserver zurückgreifen. Für dynamische Webapplikationen spielt der Webserver allerdings nicht nur eine Rolle für die korrekte Auslieferung von Dateien. Er ermöglicht Ihnen, auch die Daten Ihrer Nutzer zu sammeln und in einer Datenbank zu speichern. Damit wird aus clientseitigem JavaScript und einem Webserver eine Einheit, die in ihrer Gesamtheit die eigentliche Webapplikation ausmacht.

Ajax   Im Zusammenhang mit der Kommunikation zwischen Client und Server hat sich Ajax als Standard etabliert. Ajax steht für Asynchronous JavaScript and XML und bezeichnet eine Technologie, bei der ein Browser eine Anfrage an den Server senden kann, ohne dass die Seite neu geladen werden muss. Mit der Antwort des Servers können Sie auf Clientseite entsprechend reagieren. Applikationen, die stark auf diese Art der Kommunikation setzen, nennt man Single-Page-Applikationen, da sie keine oder zumindest sehr wenige Page Reloads benötigen. Derartige Applikationen können Sie entweder direkt mit dem XMLHttpRequest-Objekt umsetzen, das Ihnen Ihr Browser bietet, oder Sie greifen auf eine Bibliothek wie jQuery zurück, die Ihnen eine angenehmere Schnittstelle zur Entwicklung bietet.

7.3.1 Problemstellung bei der Kommunikation mit dem Server

Wie schon der Einsatz von zeitabhängigen Funktionen, führt auch die asynchrone Kommunikation mit einem Server zu Problemen beim Testen Ihrer Applikation. Grundsätzlich gibt es zwei unterschiedliche Arten von Tests. Zum einen die Integrationstests, bei denen Sie die gesamte Strecke vom Client bis zum Server testen möchten, und zum anderen die reinen Frontend-Tests, bei denen Sie nicht den Server testen möchten. Dieses Kapitel beschäftigt sich mit der zweiten Art der Tests, also denjenigen, bei denen der Server keine Rolle spielt.

Ein Nachteil von Tests, die bis zum Server oder gar bis zu einer Datenbank reichen, ist, dass diese Art von Tests relativ lange dauern. Der Grund für die längere Laufzeit der Tests liegt an der Tatsache, dass Sie zunächst eine Verbindung mit dem Server aufbauen müssen, der Server seine Aufgabe erfüllen muss und schließlich seine Antwort an den Client zurückschickt, wo sie dann verarbeitet wird. Diese Antwort kann durchaus schnell erfolgen, kann aber auch schwanken, je nachdem, ob es im Netzwerk zu Verzögerungen kommt oder der Server wegen hoher Auslastung erst verspätet antworten kann.

Lange Laufzeit

In der Regel soll ein Unit-Test nur aus einem bestimmten Grund fehlschlagen. Prüfen Sie allerdings Logik, bei der ein Server involviert ist, kann ein Test fehlschlagen, weil Ihre Applikationslogik fehlerhaft ist, aber auch weil der Server falsch oder nicht rechtzeitig geantwortet hat. Ist Ihr Server also nicht zuverlässig, sind es Ihre Tests ebenfalls nicht.

Ein weiterer Nachteil ist schließlich, dass Sie für jeden Test die Umgebung vorbereiten müssen, und das nicht nur auf Clientseite im JavaScript, sondern auch serverseitig, was sich teilweise recht aufwendig gestaltet, da Datenbanken zurückgesetzt oder ähnliche Vorbereitungen durchgeführt werden müssen.

Aufwendige Umgebung

Sollen Ihre Tests aussagekräftig werden, müssen Sie dafür sorgen, dass nicht nur positive Fälle abgedeckt sind, sondern auch Ausnahmefälle geprüft werden. Eine recht einfache Situation ist eine fehlerhafte Antwort des Servers. Sie lässt sich noch einigermaßen gut abdecken. Schwieriger wird der Fall, wenn es darum geht, Time-outs oder andere Probleme nachzustellen, die nicht direkt durch die serverseitige Logik abgedeckt werden können. Hier müssen Sie entweder Ihren Server entsprechend präparieren, damit er für einen bestimmten Testfall passend reagiert, oder Sie gehen einen anderen Weg, den Sie schon bei den zeitabhängigen Tests kennengelernt haben.

7.3.2   Tests mit Abhängigkeit vom Server

Die Lösung für Tests, die auch eine Serverkomponente benötigen, erscheint recht einfach: Sie lassen die Serverseite weg und testen lediglich clientseitig. Im folgenden Beispiel senden Sie über die ajax-Funktion von jQuery eine Suchanfrage an Ihren Server. Dieser soll mit einem Array von Treffern antworten. Ihre Funktion soll die Einträge in eine Liste einfügen. Der erste Test soll prüfen, ob die Liste insgesamt fünf Einträge enthält. Den Quellcode für diesen Test finden Sie in Listing 7–18.

Listing 7–18
Test mit Abhängigkeit
vom Server

```
it('should fetch the data and build the list with 5 items',
function() {
    $('body').append('<ul id="itemList"></ul>');
    fetchAndInsert();
    expect($('#itemList li').length).toEqual(5);
    $('#itemList').remove();
});
```

In diesem Test bereiten Sie zunächst die Umgebung vor, indem Sie mit jQuery das Listen-Element generieren, in das später die einzelnen Datensätze eingefügt werden sollen. Im Anschluss daran rufen Sie die Funktion fetchAndInsert auf, die sich die Einträge vom Server holen und die Informationen in die Liste einfügen soll. Danach prüfen Sie, ob die Liste insgesamt fünf Einträge aufweist, und entfernen das Listen-Element wieder. Im nächsten Schritt steht nun die Implementierung der fetchAndInsert-Funktion wie in Listing 7–19 an.

Listing 7–19
Implementierung der
Serverabfrage

```
function fetchAndInsert() {
    $.ajax({url: '/url/on/server'}).done(function(data) {
        var ul = $('#itemList');
        data.data.forEach(function(item) {
            var li = $('<li>' + item + '</li>');
            ul.append(li);
        });
    });
};
```

Wie bereits angekündigt, greifen Sie in der fetchAndInsert-Funktion auf die ajax-Funktion von jQuery zurück und fügen die Daten der Antwort in die Liste ein. Führen Sie den Test erneut aus, schlägt dieser trotz Implementierung noch fehl, da Sie im Normalfall keinen Server betreiben, der auf Anfrage der angegebenen URL mit einem JSON-Array mit fünf Elementen antwortet. Und auch wenn das der Fall sein sollte, ist der Test in den seltensten Fällen erfolgreich, weil der Test schneller durchläuft als der Server antworten kann und die Elemente in die Liste eingefügt werden können. Die Lösung dieses Problems ist jedoch relativ einfach. Sie ersetzen die ajax-Funktion von jQuery durch Ihre eigene Implementierung. Listing 7–20 enthält den Quellcode, den Sie an den Beginn des Tests aus Listing 7–18 einfügen müssen.

```
$.ajax = function () {
    return {
        done: function (cb) {
            cb({"data":["a","b","c","d","e"]});
        }
    };
};
```

Listing 7–20
Überschreiben von
jQuery-ajax

Mit dieser Implementierung ist Ihr Test nicht weiter von einem Server abhängig. Durch die Tatsache, dass der Callback sofort aufgerufen wird, laufen Sie auch nicht Gefahr, mit Asynchronität in Ihrem Test umgehen zu müssen. Die Nachteile dieser Implementierung liegen jedoch auf der Hand. Zunächst ist dieser Quellcode nicht besonders leserlich und aus diesem Grund recht fehleranfällig. Außerdem müssen Sie jedes Mal, wenn Sie eine bestimmte Antwort vom Server erhalten möchten, relativ viel schreiben. Glücklicherweise ist diese Problemstellung nicht so exotisch, als dass nicht schon jemand eine praktikable Lösung dafür entwickelt hätte.

7.3.3   Einsatz von Fake-Servern

Wie so oft in JavaScript, gibt es auch bei den Fake-Servern mehr als eine Implementierung. In Jasmine kommt sie beispielsweise unter dem Namen ajax.js als separates Plug-in. Bei Sinon.js sind die Fake-Server hingegen fester Bestandteil der Bibliothek.

Im Zuge dieses Kapitels erfahren Sie mehr über die Implementierung der Fake-Server von Sinon.js. Die Umsetzung von Jasmine ist jedoch ähnlich.

Sinon.js

Der Grundgedanke von Fake-Servern ist es, die Schnittstelle zum Server durch vorprogrammiertes Verhalten zu ersetzen. Das bedeutet, dass Sie in Ihrem Test angeben können, wie der Server im Test reagieren soll, ohne dass die Anfrage Ihren Browser verlässt. Zu diesem Zweck wird das XMLHttpRequest-Objekt ersetzt.

Sinon.js verfügt über zwei Ebenen der Implementierung. Die erste Ebene betrifft das XMLHttpRequest-Objekt direkt. Die zweite Ebene abstrahiert einen kompletten Server und bietet Ihnen eine komfortablere Schnittstelle, über die Sie sämtliche Anfragen an einen Server abdecken können.

Zunächst erfahren Sie jedoch mehr über die erste Ebene. Zu diesem Zweck müssen Sie Ihren Test etwas anpassen. Die neue Implementierung des Tests finden Sie in Listing 7–21.

Listing 7–21
Fake-XMLHttpRequest
von Sinon.js

```
it('should fetch the data and build the list with 5 items',
function() {
    var xhr = sinon.useFakeXMLHttpRequest();
    var requests = [];

    xhr.onCreate = function (xhr) {
        requests.push(xhr);
    };

    $('body').append('<ul id="itemList"></ul>');
    fetchAndInsert();

    requests[0].respond(200, { "Content-Type": "application/json" },
        '{"data":["a","b","c","d","e"]}');

    expect($('#itemList li').length).toEqual(5);
    $('#itemList').remove();
    xhr.restore();
});
```

Der Aufruf der Funktion useFakeXMLHttpRequest sorgt dafür, dass keine Anfragen mehr an den Server gesendet, sondern vorher abgefangen werden. Mit der Eigenschaft onCreate auf dem Rückgabewert dieser Funktion können Sie bestimmen, was mit den abgefangenen Anfragen passieren soll. Im Falle dieses Beispiels werden die Anfragen in einem Array gesammelt, damit Sie zu einem späteren Zeitpunkt damit weiterarbeiten können. Danach generieren Sie das Listen-Element und rufen die fetchAndInsert-Funktion auf. Dies führt dazu, dass im Hintergrund ein Request-Objekt generiert und in das requests-Array eingefügt wird. Auf diesem Objekt können Sie dann die respond-Methode aufrufen. Diese erhält zuerst den Response-Code, danach Headerinformationen wie den Content-Type und schließlich den Response Body. Mit diesem Funktionsaufruf ist die Anfrage beantwortet und die Ajax-Callback-Funktion in der fetchAndInsert-Funktion wird ausgeführt. Danach können Sie wie gewohnt auf das Resultat der Funktion prüfen. Am Ende des Tests steht natürlich auch noch das Aufräumen der Umgebung, da einer der Grundsätze von Unit-Tests besagt, dass jeder Test den Browser wieder sauber hinterlassen soll. Das Listen-Element entfernen Sie mit der remove-Methode von jQuery und den XMLHttpRequest können Sie mit der restore-Methode zurücksetzen.

Der Nachteil der Fake-XMLHttpRequest-Methode ist, dass Sie jeden Request als Objekt und nach der Reihe des Auftretens behandeln. Komfortabler ist hier der wirkliche Fake-Server von Sinon.js. Listing 7–22 enthält den hierfür angepassten Quellcode.

```
it('should fetch the data and build the list with 5 items',
function() {
    var server = sinon.fakeServer.create();

    server.respondWith("GET", "/url/on/server",
        [200, { "Content-Type": "application/json" },
            '{"data":["a","b","c","d","e"]}']);

    $('body').append('<ul id="itemList"></ul>');
    fetchAndInsert();

    server.respond();

    expect($('#itemList li').length).toEqual(5);
    $('#itemList').remove();
    server.restore();
});
```

Listing 7–22
Fake-Server von Sinon.js

Der Kern des Fake-Servers ist die respondWith-Methode. Sie akzeptiert ein bis drei Argumente. Geben Sie lediglich ein Argument an, wird dieses als Antwort für sämtliche Anfragen ausgeliefert. Falls Sie zwei Argumente angeben, ist das erste die URL, die angefragt wird, und das zweite die entsprechende Antwort. Als erstes von drei Argumenten können Sie die HTTP-Methode, wie in Listing 7–22 zu sehen ist, angeben. Mit der respondWith-Methode alleine funktioniert der Fake-Server noch nicht und antwortet auch noch nicht auf Anfragen. Erst mit der respond-Methode wird die Antwort an den Client geschickt. Mit dieser Umsetzung sind Sie dann in der Lage, die gewohnte Prüfung durchzuführen und schließlich aufzuräumen.

In diesem Abschnitt haben Sie gesehen, wie Sie sich von Abhängigkeiten vom Server lösen und Ihre Tests damit schneller und zuverlässiger machen können.

7.4   Zusammenfassung

Dieses Kapitel beschäftigte sich mit Problemstellungen, mit denen Sie bei der Entwicklung von JavaScript-Applikationen häufig konfrontiert werden. Zunächst haben Sie gesehen, dass Sie moderne Testframeworks im Umgang mit den Tests asynchroner Funktionen unterstützen. In einigen Situationen ist es allerdings auch erstrebenswert, dass sich asynchrone Funktionen ähnlich wie ihre synchronen Gegenstücke verhalten und die jeweilige Aktion ohne weitere Zeitverzögerung ausgeführt wird. Konkret haben Sie gesehen, wie Sie zeitabhängige Tests so schreiben können, dass Sie zwar alle Zeit- und Datumsfunktionen von JavaScript verwenden können, aber ohne den Nachteil der langen Laufzeit. Den Abschluss dieses Kapitels bildete schließlich ein Überblick über den Umgang mit Abhängigkeiten vom Server und wie Sie sich von diesen Abhängigkeiten lösen und damit kein Backend für Ihre Tests benötigen.

Bisher haben Sie viel über die Vorgehensweisen und Technologien der testgetriebenen Entwicklung in JavaScript erfahren. Doch das größte Problem, das viele JavaScript-Programmierer – sowohl Einsteiger als auch erfahrene Entwickler – mit der testgetriebenen Entwicklung haben, ist der Beginn des Prozesses. Im nächsten Kapitel erfahren Sie deshalb, wie Sie bei der testgetriebenen Entwicklung vorgehen müssen und wie Sie diesen Prozess auch in bereits existierende Applikationen integrieren können.

8 Tests in neuen und in bestehenden Applikationen

In den vorangegangenen Kapiteln haben Sie neben den Grundlagen der testgetriebenen Entwicklung auch Methoden und Hilfsmittel kennengelernt, die Ihnen die Arbeit bei der testgetriebenen Entwicklung von JavaScript-Applikationen erheblich erleichtern bzw. das Testen bestimmter Teile Ihrer Applikationslogik überhaupt erst ermöglichen.

Aber auch die besten Tools und Prozesse dieser Welt helfen Ihnen nichts, wenn Sie nicht wissen, wie Sie sie anwenden müssen. Und genau hier beginnen die Schwierigkeiten. In den seltensten Fällen können Sie mit der Umsetzung einer Code-Kata, bei der die Vorgehensweise klar ist, Ihr Geld verdienen. Stattdessen haben Sie es in der Realität meist mit der Umsetzung von mehr oder weniger umfangreichen Webapplikationen zu tun. Diese Applikationen sind meist nur grob spezifiziert oder die Spezifikationen werden während des Entwicklungsprozesses an veränderte Anforderungen angepasst. Außerdem müssen Sie mit zahlreichen Abhängigkeiten zu anderen Systemen oder zum Benutzer hin umgehen. Doch wo fangen Sie an, wenn Sie Ihre Applikation von Grund auf testgetrieben entwickeln möchten? Schwieriger wird die Situation natürlich noch, wenn Sie an einer bestehenden Applikation arbeiten und beginnen möchten, Tests zu schreiben.

Im Verlauf dieses Kapitels soll auf eben diese Problemstellungen eingegangen werden. Zunächst aber die schlechte Nachricht zu diesem Thema: Es gibt kein Patentrezept, nach dem Sie vorgehen können. Für eine einfache Checkliste, die alle Eventualitäten abdeckt, ist die Bandbreite der möglichen Umsetzungen viel zu breit. Aber (und das ist die gute Nachricht): Es existieren einige Richtlinien und Best Practices, die Ihnen hier weiterhelfen.

8.1   Neue Applikationen

Grüne Wiese   Beginnen Sie mit Ihrem Projekt auf der sogenannten grünen Wiese, also ohne dass bereits Quellcode für die Applikation existiert, haben Sie den entscheidenden Vorteil, dass Sie den Aufbau bestimmen und einige Vorgaben für die Architektur machen können. Doch bevor Sie an die Entwicklung Ihrer Applikation gehen können, ist einiges an Konzeptarbeit erforderlich.

Einer der Vorteile der testgetriebenen Entwicklung ist, dass Sie das Problem, das Sie mit einer Applikation lösen möchten, verstanden haben müssen. Das bedeutet, Sie müssen sich zunächst mit der Problemdomäne auseinandersetzen. Haben Sie einen groben Überblick, was Ihre Applikation leisten soll, können Sie in die Detailplanung gehen. Keine Sorge, Sie benötigen keine vollständigen Lasten- und Pflichtenhefte, um testgetrieben entwickeln zu können. Vielmehr arbeitet die testgetriebene Entwicklung hervorragend mit den Methoden der agilen Entwicklung zusammen und ist auch teilweise Bestandteil dieser, wie im Beispiel von Extreme Programming.

Big Picture   Wichtig ist zunächst auch nur das Big Picture, damit die einzelnen Elemente der Applikation einer gemeinsamen Richtung folgen, die es zu einem späteren Zeitpunkt ermöglicht, alle Komponenten zu einer funktionsfähigen Applikation zu integrieren. Auch wenn Sie jetzt schon einen Überblick über den Projektumfang haben sollten, können Sie nicht einfach beginnen, einen Test zu schreiben. Zunächst müssen Sie noch das passende Werkzeug auswählen.

8.2   Auswahl der Technologien

Je nachdem, was Ihre Applikation leisten soll, müssen Sie jetzt dazu übergehen, Entscheidungen bezüglich der verwendeten Technologien, Frameworks und Bibliotheken zu treffen. Diese Entscheidungen zu Beginn eines Projekts sind meist schwerwiegend und können später nur mit größerem Aufwand wieder korrigiert werden. Tauschen Sie beispielsweise das Testframework aus und verwenden statt QUnit dann Jasmine, haben Sie eine Reihe von Fragen zu beantworten. Was geschieht mit den bestehenden Tests? Bleiben diese wie bisher unverändert oder portieren Sie die Tests auf das neue Framework?

Sollten Sie sich dazu entscheiden, zwei Frameworks zu behalten, führt dies zu der Schwierigkeit, dass Sie stets zwei Frameworks aktuell halten und zwei verschiedene Vorgehensweisen verwenden müssen. Portieren Sie die bestehenden Tests in ein anderes Framework, ist dies grundsätzlich ein fehleranfälliger Prozess, was unnötige Risiken für Ihre Applikation bedeutet.

Fragen, die Sie bei der Auswahl des richtigen Frameworks klären sollten, sind beispielsweise, ob Sie eine Single-Page-Applikation benötigen oder ob Ihre Applikation aus mehreren Seiten bestehen soll, zwischen denen mit Hyperlinks navigiert werden kann. Soll Ihre Applikation auf JavaScript aufbauen oder soll die Applikation auch ohne JavaScript funktionsfähig sein? Auch die Kommunikation mit Ihrem Backend sollten Sie in die Überlegungen für die Auswahl eines passenden Frameworks miteinbeziehen.

Grundlegende Entscheidungen zur Struktur der Applikation

Mittlerweile gibt es zahlreiche Frameworks und Bibliotheken, die Sie in Ihre Applikation einbinden können. In den seltensten Fällen wird es notwendig sein, ein eigenes Framework zu schreiben. Die Spanne der Werkzeuge reicht von kleinen Bibliotheken, die Ihnen Hilfsfunktionen bieten, wie beispielsweise Underscore.js, über mächtigere Bibliotheken wie jQuery und kleinere Frameworks wie Backbone.js oder Angular.js bis hin zu umfangreichen Applikations-Frameworks wie ExtJS. Beachten Sie, dass es meist nicht bei einem Framework oder einer Bibliothek bleibt. Oftmals benötigen Sie für spezielle Aufgaben wie beispielsweise die Visualisierung von Werten weitere Hilfsmittel.

Auch die Frage nach der Verbreitung der verwendeten Software und deren Zukunftssicherheit ist bei der Auswahl relevant. Steht hinter dem Framework eine aktive Community oder gar ein Unternehmen, das selbst Interesse an der Weiterentwicklung der Lösung hat? Um diese Frage zu beantworten, hilft nur Recherche.

Abhängig von den gewählten Technologien und Frameworks können Sie dann festlegen, welches Testframework Sie für Ihre Applikation verwenden möchten. Viele große Frameworks liefern bereits Testframeworks mit aus, die speziell auf den Funktionsumfang und die Architektur angepasst sind. Erstellen Sie eine Applikation, in der Sie sehr stark auf jQuery-Plug-ins setzen und diese auch selbst entwickeln, sollten Sie QUnit als Testframework in Betracht ziehen. ExtJS beispielsweise baut auf Sinatra, um seine Funktionalität abzusichern. Dieses Framework eignet sich hervorragend, wenn Sie auf Basis von ExtJS eine Applikation erstellen. Natürlich können Sie auch auf unabhängige Frameworks wie beispielsweise Jasmine setzen.

Auswahl des Testframeworks

Das Finden der passenden Werkzeuge und Technologien ist ein recht komplexer Prozess und bei größeren Applikationen eine Aufgabe, die nicht von einer einzelnen Person gelöst werden kann und sollte. Aber auch für diese Situation gibt es zahlreiche Werkzeuge, die Ihnen die Entscheidung zumindest etwas erleichtern können. Die Delegation der Entscheidung von einer Person in das Entwicklerteam ist eine Möglichkeit. Eine weitere Variante ist der Einsatz der sogenannten Decision Matrix.

Decision Matrix   Bei diesem Verfahren werden die verschiedenen Lösungsoptionen gegeneinander gestellt und hinsichtlich verschiedener Kriterien bewertet. Die Bewertung erfolgt meist auf einer Skala von -- für sehr ungeeignet über 0, was neutral bedeutet, bis hin zu ++, was für sehr gut geeignet steht. Am Ende werden die Werte jeder Lösungsoption addiert. Die Lösung mit den meisten Punkten ist die erstrebenswerteste. Bei der Verwendung dieses Werkzeugs sollten Sie beachten, dass die Decision Matrix nicht die Lösung, sondern nur einen Hinweis auf eine mögliche Lösung bietet. Sie müssen den vorgeschlagenen Lösungsweg nicht einschlagen, wenn gute Gründe dagegen sprechen. Eine Methode, um die Ergebnisse der Decision Matrix weiter zu verbessern, ist die Gewichtung der einzelnen Kriterien. Das bedeutet, dass Kriterien, die Ihnen wichtiger erscheinen, auch mehr wiegen (also mehr Punkte erhalten) als andere.

Haben Sie sich sowohl bei der Architektur als auch bei den eingesetzten Technologien festgelegt, können Sie im nächsten Schritt dazu übergehen, die Basis Ihrer Applikation aufzusetzen.

8.3   Setup der Umgebung

Testaufwand   Unit-Tests und die testgetriebene Entwicklung bringen Entwicklern Sicherheit und ein gutes Gefühl bei der Implementierung von Funktionalität und vor allem bei Refactorings. Dieses Vorgehen bedeutet allerdings auch Aufwand, und überall, wo Aufwand entsteht, gibt es auch Bestrebungen, diesen zu vermeiden – was im schlimmsten Fall dazu führt, dass nicht mehr getestet wird. Das heißt also im Umkehrschluss, dass die Erstellung von Tests so wenig unnötigen Aufwand wie möglich erzeugen sollte. Die Arbeitsumgebung eines Entwicklers sollte ihn bei der Erstellung und der Ausführung der Tests unterstützen. Im Idealfall werden Tests entweder vollautomatisch oder per Tastenkombination ausgeführt. Aber nicht nur die Ausführung sollte problemlos sein, auch die Erstellung muss mit wenig Aufwand verbunden sein. Ist das Verhältnis zwischen dem Aufwand der Testerstellung und dem Nutzen, den das Feature für die Applikation und den Kunden bedeutet, zu Ungunsten des Tests, müssen Sie sich früher oder später die Frage gefallen lassen, ob sich die Tests lohnen. Aus diesem Grund sollten Sie dafür sorgen, dass die Architektur Ihrer Applikation die Erstellung von Tests unterstützt, der Quellcode also gut testbar ist. Auf der Ebene der kleinsten Einheiten, der Funktionen, erreichen Sie dies automatisch durch testgetriebene Entwicklung. Aber auch bei der Integration der Einheiten sollten Sie die Testbarkeit beachten.

Ein Aspekt, der bei der Erstellung von Tests häufig zu hohem Auf- *Einsatz von Test Doubles*
wand führt, ist die Erstellung von Stubs und Mocks. Setzen Sie nicht
nur eine Ebene von Stubs und Mocks, sondern mehrschichtige Implementierungen ein, dann kann es sehr schnell aufwendig werden, diese
Abhängigkeiten im Test aufzulösen. Bei der Konzeption Ihrer Applikation sollten Sie also auch diese Problemstellung beachten.

Beim Setup der Umgebung ist es immer hilfreich, wenn Sie eine
kurze Entwicklerdokumentation erstellen, die beschreibt, wie Tests
aufzubauen sind und welche Konventionen es einzuhalten gilt, und die
eine Aufzählungen von Best Practices enthält, die helfen, Fehler zu vermeiden. Vor allem Entwickler, die neu zum Projektteam stoßen, werden es Ihnen danken.

Grundsätzlich sind Entwickler faule Menschen, wenn es um die
Durchführung von sich regelmäßig wiederholenden Aufgaben geht.
Und das aus gutem Grund. Die Zeit eines Programmierers ist viel zu
wertvoll, um sie mit Standardaufgaben zu vergeuden, die sich in den
meisten Fällen auch sinnvoll automatisieren lassen. Während des
gesamten Entwicklungsprozesses sollten Sie die Augen offen halten
nach Situationen, in denen Sie Aufgaben an Systeme auslagern können, die diese für Sie übernehmen.

Parallel zum Setup können Sie sich um die Vorbereitung der eigentlichen Arbeit, nämlich um das Sammeln und Aufbereiten von Daten,
kümmern.

8.3.1   Konzeption und Anforderungen

Die Erstellung eines guten Unit-Tests beginnt viel früher, als Sie wahr- *Probleme verstehen und*
scheinlich erwarten, und zwar nicht mit der ersten Zeile Quellcode *aufteilen*
und der Definition einer Funktion. Die eigentliche Arbeit liegt im Verstehen der Aufgabe, dem Aufteilen von umfangreichen Problemstellungen in kleinere und leichter zu lösende Probleme und nicht zuletzt
in der Konzeption der Tests.

Bei der Entwicklung von Anwendungen mit JavaScript gilt der
gleiche Grundsatz wie für andere Programmiersprachen. Entwickler
müssen stets über ein gewisses Maß an Domänenwissen verfügen, um
eine Applikation optimal umsetzen zu können. Bevor Sie sich also daranmachen und einen Test schreiben, müssen Sie dafür sorgen, dass Sie
auch das zu lösende Problem verstanden haben. Ohne dieses Wissen
fällt es meistens schwer, einen sinnvollen Test zu formulieren. Haben
Sie hingegen den Teil der Problemstellung verstanden, den Sie gerade
lösen möchten, wird Ihr Test ganz anders aussehen und kann damit
auch zur Dokumentation der Software eingesetzt werden.

Erhalten Sie eine Aufgabenstellung, sollten Sie im ersten Schritt dazu übergehen, das Problem in kleinere Teilprobleme zu unterteilen. Sie müssen dabei nicht die komplette Applikation am Anfang schon detailliert ausspezifizieren und für die Entwicklung vorbereiten. Es reicht, wenn Sie einen groben Plan für die Umsetzung haben und die Features, die weiter in der Zukunft implementiert werden sollen, erst zu einem späteren Zeitpunkt genauer analysieren und planen.

Grundsätzlich können Sie davon ausgehen, dass Sie umso weniger Aufwand haben, je besser Ihre Anforderungen spezifiziert sind.

8.3.2   Erste Tests

Die ersten Tests in Ihrer neuen Applikation sind gewissermaßen die Pioniere für die weitere Entwicklung. Als Programmierer tragen Sie hier einige Verantwortung. An dieser Schlüsselstelle setzen Sie die Weichen für die weitere Entwicklung. Tests, die später entwickelt werden, nehmen sich in den meisten Fällen die bereits existierenden Tests zum Vorbild.

Konventionen   Da Sie bei den ersten Tests innerhalb Ihrer Applikation auch ein Stück weit die Konventionen im Projekt beeinflussen beziehungsweise definieren, sollten die ersten Tests einen gewissen Beispielcharakter haben. Das bedeutet, Sie sollten möglichst repräsentative Problemstellungen auswählen, sodass die Fragen und Unklarheiten für den weiteren Entwicklungsprozess bereits zu Beginn der Entwicklung diskutiert und festgelegt werden können.

Versuchen Sie bei den ersten Tests nicht einen kompletten Systemtest zu formulieren, sondern stattdessen das Problem bottom-up zu lösen, also möglichst keine definierten Schritte, die schließlich in ihrer Gesamtheit die Problemlösung darstellen. Versuchen Sie mit dem ersten Test zu viel abzudecken, müssen Sie entweder viel Quellcode schreiben, um den Test erfolgreich ablaufen zu lassen, oder der Test hat so wenig Aussagekraft, dass Sie ihn sich von vornherein sparen können.

Ansonsten gilt für das Vorgehen bei der Erstellung von Tests für neue Applikationen alles, was Sie bisher in diesem Buch gelesen haben. Achten Sie darauf, dass Sie die Tests gut verständlich schreiben und sie damit leicht zu lesen sind. Ein Test sollte außerdem nur einen Aspekt testen und auch nur wegen dieses einen Aspekts fehlschlagen können. Lösen Sie Abhängigkeiten, die den Test nicht direkt betreffen, über Stubs oder Mocks auf.

8.3.3 Weiteres Vorgehen nach dem ersten Test

Eine Applikation besteht nicht nur aus einzelnen voneinander unabhängigen Funktionen, und so sind auch Unit-Tests nur die halbe Miete. Irgendwann kommt der Zeitpunkt, an dem Sie die einzelnen Einheiten Ihrer Software integrieren müssen. Zu diesem Zeitpunkt bewegen Sie sich zunehmend von reinen Unit-Tests weg und hin zu den sogenannten Integrationstests.

In diesem Prozess fassen Sie Schritt für Schritt immer mehr Einheiten Ihrer Software zu Komponenten und schließlich zu einer gesamten lauffähigen Applikation zusammen. In jedem Schritt dieser Integration werden die einzelnen Tests, die Sie erstellen, umfangreicher und binden mehr Komponenten ein.

In den ersten Stufen der Integration können Sie noch auf das gewohnte Vorgehen zurückgreifen und Stubs und Mocks zur Auflösung von Abhängigkeiten einsetzen. Ab einem bestimmten Punkt müssen Sie jedoch auch bestimmte Abhängigkeiten einbinden.

Abb. 8–1

Testpyramide

In Abbildung 8–1 sehen Sie die sogenannte Testpyramide. Diese verdeutlicht den Zusammenhang zwischen den einzelnen Teststufen. Unit-Tests sind dabei die vergleichsweise günstigste Stufe. Sie konzentrieren sich lediglich auf einen bestimmten Aspekt der Software, sind relativ günstig, was den Ressourcenbedarf angeht, und laufen schnell. Die nächsten Stufen werden zunehmend ressourcenintensiver und damit teurer. Wo Sie bei den Unit-Tests noch alle denkbaren Fälle abschern können, sollten Sie sich bei den Integrationstests genauer überlegen, welche Testfälle Sie wirklich abdecken möchten und was Ihnen bereits von den Unit-Tests abgenommen wird.

Sie haben gesehen, dass eine Applikation, die Sie von Grund auf neu erstellen, im weitesten Sinne eine heile Welt mit großem Gestaltungsfreiraum darstellt. Es existieren zwar trotz allem noch Herausforderungen, die es zu meistern gilt, alles in allem befinden Sie sich dennoch in einer recht bequemen Situation. Anders ist die Situation bei bestehenden Applikationen, bei denen Sie nach dem Beginn der Entwicklung erst mit der testgetriebenen Entwicklung oder mit der Erstellung von Tests überhaupt beginnen.

Der Rest dieses Kapitels widmet sich nun dieser Problemstellung und soll Ihnen zeigen, welche Strategien Sie verfolgen können, um trotz gewachsener Strukturen testgetrieben vorgehen zu können.

8.4   Bestandscode

Im Idealfall wird bereits zu Projektbeginn mit der testgetriebenen Entwicklung begonnen. So perfekt ist die reale Welt leider oft nicht. Häufig muss die Entwicklung einer Anwendung schnell gehen. Deshalb werden vermeintliche Störfaktoren wie Dokumentation und Qualitätssicherung und hier insbesondere die Unit-Tests und damit auch die testgetriebene Entwicklung weggelassen.

Technische Schulden Für das Projekt bedeutet das nichts anderes, als dass mehr oder weniger bewusst »technische Schulden« aufgebaut werden, die früher oder später zurückgezahlt werden müssen. Technische Schulden bezeichnen suboptimale Lösungen, die zu einem späteren Zeitpunkt durch erhöhten Aufwand korrigiert werden müssen. Dabei ist die Form der Rückzahlung keineswegs immer offensichtlich. Bei Unit-Tests können Sie diese beispielsweise zu einem späteren Zeitpunkt implementieren und die technischen Schulden so gezielt mit Arbeitsaufwand abbauen. Eine um einiges unschönere Variante der Rückzahlung ist das Auffinden und Lösen von Problemen, die auftreten, weil keine Tests durchgeführt wurden, und die so die Wartungskosten erhöhen.

Zu welchem Zeitpunkt im Lebenszyklus einer Applikation technische Schulden auf- und wieder abgebaut werden und wie das vor sich geht, bleibt nicht zuletzt dem Projektteam überlassen, zu dem im weitesten Sinne auch das Projektmanagement gehört. Dieses Team sollte sich jedoch im Klaren sein, dass Tests, die zu einem späteren Zeitpunkt nachgezogen werden, immer teurer sind, als wenn die gleichen Tests während des eigentlichen Entwicklungsprozesses des betroffenen Features erstellt worden wären.

Doch solche Situationen kommen vor und manchmal kann dies auch nicht vermieden werden, wenn beispielsweise der Betrieb und die Weiterentwicklung einer bestehenden Applikation übernommen werden. Man muss sich also in bestimmten Situationen damit abfinden, dass es für eine Applikation keine oder zu wenige Unit-Tests gibt, und sich dann darauf konzentrieren, das Beste aus dieser Situation zu machen. Zunächst sollten Sie sich vor Augen führen, was testgetriebene Entwicklung im Bestandscode überhaupt heißt.

8.4.1 Testgetriebene Entwicklung im Bestandscode

Haben Sie eine bereits existierende Applikation, sollten Sie nicht versuchen, der Reihe nach Tests für existierende Funktionen nachzuziehen. Diese Vorgehensweise ist unverhältnismäßig teuer und in den seltensten Fällen zielführend. Wenn es Ihnen darum geht, eine Grundabsicherung für Ihre Applikation herzustellen, sollten Sie gezielt die Kernfunktionalität Ihrer Applikation durch Tests abdecken. Dies hat jedoch nichts mit testgetriebener Entwicklung zu tun, sondern stellt lediglich eine Form von Risikomanagement dar und soll aus diesem Grund hier *Risikomanagement* auch nicht weiter behandelt werden.

Testgetriebene Entwicklung bedeutet im Kern, dass Sie einen Test formulieren und anhand dieses Tests Funktionalität erstellen. Schreiben Sie für bestehende Funktionalität Tests, schlagen diese in der Regel nicht fehl, sodass diese Tests keine neue Erkenntnis im Entwicklungsprozess bringen. Testgetriebene Entwicklung findet also nur dann statt, wenn Sie Funktionalität ändern oder neu entwickeln. Und genau diese Problemstellungen werden im Folgenden genauer betrachtet.

8.4.2 Problemstellungen im Bestandscode

Bevor Sie nun beginnen, Tests zu schreiben, sollten Sie die wichtigsten Stolpersteine kennen, die auf dem Weg der testgetriebenen Entwicklung im Bestandscode liegen.

Sie müssen sich immer vor Augen halten, dass jeder Quellcode, mit dem Sie zu tun haben, im Regelfall nicht entwickelt wurde, um testgetriebene Entwicklung zu ermöglichen oder zu unterstützen. Konzepte wie Dependency Injection oder einfache Funktionen, die lediglich einen Zweck erfüllen und über ein überschaubares Maß an Komplexität verfügen, suchen Sie meist vergebens. Das bedeutet, dass Sie sich in den meisten Fällen erst eine Umgebung schaffen müssen, in der Sie anfangen können zu testen, was meist mit der Auflösung von Abhän- *Abhängigkeiten* gigkeiten beginnt.

Häufig ist auch nicht klar, wo Sie mit der testgetriebenen Entwicklung beginnen sollen, da, egal wo Sie ansetzen, Hindernisse lauern, um die Sie sich zuerst kümmern müssen.

Oft gibt es auch keine Testszenarien, auf denen Sie aufsetzen kön- *Dokumentation* nen. Ganz zu schweigen von einer Dokumentation von Ausnahmen und Sonderfällen. Meist ist das Wissen über derartige Konstrukte nur im Quellcode und in den Köpfen der am Projekt beteiligten Personen vorhanden, was häufig ein Reverse Engineering bestimmter Teile des Quellcodes erforderlich macht.

Die gute Nachricht ist, dass es für all diese Problemstellungen auch etablierte Lösungen gibt.

8.4.3   Umgebung in bestehenden Applikationen

Mehr noch als bei neuen Applikationen, bei denen Sie bereits zu Beginn mit testgetriebener Entwicklung anfangen, ist die Entwicklungs- und Testumgebung bei bestehenden Applikationen ohne Tests umso entscheidender. Sie muss Sie bei dieser schwierigen und oft frustrierenden Aufgabe unterstützen und soll Ihnen zahlreiche Aufgaben abnehmen und keinesfalls mehr Arbeit machen.

Eine solch unterstützende Umgebung besteht zunächst aus einer Beschreibung von Workflows, wie mit häufig auftretenden Problemen umgegangen werden muss. So ist eine Sammlung von häufig benötigten Mock-Objekten ein Beispiel für eine unterstützende Umgebung. Ein weiteres Beispiel sind Templates für Testfälle. Sie müssen sich so weniger Gedanken über die Definition von Tests machen, sondern können auf eine Bibliothek von Beispielen zurückgreifen.

Entwicklungsumgebung   Auch das Aufsetzen einer funktionierenden Testumgebung sollte vor dem Beginn der eigentlichen Entwicklung stehen. Das bedeutet, dass Sie einmal im Team in einer konzentrierten Aktion bei jedem Entwickler die Entwicklungsumgebung so einrichten sollten, dass die Erstellung und Ausführung der Tests problemlos möglich ist.

Neben dieser rein technischen Sichtweise sollten Sie auch dafür sorgen, dass das erforderliche Know-how für die testgetriebene Entwicklung auf alle Entwickler verteilt ist. Je mehr Wissen bei den Entwicklern vorhanden ist, desto geringer sind die Widerstände und Hürden bei der Einführung der testgetriebenen Entwicklung.

Um Akzeptanz zu schaffen, empfiehlt sich ein gemeinsamer Workshop aller Entwickler, in dem gemeinsam Tests erstellt werden, Fragen gestellt werden können und gemeinsam nach einer Lösung gesucht werden kann.

8.4.4   Strategien für die Erstellung von Tests

Je nachdem, welches Ziel Sie bei der Einführung der testgetriebenen Entwicklung verfolgen und welche Rahmenbedingungen in Ihrer Applikation vorherrschen, können Sie verschiedene Strategien zur Vorgehensweise wählen.

Grundsätzlich sollten Sie sich entscheiden, ob Sie für den bestehenden Quellcode Tests schreiben möchten oder ob dieser unangetastet bleiben soll. Die folgenden Abschnitte behandeln beide Aspekte, also sowohl den Fall, dass Sie nur neue Features absichern als auch dass Sie bei Operationen im bestehenden Quellcode testgetrieben vorgehen möchten, und zeigen jeweils die Vor- und Nachteile auf.

8.4.5 Testgetriebene Entwicklung neuer Features

Der einfachste Fall, testgetriebene Entwicklung in einer bestehenden Applikation einzuführen, ist, nur neuen Quellcode testgetrieben zu entwickeln. Das hat den positiven Nebeneffekt, dass Sie bestehenden Code nicht modifizieren müssen und trotzdem Schritt für Schritt eine immer bessere Abdeckung Ihres Quellcodes mit Tests erreichen.

Der Nachteil hierbei ist, dass bestehender Quellcode nicht abgesichert wird, außer er wird durch neue Routinen ausgetauscht. Das kann dazu führen, dass der Kern Ihrer Applikation, falls dieser schon recht stabil sein sollte, oder Module, die nicht durch neuen Quellcode ergänzt werden, auch nicht getestet werden.

Bestehender Quellcode

Diese Vorgehensweise eignet sich also primär für Applikationen, die starkem Wandel unterworfen sind und wo die Haltbarkeit von Quellcode nicht allzu lange ist. Der Nachteil, dass der bestehende Quellcode nicht abgesichert wird, kann allerdings bei Applikationen mit einem stabilen Kern, der kaum Änderungen unterworfen ist, genutzt werden. In der Regel ist der Kern der Applikation ab einem bestimmten Zeitpunkt stabil. Wird der Code dann nicht weiter angetastet, bieten hier umfangreiche Tests auch keinen großen Mehrwert. Die Schwierigkeiten beginnen hier erst wieder, wenn der Quellcode umgebaut oder umfassend modernisiert werden soll.

Unabhängig davon, welcher Grund für diese Variante des Einsatzes der testgetriebenen Entwicklung bei Bestandsapplikationen spricht, stehen Sie dennoch vor dem Problem, dass Sie irgendwo mit dem ersten Test beginnen müssen. Und genau diese Hürde ist der Grund, warum häufig in bestehenden Projekten ohne Tests auch keine Tests eingeführt werden.

Für dieses Problem existiert allerdings eine Lösungsstrategie, mit der Sie Tests einführen können, ohne das Gesamtsystem gravierend zu verändern. Das primäre Ziel, das Sie hier verfolgen, ist zunächst die Definition von Schnittstellen. Die einfachste und deutlichste Schnittstelle ist der Übergang vom Client zum Server. Aber auch innerhalb Ihrer Applikation können Sie Schnittstellen definieren, ab denen Sie mit der testgetriebenen Entwicklung beginnen. Klassische Beispiele von Schnittstellen, an denen Sie mit der Konzeption und Entwicklung beginnen sollten, sind Funktionen, Objekte oder Konstruktoren.

Schnittstellen

Im folgenden Abschnitt sehen Sie anhand eines Beispiels, wie Sie konkret mit der testgetriebenen Entwicklung in einer bestehenden Applikation beginnen können.

Beispiel für ein neues Feature in einer bestehenden Applikation

In einer bestehenden Webapplikation, die unter anderem über ein Modul zur Adressverwaltung verfügt, soll eine Liste von Städten und die Anzahl der vorhandenen Adressen in der jeweiligen Stadt ausgegeben werden.

Die Aufgabenstellung besteht aus zwei Teilen. Der erste Teil besteht darin, dass Sie die Adressliste generieren und die Zahlen der zugehörigen Adressen berechnen müssen. Im zweiten Teil sorgen Sie dann dafür, dass die Liste angezeigt wird.

Für die Erstellung der Adressliste müssen Sie von einem Array aus Adressobjekten ausgehen, die jeweils über eine Eigenschaft mit dem Namen city verfügen. Diese Information bildet zugleich die Schnittstelle zum existierenden System.

Der erste Test ist schnell formuliert: Sie haben ein Array mit Objekten, bei denen lediglich die city-Eigenschaft relevant ist, geben diese als Argument in den Konstruktor und rufen auf dem resultierenden Objekt die getList-Methode auf. Den Aufbau des Tests finden Sie in Listing 8–1.

Listing 8–1
Erster Test für getList

```
describe('cityList', function() {
    it('should return an object, if an array is given', function() {
        var addresses = [{
            city: 'München'
        }];

        var expected = {
            'München': 1
        };

        var cityList = new CityList(addresses);
        var list = cityList.getList();
        expect(list).toEqual(expected);
    });
});
```

Führen Sie diesen Test aus, werden Sie durch Ihr Testframework darauf hingewiesen, dass weder der Konstruktor noch die getList-Funktion definiert ist und, falls Sie diese definieren, der Rückgabewert noch nicht korrekt ist. Beheben Sie diese Fehler, erhalten Sie einen Quellcode, der ähnlich aussehen sollte wie das Beispiel in Listing 8–2.

```
function CityList() {};

CityList.prototype.getList = function() {
    return {'München': 1};
};
```

Listing 8–2
*Erste Implementierung
der getList-Methode*

Der erste Test ist grün, was bedeutet, dass Sie sich nun um den nächsten Test kümmern können. Dazu wählen Sie den nächsten logischen Schritt, nämlich zwei Adressen mit verschiedenen Städten. Listing 8–3 enthält den entsprechenden Quellcode.

```
it('should return an object with two properties for two addresses',
function() {
    var addresses = [{city: 'München'}, {city: 'Berlin'}];
    var expected = {'München': 1, 'Berlin': 1};

    var cityList = new CityList(addresses);
    var list = cityList.getList();
    expect(list).toEqual(expected);
});
```

Listing 8–3
*Test für die
getList-Methode
mit zwei Adressen*

Dieser Test schlägt erneut fehl, da Sie bis jetzt lediglich einen Rückgabewert fest definiert haben. Das bedeutet, dass Sie die getList-Methode dynamischer gestalten müssen, indem Sie über das eingegebene Array iterieren müssen. Außerdem müssen Sie den Konstruktor anpassen, wie Sie in Listing 8–4 sehen können.

```
function CityList(addresses) {
    this.addresses = addresses;
};

CityList.prototype.getList = function() {
    var result = {};
    for (var i = 0; i < this.addresses.length; i++) {
        result[this.addresses[i].city] = 1;
    }
    return result;
};
```

Listing 8–4
*Erweiterung der
getList-Methode
zum Umgang mit
mehreren Adressen*

Dieser Quellcode erfüllt beinahe schon die Anforderungen, die in der Aufgabenstellung definiert wurden. Im letzten Schritt müssen Sie nun dafür sorgen, dass auch mehrere gleiche Städte unterstützt werden. Das bedeutet für Sie konkret einen dritten Test mit leicht veränderten Eingangsdaten und einem entsprechend angepassten Ergebnis.

Entwickeln Sie mit der eben gezeigten Variante Ihre Applikation weiter, entsteht immer mehr getesteter Quellcode. Der bestehende Code wird allerdings nicht getestet. Dieses Problem löst sich über die Zeit allerdings meist von selbst. In der Regel wird jede Applikation in bestimmten Zeitintervallen oder in einem kontinuierlichen Prozess modernisiert. Bei gezielten Modernisierungen können Sie die nächste

Variante nutzen, um auch in bestehendem Quellcode eine Testabdeckung zu erreichen.

8.4.6   Testgetriebene Entwicklung bei der Überarbeitung von Quellcode

Bisher haben Sie sich lediglich um komplett neu entstehenden Quellcode gekümmert, also um neue Module, Komponenten oder Funktionen. Diese Art ist recht bequem für einen Entwickler, da er sich keine Gedanken über bestehenden Quellcode und seine Testbarkeit machen muss, sondern lediglich die neue Funktionalität testgetrieben entwickeln muss.

Boyscout Rule   Die Variante, die ich Ihnen jetzt vorstellen möchte, sorgt dafür, dass auch bestehender Quellcode Schritt für Schritt mit Tests stabilisiert wird. Dieses Vorgehen folgt der sogenannten Boyscout Rule, die besagt: Hinterlassen Sie den Quellcode immer etwas besser, als Sie ihn vorgefunden haben. Für die testgetriebene Entwicklung bedeutet das: Hinterlassen Sie ungetesteten Quellcode stets mit Tests.

Die Kehrseite dieser Medaille ist, dass diese Vorgehensweise zwar gut für die Stabilität Ihrer Applikation ist, allerdings schlecht für die Entwicklungsgeschwindigkeit. Der Grund ist recht offensichtlich. Sie müssen zunächst den Quellcode verstehen, den Sie modifizieren. Gut, das müssen Sie bei einer normalen Erweiterung ohne Tests auch. Danach sollten Sie allerdings zunächst einen Test für die bestehende Funktionalität beziehungsweise für die Schnittstelle, die Sie generieren, erstellen. Dieser Test schlägt erwartungsgemäß fehl, da die Schnittstelle noch nicht umgesetzt ist, was dann den nächsten logischen Schritt darstellt. Nachdem Sie eine Umgebung geschaffen haben, in der Sie den eigentlichen Fehler beheben oder den Umbau starten können, schreiben Sie den nächsten Test. Ab diesem Zeitpunkt befinden Sie sich im gewohnten Red-Green-Refactor Cycle und können alle Konzepte und Werkzeuge einsetzen, die Sie bisher kennengelernt haben.

Als konkretes Beispiel für das Testen von Bestandscode dient eine Funktion aus einer Implementierung des Browserspiels Snake. Die Funktion soll die Bedingungen für den Spielabbruch prüfen. Listing 8–5 stellt Ihnen den Quellcode vor, der getestet werden soll.

```
Player.prototype.gameOver = function() {
    var head = this.snake[0];

    if (head.x < 0 || head.x > this.board.width -1 ||
        head.y < 0 || head.y > this.board.height -1) {
        throw new Error('Out of bounds');
    }

    var currentEl;
    for (var i = 1; i < this.snake.length; i++) {
        currentEl = this.snake[i];
        if (head.x === currentEl.x && head.y === currentEl.y) {
            throw new Error('Snake ate itself');
        }
    }
};
```

Listing 8–5
GameOver-Funktion

Das Spiel soll durch eine Exception beendet werden, wenn das erste Element das Spielfeld verlässt oder das erste Element der Schlange auf ein anderes Element der Schlange trifft. Die gameOver-Funktion wird bei jeder Bewegung der Schlange aufgerufen. Wirft diese eine Funktion eine Exception, wird das Spiel beendet und der Benutzer darüber informiert.

Absicherung des Bestandscodes

Bevor Sie an das Umbauen des Quellcodes gehen, müssen Sie zunächst sicherstellen, dass die Funktion auch wirklich das tut, was Sie von ihr erwarten. Sie schreiben also einige Tests, die die Rahmenparameter der Funktion absichern.

Im Vorfeld müssen Sie natürlich Ihre Testumgebung konfigurieren. Auf die Konfiguration von Jasmine und Karma gehe ich an dieser Stelle nicht näher ein, da dieser Prozess schon häufiger in diesem Buch Schritt für Schritt behandelt wurde.

Zunächst schreiben Sie einen Test, der den positiven Fall abdeckt, bei dem der Funktionsaufruf keine Exception verursacht. Listing 8–6 enthält einen entsprechenden Test.

```
it('should work without an exception if player is in board',
function() {
    var player = new Player();
    player.snake = [{x: 4, y: 4}];
    player.board = {height: 10, width: 10};

    expect(player.gameOver.bind(player)).not.toThrow();
});
```

Listing 8–6
Positiver gameOver-Test

Wenn Sie einen genaueren Blick auf den Test werfen, fällt Ihnen wahrscheinlich zunächst die Vorbereitung des player-Objekts auf. Danach übergeben Sie das gebundene Funktionsobjekt der gameOver-Funktion an die expect-Methode und stellen sicher, dass keine Exception geworfen wird.

Nachdem Sie in diesem ersten Schritt den positiven Fall getestet haben, müssen Sie als Nächstes noch die korrekte Funktionsweise im Exception-Fall absichern. Hierfür sollten Sie eine Reihe von Tests erstellen. Vier Tests für den Fall, dass sich der Player außerhalb des Spielfelds befindet, also links, rechts, unter und über dem Spielfeld. Diese Fälle können Sie jeweils durch die Konfiguration des player-Objekts abdecken. Ein Beispiel für einen solchen Test finden Sie in Listing 8–7.

Listing 8–7
Test auf Exception, wenn sich der Player außerhalb befindet

```
it('should throw an exception if the player is on the left',
function() {
    var player = new Player();
    player.snake = [{x: -1, y: 4}];
    player.board = {height: 10, width: 10};

    expect(player.gameOver.bind(player)).toThrow(new Error('Out of
bounds'));
});
```

In diesem Test befindet sich der Spieler links neben dem Spielfeld. Die x-Koordinate weist einen Wert von –1 auf. Mit dem toThrow-Aufruf prüfen Sie, ob die korrekte Exception geworfen wird.

Haben Sie all diese Tests implementiert, steht noch ein Test auf der Liste. Sie müssen noch prüfen, ob eine Exception geworfen wird, falls das erste Element der Schlange die gleichen Koordinaten aufweist wie ein anderes Element. Für diesen Test müssen Sie lediglich dafür sorgen, dass das Snake-Array mehr als ein Element aufweist, von denen das erste und ein weiteres Element die gleichen Koordinaten besitzen. Das sehen Sie in dem Listing 8–8.

Listing 8–8
Test für den Fall, dass sich die Schlange selbst erwischt

```
it('should throw an exception if the snake eats itself', function()
{
    var player = new Player();
    player.snake = [{x: 1, y: 1}, {x: 2, y: 1}, {x: 1, y: 1}];
    player.board = {height: 10, width: 10};

    expect(player.gameOver.bind(player)).toThrow(new Error('Snake
ate itself'));
});
```

Und auch dieser Test funktioniert mit dem bestehenden Quellcode. Mit den Tests, die Sie jetzt implementiert haben, haben Sie die wichtigsten Rahmenbedingungen der gameOver-Funktion abgesichert. Im nächsten Schritt können Sie dazu übergehen, die bestehende Funktion zu modifizieren.

Ein Beispiel für eine solche Modifikation ist es, die beiden Prüfungen in separate Funktionen auszulagern und sie in der gameOver-Funktion aufzurufen. Listing 8–9 zeigt Ihnen den entsprechenden Quellcode.

```
Player.prototype.gameOver = function() {
    this.isOutOfBounds();
    this.snakeAteItself();
};

Player.prototype.isOutOfBounds = function() {
    var head = this.snake[0];

    if (head.x < 0 || head.x > this.board.width -1 ||
        head.y < 0 || head.y > this.board.height -1) {
        throw new Error('Out of bounds');
    }
};

Player.prototype.snakeAteItself = function() {
    var head = this.snake[0];
    var currentEl;
    for (var i = 1; i < this.snake.length; i++) {
        currentEl = this.snake[i];
        if (head.x === currentEl.x && head.y === currentEl.y) {
            throw new Error('Snake ate itself');
        }
    }
};
```

Listing 8–9
Umbau der
gameOver-Funktion

Führen Sie Ihre Tests nach dem Umbau erneut aus, werden alle ohne Probleme durchlaufen. Ihr Quellcode ist verbessert und es sind trotzdem sämtliche Rahmenparameter der Funktion abgedeckt.

8.5   Zusammenfassung

Egal, ob Sie an einer neuen Applikation arbeiten oder eine bestehende Applikation erweitern müssen, sollten Sie dafür sorgen, dass Sie zumindest für die wichtigsten Routinen Tests haben.

Bevor Sie mit der Arbeit am Quellcode beginnen, sollten Sie sich Gedanken darüber machen, welche Tests Sie benötigen, wie Sie diese Tests formulieren und welche Vorbereitungen Sie im Quellcode treffen müssen, um die Tests zu formulieren.

Das nächste Kapitel beschäftigt sich mit dem Testen von JavaScript-Applikationen, die auf einem Server und nicht im Browser laufen.

9 Testen von Node.js-Applikationen

JavaScript ist mittlerweile auf beinahe jeder denkbaren Plattform verfügbar. So begegnet Ihnen diese Sprache nicht nur dort, wo Sie offensichtlich mit ihr zu rechnen haben, wie beispielsweise auf dem Webbrowser auf einem Desktop-Rechner oder einem Smartphone, sondern auch auf Fernsehgeräten oder Embedded-Geräten. Aber auch auf dem Server ist JavaScript auf dem Vormarsch. Was noch vor einigen Jahren mit der in Java entwickelten JavaScript-Engine Rhino als Versuch belächelt wurde, hat sich mit Node.js zu einer ernst zu nehmenden Alternative für serverseitige Programmierung mit JavaScript entwickelt.

Sprechen wir von serverseitiger Entwicklung mit JavaScript, geschieht dies in den meisten Fällen im Rahmen von Node.js. So widmet sich auch dieses Kapitel der Entwicklung auf dieser Plattform und hier vor allem den Möglichkeiten der testgetriebenen Entwicklung mit Node.js. Zu diesem Zweck erfahren Sie zunächst, wie Sie Node.js verwenden können, um im Anschluss mehr über die verschiedenen Testframeworks und Vorgehensweisen zu lernen.

9.1 Serverseitige Entwicklung mit Node.js

Entwickeln Sie Ihre JavaScript-Applikation mit Node.js, stechen einige markante Unterschiede sofort ins Auge. Der wichtigste Unterschied besteht darin, dass Sie keinen Browser als Laufzeitumgebung haben. Das bedeutet, dass Sie nicht direkt mit einem Benutzer interagieren und kein DOM als Grundlage für Ihre Applikation haben. Stattdessen arbeiten Sie direkt mit den Schnittstellen des Betriebssystems wie der Netzwerkverbindung oder dem Dateisystem.

Der Kern der Sprache bleibt allerdings der gleiche. Das hat auch einen sehr einleuchtenden Grund, denn Node.js und Chrome, der Webbrowser von Google, teilen sich die JavaScript-Engine. Das bedeutet für Sie als Entwickler, dass sämtliches JavaScript, das Sie in Chrome ausführen können, auch auf Node.js funktioniert, abgesehen natürlich von den Schnittstellen des DOM.

Zu dieser JavaScript-Engine kommen noch einige weitere Bibliotheken wie beispielsweise der Eventloop oder Bibliotheken zum asynchronen Schreib- und Lesezugriff auf das System. Diese Sammlung von Bibliotheken ist auch für den asynchronen Charakter von Node.js verantwortlich. Die meisten Operationen, die Sie in Ihrer Applikation durchführen werden, geschehen asynchron, und das aus gutem Grund. Node.js arbeitet den Quellcode Ihrer Applikation im Normalfall in einem Thread ab. Das bedeutet, dass keinerlei parallele Abarbeitung von Programmlogik stattfindet. Würde dies für alle Operationen gelten, also auch für das Schreiben oder Lesen einer Datei, wäre das fatal für die Performance der Applikation. Deshalb werden sämtliche Operationen, die das Betriebssystem betreffen, ausgelagert und blockieren damit nicht die Ausführung Ihrer Applikation. Das führt dazu, dass Sie auf die meisten Operationen mit Callback-Funktionen reagieren müssen.

Bevor Sie jedoch tiefer in die Welt von Node.js einsteigen, müssen Sie die Plattform zunächst installieren.

9.1.1   Installation

Node.js ist nahezu überall lauffähig. Sie können die Plattform sowohl unter Windows als auch unter Linux oder Mac OS X betreiben. Verwenden Sie ein exotischeres System, das nicht direkt von Node.js unterstützt wird, bleibt Ihnen immer noch die Möglichkeit, die Plattform aus den Quellen zu kompilieren und sie so auf Ihrem System zu installieren.

Für den Fall, dass Sie Windows oder Mac OSX verwenden, besteht die einfachste Variante der Installation von Node.js darin, dass Sie auf nodejs.org in der Download-Sektion das passende Installer-Paket für Ihr System auswählen, es herunterladen und installieren. Sie werden interaktiv durch den Installationsprozess geleitet, an dessen Ende eine voll funktionsfähige Version von Node.js steht.

Nutzen Sie ein Linux-System, können Sie auf den Paketmanager Ihres Systems zurückgreifen, um Node.js zu installieren. Der Nachteil dieser Variante besteht darin, dass die Paketquellen der meisten Systeme eine veraltete Version von Node.js bieten. Dieses Problem können Sie einfach umgehen, indem Sie ein alternatives Repository einbinden, das eine neuere Version beinhaltet. Welche Repositories dies sind und wie Sie diese in Ihr System einbinden, finden Sie am einfachsten, wenn Sie in der Suchmaschine Ihrer Wahl danach suchen.

Durch die Installation von Node.js erhalten Sie zwei Komponenten. Das ist zum einen Node.js selbst, mit dem Sie Ihren JavaScript-Quellcode ausführen können, und zum anderen der Node Package Manager, kurz NPM, mit dem Sie verschiedenste Werkzeuge und zusätzliche Pakete auf Ihrem System installieren können. Beide Programme werden bei der Installation in den Suchpfad Ihres Systems eingetragen, sodass Sie sie problemlos auf der Kommandozeile einsetzen können.

9.1.2 Betrieb

Nachdem Sie die Installation von Node.js abgeschlossen haben, wechseln Sie auf die Kommandozeile Ihres Systems und setzen den Befehl node --version ab, um sicherzustellen, dass die Installation funktioniert hat. Erhalten Sie eine Ausgabe, haben Sie damit sichergestellt, dass alles ordnungsgemäß installiert ist, und können dazu übergehen, Node.js auf Ihrem System zu verwenden.

Node.js können Sie auf zwei verschiedene Arten betreiben. Im interaktiven REPL-Modus (für Read Eval Print Loop) geben Sie Ihre Befehle auf einer Shell ein. Diese werden dann sofort evaluiert und das entsprechende Ergebnis ausgegeben. Die zweite Variante der Ausführung und gleichzeitig auch so, wie Sie meistens mit Node.js arbeiten werden, ist der Aufruf von Node.js mit einem Dateinamen als Argument. Diese Datei wird dann von Node.js eingelesen und ausgeführt.

Gehen Sie von einer Applikation wie dem Webserver aus Listing 9–1 aus, dessen Quellcode in der Datei index.js gespeichert ist, können Sie diesen mit dem Kommando node index.js ausführen.

```
var http = require(‚http');
var server = http.createServer(function(req, res) {
    res.end(‚hello world');
});
server.listen(8080);
```

Listing 9–1
Webserver in Node.js

Setzen Sie den Befehl auf Ihrer Kommandozeile ab, werden Sie feststellen, dass Sie keinen weiteren Kommandoprompt mehr erhalten. Das liegt daran, dass Sie einen Node.js-Prozess erstellt haben, der eine Netzwerkverbindung geöffnet hat, die auf eingehende Anfragen wartet und als lange laufender Prozess ausgelegt ist. Sie können diesen Prozess ganz einfach durch die Tastenkombination STRG+C beenden.

Nun, da Sie über eine funktionsfähige Installation von Node.js verfügen und auch schon Ihre erste Applikation erstellt haben, erfahren Sie noch etwas mehr über ein Werkzeug, das Sie bereits im Rahmen dieses Buchs verwendet haben, den NPM.

9.1.3   Der NPM

Das Werkzeug zur Paketverwaltung unter Node.js, den NPM, haben Sie dazu verwendet, um das Testframework Karma auf Ihrem System zu installieren. Dieser Paket-Manager kann jedoch bedeutend mehr als nur Pakete zu installieren.

Neben dem `install`-Kommando verfügt der NPM noch unter anderem über die weiteren Optionen `update`, um Pakete zu aktualisieren, `list`, um installierte Pakete anzuzeigen, `search`, damit Sie nach Paketen suchen können, und `uninstall` zum Entfernen von installierten Paketen.

Die Quelle, aus denen der NPM seine Pakete standardmäßig bezieht, ist ein Repository, das unter der Domain npmjs.org gehostet wird. Hier können Sie auch Ihre eigenen NPM-Pakete publizieren und diese damit aller Welt verfügbar machen.

node_modules   Alle Pakete, die Sie installieren, werden in einem separaten Unterverzeichnis im `node_modules`-Verzeichnis gespeichert. Dieses befindet sich je nachdem, ob Sie NPM mit der Option –g ausführen, in einem systemweit gültigen Verzeichnis oder im aktuellen Verzeichnis, wenn Sie diese Option weglassen. Das –g steht für global und dient vor allem für Dienstprogramme auf Basis von Node.js, wie es beispielsweise nodeunit ist.

Damit endet aber auch schon die kurze Einführung in die Welt von Node.js. Im Anschluss erfahren Sie, wie Sie auch serverseitig testgetriebene Entwicklung mit JavaScript praktizieren können.

9.2   Testframeworks für Node.js

Wie schon beim clientseitigen Testen von JavaScript, haben Sie auch serverseitig die Qual der Wahl. Es gibt auch hier nicht das eine richtige Testframework, sondern stattdessen eine große Palette an Möglichkeiten, mit denen Sie Ihre Applikation absichern können. Die Wahl des richtigen Werkzeugs für Ihre Problemstellung sollten Sie von einigen Rahmenbedingungen abhängig machen. Ein sehr wichtiges Kriterium ist, wie Sie mit dem Framework zurechtkommen und wie verständlich die Paradigmen des Frameworks für Sie sind. Neben diesen persönlichen Präferenzen muss das Framework natürlich auch die fachlichen Anforderungen erfüllen. Unterstützt Sie das Framework beispielsweise bei der Formulierung asynchroner Tests oder ist das Testen bestimmter Abläufe mit dem Framework überhaupt mit vertretbarem Aufwand möglich? Relevant ist außerdem die Rückmeldung des Frameworks. Wie werden Ihnen Erfolg beziehungsweise Fehlschlag von Tests präsentiert? Lässt sich das Framework in eine Continuous-Integration-Umgebung integrieren und generiert es Berichte in einem bestimmten Format? Alle diese Fragen und noch einige weitere sollten Sie sich stellen, um schließlich das für Sie passende Framework auszuwählen.

Dieses Kapitel stellt Ihnen nun eine kleine Auswahl der verfügbaren Frameworks und ihren Einsatz in der Praxis vor.

9.2.1   Assert

Die einfachste, wenngleich wenig komfortable Art, Tests in Node.js zu formulieren, besteht in der Verwendung des Node.js-eigenen Assert-Moduls. In diesem Fall müssen Sie nichts installieren, sondern können auf den Funktionsumfang von Node.js zurückgreifen.

Listing 9–2 zeigt Ihnen einen typischen Test, der mit dem Assert-Modul verfasst wurde.

```
var Calculator = require(‚../src/calc');
var assert = require(‚assert');
(function() {
    var calc = new Calculator();
    var result = calc.add(1, 1);
    assert.equal(result, 2);
}());
```

Listing 9–2
Test mit dem Assert-Modul

Speichern Sie diesen Test beispielsweise in der Datei `assertTest.js`, können Sie ihn ganz einfach mit dem Kommando `node assertTest.js` ausführen. Aufgrund der Einfachheit dieses Testframeworks erhalten Sie auch keine Rückmeldung, falls der Test erfolgreich durchläuft. Sollte beim Ablauf des Tests ein Fehler auftreten, wird eine Exception vom Typ `AssertionError` geworfen und der Ablauf sämtlicher Tests abgebrochen. Diese beiden Aspekte stellen gleichzeitig auch die größten Nachteile dieses Testframeworks dar. Zum einen erhalten Sie nur sehr wenige Rückmeldungen über Ihre Tests und zum anderen führt ein fehlschlagender Test durch das Werfen der Exception zum Abbruch des gesamten Testlaufs.

Das Assert-Modul macht keinerlei Vorgaben hinsichtlich des Aufbaus und der Struktur Ihrer Tests. Für Node.js ist ein Test, den Sie mit dem Assert-Modul formulieren, lediglich eine reguläre Datei, die ausgeführt wird.

Mit dem Assert-Modul erhalten Sie eine Reihe von Assertions, wie beispielsweise `assert.equal` oder `assert.ok`, mit denen Sie Ihre Tests erstellen können.

Das Haupteinsatzgebiet des Assert-Moduls ist das Testen von Node.js selbst. Sämtliche in JavaScript geschriebenen Module der

Node.js-Plattform sind mit dem Assert-Modul getestet. Auf diese Tests können Sie zugreifen, indem Sie sich den Quellcode von Node.js herunterladen, ihn entpacken und in das Verzeichnis test wechseln.

Aufgrund seiner Nachteile wird das Assert-Modul wahrscheinlich nicht Ihre erste Wahl werden, wenn es um das Testen von Node.js-Applikationen geht. Aus diesem Grund lernen Sie nun mit Nodeunit einen weiteren Vertreter von Testframeworks für Node.js kennen.

9.2.2   Nodeunit

Nodeunit ist im Gegensatz zum Assert-Modul kein Bestandteil von Node.js, sondern ein eigenständiges Paket, das Sie vor der ersten Benutzung zunächst installieren müssen. Die Installation erfolgt üblicherweise über den NPM. Mit dem Befehl npm install nodeunit –g wird das Framework aus dem NPM-Repository heruntergeladen und im globalen node_modules-Verzeichnis installiert. Da sich dieses Verzeichnis im Suchpfad Ihres Systems befindet, können Sie nach der Installation auf der Kommandozeile den Befehl nodeunit eingeben und Ihre Tests damit ausführen.

Das Aussehen der Tests, die Sie mit Nodeunit ausführen, unterscheidet sich etwas von den Tests des Assert-Moduls. Grundsätzlich ist jeder Nodeunit-Test eine eigene Funktion. Diese Funktionen exportieren Sie über das Modulsystem von Node.js und machen damit die Testfunktionen für das Framework verfügbar. Ein Nodeunit-Test könnte wie in Listing 9–3 aussehen.

Listing 9–3
Test mit Nodeunit

```
var Calculator = require('../src/calc');

exports.testAddition = function(test) {
    var calc = new Calculator();

    var result = calc.add(1, 1);

    test.equal(result, 2);

    test.done();
};
```

In diesem Beispiel sehen Sie schon, dass Nodeunit wesentlich mehr Struktur erzwingt, als es beim Assert-Modul der Fall war. Neben dem Einsatz des Node.js-Modulsystems fällt außerdem auf, dass Sie ein Objekt als Argument in der Testfunktion erhalten, das Ihnen die verschiedenen Assertions wie ok, equal oder throws bietet. Am Ende des Tests müssen Sie schließlich die done-Methode des Objekts aufrufen, um den Test ordnungsgemäß zu beenden.

Tests können Sie mit Nodeunit ausführen, indem Sie auf der Kommandozeile den Befehl nodeunit gefolgt vom Namen der Datei, die die Tests beinhaltet, ausführen. Das Resultat des Tests aus Listing 9–3 finden Sie in Listing 9–4.

```
$ nodeunit test.js

test.js
✔ testAddition

OK: 1 assertions (6ms)
```

Listing 9–4
Testergebnis mit Nodeunit

Der Bericht, den Sie von Nodeunit erhalten, ist ungleich informativer als der des Assert-Moduls. Neben diesem Standardreport können Sie sich außerdem eine junit-kompatible XML-Datei generieren lassen, die Sie wiederum in einem CI-Server wie Jenkins verwenden können.

Mit Nodeunit ist die Vorstellung der Testframeworks für Node.js jedoch noch nicht beendet. Im nächsten Abschnitt lernen Sie nun noch das Mocha-Framework kennen.

9.2.3   Mocha

Mocha stellt insofern eine Besonderheit unter den Testframeworks für Node.js dar, als dass es sehr flexibel ist und sowohl serverseitig mit Node.js als auch clientseitig im Browser funktioniert. Eine weitere bemerkenswerte Eigenschaft ist, dass Sie verschiedene Assertion-Bibliotheken wie should.js, expect.js oder aber das Assert-Modul von Node.js verwenden können.

Die Installation findet, analog zu Nodeunit, über den NPM statt, indem Sie das Kommando npm install –g mocha auf der Shell Ihres Betriebssystems absetzen.

Für die ersten Schritte mit Mocha verwenden Sie, wie schon beim Assert-Modul und bei Nodeunit, den Additions-Test.

```
var Calculator = require('../src/calc');
var assert = require("assert");
describe('Calculator', function(){
    it('should add 1 and 1 and return 2', function(){
        var calc = new Calculator();

        var result = calc.add(1, 1);

        assert.equal(result, 2);
    });
});
```

Listing 9–5
Test mit Mocha

Der Test aus Listing 9–5 setzt auf das Assert-Modul von Node.js. Dabei gleicht das Mocha-Framework die Nachteile dieses Moduls aus

Testframework aus und sorgt dafür, dass auch mehr als ein fehlschlagender Test möglich ist. Außerdem generiert Mocha eine ansprechendere Ausgabe, indem Sie über die Anzahl und die Laufzeit der ausgeführten Tests informiert werden.

Insgesamt erinnert die Syntax von Mocha stark an Jasmine. Wie dort, können Sie auch unter Mocha describe verwenden, um Ihre Tests zu gruppieren und mit it die einzelnen Testfälle zu formulieren.

Möchten Sie ein anderes Assertion-Framework, wie beispielsweise expect.js, verwenden, müssen Sie dieses zunächst mit dem Kommando npm install expect installieren und danach mit require('expect') statt require('assert') einbinden. Dieser Aufbau macht Mocha zu einem der flexibelsten Testframeworks für Node.js.

9.2.4   Weitere Testframeworks für Node.js

Soweit die kurze Vorstellung der Testframeworks für Node.js. Die hier vorgestellten Werkzeuge bilden nur einen kleinen Ausschnitt aus der Vielzahl der verfügbaren Testframeworks. Ein weiteres namhaftes Framework für Node.js ist beispielsweise Expresso. Allen gemein ist, dass sie als NPM-Paket verfügbar sind und Sie sie so sehr einfach auf Ihrem System installieren und ausprobieren können. Die meisten Testframeworks verfügen außerdem über mehr oder weniger umfangreiche Dokumentation, die den Umgang mit dem Werkzeug anhand anschaulicher Beispiele erklärt.

Nachdem Sie nun die Werkzeuge kennen, sollten Sie sich daranmachen, diese Werkzeuge auch in der Praxis zu nutzen. Aus diesem Grund besteht der nächste Abschnitt aus einem Beispiel, das den Einsatz von testgetriebener Entwicklung am Beispiel von Mocha demonstriert.

9.3   Testgetriebene Entwicklung mit Node.js

Damit Sie das folgende Beispiel nachvollziehen können, ist es erforderlich, dass Mocha auf Ihrem System installiert ist. Als Assertion-Framework verwenden Sie in diesem Fall statt des Assert-Moduls aus dem ersten Beispiel das expect-Framework.

Die Aufgabe, die es zu lösen gilt, besteht darin, dass Sie Informationen aus einer Datei auslesen und in ein Array von Objekten umwandeln. Der Aufbau der Datei folgt dem CSV-Format. Das bedeutet, dass jede Zeile ein Objekt ist und jede Eigenschaft eines Objekts durch ein Semikolon von der nächsten getrennt ist. Die erste Zeile der Datei enthält die Namen der Eigenschaften der Objekte.

Die Ausgangslage dieser Aufgabe ist eine Eingabe, deren Format Sie in Listing 9–6 sehen können.

```
vorname; nachname; strasse; ort;
Max; Mustermann; Musterstrasse; Musterort;
Lisa; Lustig; Lange Strasse; Lübeck;
```

Listing 9–6
Aufbau der Eingabedatei

Ausgestattet mit diesen Informationen können Sie nun die Aufgabe in einzelne Teilschritte unterteilen, die Sie im Anschluss nach und nach testgetrieben lösen.

9.3.1   Konzeption

Bevor Sie das vorliegende Problem lösen, sollten Sie sich zunächst Gedanken über die generelle Struktur der Lösung machen. Die erste offensichtliche Aufgabe ist beispielsweise das Auslesen der Datei. Der nächste Schritt besteht darin, dass Sie die Datei in einzelne Zeilen unterteilen. Damit Sie die erforderliche Objektstruktur korrekt aufbauen können, benötigen Sie die Namen der einzelnen Eigenschaften, die Sie in der ersten Zeile finden. Danach können Sie ein einzelnes Objekt anhand einer Zeile und den Eigenschaftsnamen aufbauen. Der letzte Schritt besteht schließlich aus dem Zusammenfügen der einzelnen Objekte zu einem Array.

Diese Überlegungen reichen bereits aus, um mit der Entwicklung der Lösung zu beginnen. Das einzige Hindernis besteht nun noch darin, dass die Struktur des Projekts inklusive dem expect.js-Framework noch nicht existiert.

9.3.2   Installation von expect.js

Entwickeln Sie Ihre Applikation mit Node.js, empfiehlt es sich immer, mit einer Konfigurationsdatei des Projekts zu starten. Diese Konfigurationsdatei trägt den Namen package.json und enthält die wichtigsten Rahmendaten des Projekts wie beispielsweise die Versionsnummer, den Autor oder die Lizenz. Bei der Erstellung dieser Datei werden Sie vom NPM durch einen interaktiven Prozess unterstützt. Diesen können Sie mit dem Kommando npm init starten. Im Zuge der Initialisierung Ihrer Konfiguration wird Ihnen eine Reihe von Fragen gestellt, nach deren Beantwortung Sie über eine einfache package.json-Datei für Ihr Projekt verfügen.

Listing 9–7
Erstellung der
Projektkonfiguration

```
Press ^C at any time to quit.
name: (csvToObj)
version: (0.0.0) 0.0.1
description: A simple CSV to object parser
entry point: (index.js)
test command: mocha test
git repository:
keywords:
```

Listing 9–7 zeigt Ihnen einen Ausschnitt aus dem Erstellungsprozess der package.json-Datei. Die meisten Felder können Sie einfach mit Betätigen der Enter-Taste bestätigen. Geben Sie bei dem Punkt test command den Befehl mocha test an, können Sie Ihr Projekt nicht nur über Mocha direkt testen, sondern auch über die Angabe des Kommandos npm test. Dies empfiehlt sich vor allem, wenn Sie vorhaben, Ihr Projekt als NPM-Paket anderen Entwicklern zur Verfügung zu stellen.

Verfügen Sie über die Konfiguration Ihrer Applikation, müssen Sie dafür sorgen, dass alle Abhängigkeiten auf Ihrem System installiert sind. Das ist in Ihrem Fall lediglich das Paket expect.js. Sie installieren es über das Kommando npm install expect.js –save-dev. Die Angabe der Option –save-dev sorgt dafür, dass expect.js zusätzlich zur Installation im lokalen node_modules-Verzeichnis als devDependency, also als Entwickler-Abhängigkeit, in Ihre Konfiguration eingetragen wird. Das hat den Hintergrund, dass Sie das node_modules-Verzeichnis im Normalfall nicht in das Repository Ihres Versionskontrollsystems committen und Ihnen die Abhängigkeit nach der Installation nicht zur Verfügung steht. Haben Sie die Pakete als Abhängigkeit eingetragen, können Sie sie durch den Befehl npm install ohne weitere Optionen automatisch installieren lassen.

9.3.3   Struktur und erster Test

Für serverseitige Tests gilt hinsichtlich der Strukturierung Ähnliches wie schon für die clientseitigen Tests. Für einfache Anwendungsfälle, wie dieses Beispiel, reicht es aus, wenn Sie Ihre Tests in einem Verzeichnis tests und Ihren Quellcode in ein Verzeichnis src ablegen. Wird Ihre Applikation umfangreicher, empfiehlt sich hier natürlich eine tiefere Struktur mit einer oder mehreren Verzeichnisebenen.

Für den Betrieb von Mocha benötigen Sie keine weitere Konfigurationsdatei, sondern geben lediglich das Verzeichnis, das die Tests enthält, als Option beim Aufruf an. Zusätzlich zu den beiden Verzeichnissen benötigen Sie jeweils noch eine Datei, die Ihre Tests beziehungsweise den Quellcode der Applikation enthält.

Nachdem Sie das grundlegende Setup durchgeführt haben, können Sie sich an die Formulierung Ihres ersten Testfalls machen. Hier können Sie entweder mit dem Auslesen der Datei anfangen oder sich an die Formulierung des Tests machen, der aus einer Zeichenkette ein Objekt macht. Die Entscheidung ist hier quasi top-down oder bottom-up. Im Falle des Beispiels sollten Sie die zweite Variante, also von den kleinen Teilproblemen zum Gesamtproblem, wählen. Das bedeutet, dass Sie zunächst einen Test formulieren, der erwartet, dass aus einer Zeichenkette und einem Array von Schlüsseln ein Objekt erstellt wird. Einen entsprechenden Test finden Sie in Listing 9–8.

```
var CsvToObj = require('../src/csv.js');
var expect = require('expect.js');

describe('CsvToObj', function() {
    it('should make an object of an string and a key array',
function() {
        var keys = ['firstname', 'lastname'];
        var string = 'John;Doe;';

        var csvToObj = new CsvToObj();

        var result = csvToObj.transform(string, keys);

        var expected = {
            name: 'John',
            lastname: 'Doe'
        };

        expect(result).to.eql(expected);
    });
});
```

Listing 9–8
Test der
transform-Funktion

Eine Besonderheit in diesem Test ist, dass Sie sich darum kümmern müssen, dass Sie sowohl die Datei einbinden, die den Quellcode enthält, als auch das Assertion-Framework expect.js, das Sie zuvor installiert haben.

Wie immer in der testgetriebenen Entwicklung ist Ihr nächstes Ziel der grüne Status Ihrer Tests. Diesen erreichen Sie, indem Sie zuerst die Konstruktor-Funktion CsvToObj erstellen und dann die transform-Funktion implementieren. Eine mögliche Umsetzung finden Sie in Listing 9–9.

```
function CsvToObj() {};

CsvToObj.prototype.transform = function(string, keys) {
    var result = {};

    var properties = string.split(';');
```

Listing 9–9
Implementierung der
transform-Funktion

```
        for (var i = 0; i < keys.length; i++) {
            result[keys[i]] = properties[i];
        }

        return result;
    };
```

In diesem Beispiel wurde die Schrittweite bewusst größer gewählt, um das Beispiel nicht unnötig in die Länge zu ziehen. Wie immer gilt auch hier, wählen Sie die Größe der einzelnen Implementierungsschritte so, dass Sie sich wohlfühlen und nicht von Fehlern böse überrascht werden. Sie haben also hier sowohl die Möglichkeit, die Implementierung in kleinere Schritte zu unterteilen oder die Methode der Triangulation zu benutzen.

Ein weiteres Szenario, das Sie in einem zusätzlichen Testfall absichern können, besteht darin, dass Sie eine Exception werfen, wenn die Länge der Schlüssel nicht mit denen der Werte übereinstimmt. Die Implementierung bleibt in diesem Fall Ihnen zur Übung überlassen. Als Nächstes können Sie sich nun daranmachen, den Block der gesamten Zeilen der Datei so umzuwandeln, wie Sie es für Ihre Applikation benötigen.

9.3.4   Umsetzung der Businesslogik

Die nächste Anforderung, die es zu erfüllen gilt, ist, dass Sie aus einer Zeichenkette ein Array aus Objekten generieren. Der Test, den Sie hierfür formulieren müssen, ist im Vergleich zum vorhergehenden relativ umfangreich, wie Sie in Listing 9–10 sehen können.

Listing 9–10
Test, um eine Zeichenkette
in ein Array von Objekten
umzuwandeln

```
it('should return the property names as array', function() {
    var content = 'vorname;nachname;strasse;ort;\n' +
        'Max;Mustermann;Musterstrasse;Musterort;\n' +
        'Lisa;Lustig;Lange Strasse;Lübeck;';
    var expected = [
        {
            vorname: 'Max',
            nachname: 'Mustermann',
            strasse: 'Musterstrasse',
            ort: 'Musterort'},
        {
            vorname: 'Lisa',
            nachname: 'Lustig',
            strasse: 'Lange Strasse',
            ort: 'Lübeck'
        }
    ];
```

```
        var csvToObj = new CsvToObj();
        var result = csvToObj.convert(content);

        expect(result).to.eql(expected);
    });
```

Der Test ist jedoch nur so umfangreich, weil Sie sowohl die Zeichenkette, die als Eingabe dient, als auch die erwartete Struktur definieren
müssen. Der eigentliche Test besteht dann nur noch aus drei Zeilen. Im
Gegensatz zu diesem Test ist die Implementierung schon fast ein
Leichtgewicht. Listing 9–11 enthält den Quelltext für die Implementierung.

```
CsvToObj.prototype.convert = function(content) {
    var lines = content.split('\n');
    var headers = lines.shift().split(';');
    var result = [];
    lines.forEach(function(value) {
        result.push(this.transform(value, headers));
    });
    return result;
};
```

Listing 9–11
Umwandlung einer
Zeichenkette in eine
Objektstruktur

Zunächst müssen Sie die erste Zeile abgreifen und in ein Array wandeln. Im nächsten Schritt iterieren Sie über die verbleibenden Zeilen
und nutzen die zuvor formulierte transform-Funktion, um das Ergebnis
zu generieren. Mit dieser Implementierung haben Sie die Businesslogik
der Aufgabe erledigt. Bis zu diesem Punkt unterscheidet sich die
Umsetzung allerdings auch noch kein Stück vom clientseitigen Java-
Script.

9.3.5   Integration

Bisher haben Sie gesehen, dass zwischen client- und serverseitiger Entwicklung mit JavaScript kein wirklich großer Unterschied besteht. Die
meisten Aussagen, die bisher im Verlauf dieses Buchs getroffen wurden, gelten für beide Seiten; natürlich mit Ausnahme des Kapitels mit
den Abhängigkeiten vom DOM und die Abschnitte über die Fake-Server von Sinon.js. Was für den Client das DOM und die Interaktion mit
dem Server über Ajax-Calls ist, das ist für Node.js der Zugriff auf die
Ressourcen des Betriebssystems. In diesem konkreten Fall greifen Sie
auf den Inhalt einer Datei über das fs-Modul von Node.js zu.

Im ersten Schritt bedeutet das für Ihren Test, dass Sie zunächst eine
Datei mit entsprechend formatiertem Inhalt hinterlegen müssen. Der
Inhalt gleicht der Zeichenkette, die Sie bereits im Test verwendet
haben. Listing 9–12 zeigt Ihnen den Inhalt der Testdatei. Legen Sie

diese Datei am besten mit dem Namen `input.csv` in einem Verzeichnis mit dem Namen resources im Verzeichnis tests an.

Listing 9–12
Inhalt der Eingabedatei

```
vorname;nachname;strasse;ort;
Max;Mustermann;Musterstrasse;Musterort;
Lisa;Lustig;Lange Strasse;Lübeck;
```

Mit dem Vorhandensein dieser Datei haben Sie alle Voraussetzungen für den Integrationstest geschaffen. In diesem Test erwarten Sie, dass Sie eine Funktion aufrufen und ihr beim Aufruf den Namen der Datei und eine Callback-Funktion übergeben, die dann mit der korrekt umgewandelten Objektstruktur aufgerufen wird.

Listing 9–13
Integrationstest für
Dateisystemoperation

```
it('should read from a file and call a function', function(done) {
    var expected = [
        {
            vorname: 'Max',
            nachname: 'Mustermann',
            strasse: 'Musterstrasse',
            ort: 'Musterort'},
        {
            vorname: 'Lisa',
            nachname: 'Lustig',
            strasse: 'Lange Strasse',
            ort: 'Lübeck'
        }
    ];
    var csvToObj = new CsvToObj();
    csvToObj.run('./tests/resources/input.csv', function(data) {
        expect(data).to.eql(expected);
        done();
    });
});
```

Der Test aus Listing 9–13 weist lediglich zwei Besonderheiten auf. Zunächst sollte Ihnen die Variable done in der Parameterliste der Testfunktion aufgefallen sein. Diese deutet, wie auch schon bei Jasmine, auf einen asynchronen Test hin. Dies wird notwendig, da die Dateisystemoperationen ähnlich wie Ajax-Operationen im Frontend asynchron durchgeführt werden. Die zweite Besonderheit ist die Angabe des Dateinamens, den Sie als Argument an die run-Methode übergeben. Die Basis des Pfads ist das Basisverzeichnis, also nicht das Verzeichnis, in dem die Testdatei liegt, sondern eine Verzeichnisebene höher.

Das zweite Argument, das Sie der run-Methode übergeben, ist eine Callback-Funktion, die die generierte Objektstruktur als Argument erhält. Innerhalb dieser Callback-Funktion formulieren Sie dann auch Ihre Erwartung mit der expect-Funktion von expect.js und rufen schließlich die done-Funktion zum Beenden des Tests auf.

Mit dem Kommando `mocha tests` können Sie nun Ihre Tests ausführen und Schritt für Schritt die angezeigten Fehler beheben und Ihre
Implementierung so komplettieren. Zunächst müssen Sie dafür sorgen,
dass Sie das `fs`-Modul von Node.js laden, damit Sie die Dateisystemoperationen überhaupt durchführen können. Danach geht es an die
Implementierung der eigentlichen Methode. Das endgültige Resultat
dieses Prozesses können Sie in Listing 9–14 sehen.

```
var fs = require('fs');
CsvToObj.prototype.run = function(filename, cb) {
    fs.readFile(filename, 'utf-8', function(err, data) {
        var objData = this.convert(data);
        cb(objData);
    }.bind(this));
};
```

Listing 9–14
Implementierung der
run-Methode

Zum guten Stil bei der Entwicklung einer Node.js-Applikation gehört
es, die benötigten Module am Anfang der jeweiligen Datei aufzulisten.
Sie sollten also die Zeile `var fs = require('fs');` an den Anfang der
Datei verschieben. Stehen sämtliche Module am Anfang einer Datei,
ist es für einen Entwickler auf einen Blick ersichtlich, welche Module
und Dateien benötigt werden.

Natürlich bietet auch diese Implementierung eine Vielzahl von
Verbesserungsmöglichkeiten. Dennoch sollte dieses Beispiel für das
Erste ausreichen, um Ihnen einen groben Eindruck über die testgetriebene Entwicklung unter Node.js zu geben und Ihnen zu zeigen, dass
sich client- und serverseitige Entwicklung hauptsächlich bei den verfügbaren Schnittstellen unterscheiden.

Und genau diese Unterschiede an den Schnittstellen machen es
erforderlich, dass Sie weitere Bibliotheken verwenden, die es Ihnen
erleichtern, mit Abhängigkeiten vom System umzugehen. Was Sie bisher mit den Fake-Servern und Fake-Timern von Sinon.js für den Client
kennengelernt haben, gibt es in anderer Form auch für den Server.

9.4   Test Doubles in Node.js

Bei der testgetriebenen Entwicklung unter Node.js haben Sie mit ähnlichen Problemen wie schon bei der clientseitigen Entwicklung zu kämp-
fen. Der Fokus der testgetriebenen Entwicklung liegt primär auf der
Erstellung von Unit-Tests und den zugehörigen Implementierungen. Bei
der Umsetzung einer Funktionalität soll nicht das gesamte System
getestet werden. So ist es auch bei der Entwicklung serverseitiger Funktionalität ratsam, Abhängigkeiten durch Test Doubles zu ersetzen.

Die erste Bibliothek, die Sie beim Umgang mit Abhängigkeiten
unterstützt, ist ein alter Bekannter: Sinon.js.

9.4.1   Sinon.js

Die meisten Features von Sinon.js können Sie auch in Node.js verwenden. Die interessantesten Features sind hier natürlich Spys, Stubs und Mocks. Der Vorteil hierbei ist, dass sich die Verwendung nicht von der im Browser unterscheidet. Bevor Sie jedoch zur Verwendung der Bibliothek übergehen können, müssen Sie Sinon.js zunächst installieren.

Wie bei den meisten Werkzeugen im Node.js-Universum wird auch Sinon.js für Node.js über den NPM installiert. Hierfür reicht das Kommando npm install sinon. Möchten Sie Sinon in Ihrer Projektdefinition als Entwicklerabhängigkeit aufnehmen, sollten Sie die Option --save-dev einfügen und Sinon.js wird in Ihre package.json-Datei eingetragen. Haben Sie diese Voraussetzung erfüllt, können Sie Sinon.js auch schon einsetzen.

Listing 9–15 zeigt Ihnen anhand eines kurzen Beispiels den Einsatz von Sinon.js unter Node.js.

Listing 9–15
Einsatz von Sinon.js
unter Node.js

```
var sinon = require('sinon');
var expect = require('expect.js');

describe('Sinon on Node', function() {
    it('should demonstrate how sinon works', function() {
        var func = sinon.spy();

        func();

        expect(func.called).to.eql(true);
    });
});
```

Dieses zugegebenermaßen recht kurze Beispiel demonstriert jedoch alle wesentlichen Punkte, die Sie beim serverseitigen Einsatz von Sinon.js beachten sollten. Nach der Installation liegt eine Kopie von Sinon.js im lokalen node_modules-Verzeichnis. Das bedeutet, dass Sie die Bibliothek mit dem Kommando require('sinon') laden können. Über den Rückgabewert dieses Kommandos können Sie dann im Verlauf Ihres Tests auf die Funktionalität von Sinon.js zurückgreifen und wie im Beispiel eine Spy-Funktion erstellen.

Neben den offensichtlichen Features wie Spys, Stubs und Mocks können Sie auch die zeitabhängigen Funktionen von Sinon.js einsetzen und so beispielsweise sehr performant Timeouts und Intervalle testen. Für weitere und detaillierte Informationen über Sinon.js sollten Sie sich Kapitel 5 ansehen.

Trotz des großen Funktionsumfangs von Sinon.js im Bereich der Test Doubles reicht diese Bibliothek allein nicht aus, um mit allen Abhängigkeiten in Node.js umzugehen. Vor allem im Bereich der

Kommunikation mit anderen Servern sollten Sie auf ein weiteres Modul mit dem Namen nock zurückgreifen.

9.4.2 nock

nock ist ein relativ kleines Modul für Node.js, das auf das Handling von HTTP-Anfragen spezialisiert ist. Von seiner Funktionsweise ähnelt es damit dem Fake-Server-Feature von Sinon.js. nock ist allerdings exklusiv für den Einsatz mit Node.js erstellt.

Die Installation von nock erfolgt wie gewohnt über den NPM mit dem Kommando npm install nock. Haben Sie das Modul erst einmal installiert, können Sie sämtliche Anfragen an HTTP-Server abfangen und mit Ihren eigenen Nachrichten antworten, ohne dass der Request Ihre Node.js-Umgebung verlässt.

Listing 9–16 enthält ein Beispiel für einen Test mit nock.

```
var nock = require('nock');
var http = require('http');
var expect = require('expect.js');

describe('nock', function() {
    it('should intercept a request', function() {
        nock('http://www.google.de')
            .get('/')
            .reply(200, 'Hello I am not Google!');

        var request = http.get('http://www.google.de:80',
function(res) {
            res.on('readable', function() {
                var chunk;
                var content = '';
                res.setEncoding('utf8');
                while (undefined !== (chunk = res.read())) {
                    content += chunk;
                }

                expect(content).to.eql('Hello I am not Google!');
            });
        });
    });
});
```

Listing 9–16
Abfangen von
HTTP-Anfragen mit nock

Im Zuge dieses Tests formulieren Sie eine HTTP-Anfrage an Google, fangen diese ab und geben statt der HTML-Repräsentation von Google die Zeichenkette »Hello I am not Google!« zurück.

Damit Sie diesen Test umsetzen können, müssen Sie zunächst das http-Modul von Node.js laden, damit Sie den HTTP-Request absetzen können. Außerdem benötigen Sie nock, um den Request abzufangen, und schließlich expect.js, damit Sie Ihren Test formulieren können.

Der erste Teil des Tests besteht darin, dass Sie nock konfigurieren, damit es auf die Anfragen entsprechend reagiert. Der nock-Funktion selbst geben Sie die URL mit, auf die reagiert werden soll. Danach können Sie über Fluent Interface die HTTP-Methode und den angeforderten Pfad definieren und schließlich die Antwort auf die jeweilige URL festlegen.

Darauffolgend formulieren Sie die HTTP-Operation mit Node.js und verwenden dabei die Readable-Stream-Repräsentation der Antwort des Servers. Sobald die gesamte Antwort des Servers vorliegt, können Sie wie gewohnt Ihre Expectation formulieren. Der entscheidende Vorteil ist, dass Sie sich nicht um Asynchronität kümmern müssen, da nock in diesem Fall für Sie dafür sorgt, dass es für Ihren Test so aussieht, als ob der Server sofort eine Rückmeldung sendet. Mit dieser Kombination antwortet also nock auf Ihre Anfrage an Google mit der gewünschten Zeichenkette und der Test läuft erfolgreich durch.

Das nock-Paket bietet Ihnen nicht nur eine Lösung für einfache Problemstellungen, wie Sie sie in diesem Beispiel sehen konnten, sondern auch für komplexe Szenarien, in denen ein Server verzögert oder mit einer Fehlermeldung antwortet.

nock konzentriert sich auf die Lösung eines Teilproblems des Testens von Node.js-Applikationen, nämlich den Umgang mit Anfragen zu anderen Servern. Das bedeutet, dass ein entscheidendes Problem noch unberührt ist: Wie geht man beispielsweise mit Abhängigkeiten vom Dateisystem oder Ähnlichem um? Auch hierfür existiert eine elegante Lösung in Form des mockery-Pakets.

9.4.3   mockery

Node.js hat ein entscheidendes Problem, wenn es um die Testbarkeit von Quellcode geht. Es ist nicht ohne Weiteres möglich, die per require eingebundenen Module und Dateien zu ersetzen. Natürlich können Sie den NPM-Cache bearbeiten und so über einen Umweg Ihre Test Doubles einschleusen. Elegant ist diese Lösung allerdings nicht. Aber genau diese Aufgabenstellung wird durch mockery adressiert.

Bevor Sie mockery jedoch verwenden können, müssen Sie das Paket zunächst mit dem Kommando npm install mockery installieren. Einmal aktiviert fängt mockery alle Aufrufe der require-Funktion des Node.js-Modulsystems ab und geht entsprechend Ihrer Angaben damit um. Sie haben entweder die Möglichkeit, den Aufruf unverändert zu lassen, den Rückgabewert durch Ihre eigene Implementierung direkt im Quellcode zu ersetzen oder ein anderes Modul anzugeben, das statt des angeforderten Moduls geladen werden soll. Das Beispiel in Listing 9–17 zeigt, wie Sie eine Lese-Operation auf das Dateisystem mit mockery abfangen und damit die Abhängigkeiten zu externen Systemen weiter reduzieren können.

```
var mockery = require('mockery');
var expect = require('expect.js');

var fsMock = {
    readFile: function(path, encoding, cb) {
        var content = 'Hello World!';
        cb(null, content);
    }
};
mockery.registerMock('fs', fsMock);
mockery.enable();

var fs = require('fs');

describe('mockery', function() {
    it('should intercept fs reads', function() {
        fs.readFile('myFile', 'utf-8', function(err, data) {
            expect(data).to.eql('Hello World!');
        });
    });
});
```

Listing 9–17
Einsatz von mockery

Bei der Verwendung von mockery müssen Sie einige Dinge beachten. Sie müssen in jedem Fall dafür sorgen, dass alle Module, die Sie für Ihren Test benötigen, per require geladen werden. Außerdem müssen Sie für den Fall, dass Sie direkt im Test das mock-Objekt erstellen möchten, dieses über die Methode registerMock registrieren. Im Falle des Beispiels ersetzt das Objekt fsMock das Node.js-eigene fs-Modul. Ein Aufruf der enable-Methode von mockery aktiviert das System. Danach dürfen Sie das fs-Modul per require einbinden, da sich erst durch den enable-Aufruf der Wrapper um die require-Funktion legt. Binden Sie das fs-Modul vorher ein, wird die Funktionalität nicht ersetzt. Danach können Sie wie gewohnt Ihre Tests formulieren. Dabei werden die Anfragen nicht mehr an das entsprechende Modul, in diesem Fall das fs-Modul, weitergeleitet, sondern werden durch das mock-Objekt bedient.

Nutzen Sie statt der registerMock-Methode die registerSubstitute-Methode, können Sie ein reguläres Node.js-Modul angeben, das statt des eigentlichen Moduls geladen wird.

Mit einem Aufruf der disable-Methode deaktivieren Sie das mockery-System wieder für Ihre Tests. Außerdem können Sie mit deregisterMock beziehungsweise deregisterSubstitute die Überlagerung bestimmter Module wieder rückgängig machen.

mockery verfügt noch über einige weitere hilfreiche Features, für deren Beschreibung ich Sie allerdings auf die Dokumentation des Moduls unter *https://github.com/mfncooper/mockery* verweisen möchte.

9.5   Zusammenfassung

In diesem Kapitel konnten Sie sehen, dass sich die grundsätzliche Vorgehensweise der testgetriebenen Entwicklung kaum zwischen clientseitigem und serverseitigem JavaScript unterscheidet. Lediglich die Umgebung und die damit einhergehenden Besonderheiten sind verschieden. Clientseitig bildet das DOM die Schnittstelle zum Benutzer, was sowohl Ein- als auch Ausgabe betrifft. Außerdem können Sie asynchron über Ajax mit dem Server kommunizieren.

Serverseitig gibt es kein Konstrukt wie das DOM, stattdessen können Sie direkt auf das Dateisystem Ihres Servers oder auf verschiedene Prozesse zugreifen. Außerdem kommunizieren Sie nicht mit einem Server per Ajax, sondern können mit Node.js sowohl in die Rolle eines Clients als auch in die eines Servers schlüpfen und entweder mit dem HTTP-Client andere Rechner abfragen oder mit dem HTTP-Server Clientanfragen bedienen.

Wie schon clientseitig, haben Sie auch bei Node.js häufig mit asynchronen Operationen zu tun. Frameworks wie beispielsweise Mocha unterstützen Sie bei der Formulierung von Tests und bieten auch Hilfsmittel bei der Überprüfung asynchroner Operationen.

Das nächste und abschließende Kapitel beschäftigt sich nicht mehr mit der testgetriebenen Entwicklung direkt, sondern mit den Prozessen um die testgetriebene Entwicklung herum und wie Sie mit dem Einsatz verschiedener Werkzeuge Ihr Leben als Programmierer erheblich einfacher gestalten können.

10 Tools, die das Testen einfacher machen

Entscheidend zum Erfolg der testgetriebenen Entwicklung trägt der Aufwand bei, der betrieben beziehungsweise nicht betrieben werden muss, um die Tests zu entwickeln und auszuführen. Dieser Aufwand kann durch den Einsatz und die Kombination verschiedener Bibliotheken und Frameworks erheblich reduziert werden. Ähnliches gilt auch für die Ausführung von Tests. Im Idealfall sollten Sie sich als Programmierer überhaupt nicht mehr selbst um den Start Ihrer Tests kümmern müssen, sondern lediglich benachrichtigt werden, falls Sie eine Änderung am Quellcode vorgenommen haben, die zu einem Fehlschlag Ihrer Tests führt.

Es existieren zahlreiche Werkzeuge, die dafür sorgen, dass die Ausführung der Tests möglichst nahtlos in Ihre gewohnte Entwicklungsumgebung integriert wird und Sie nicht unnötig zwischen verschiedenen Applikationen oder Systemen wechseln müssen.

Dieses Kapitel stellt Ihnen einige hilfreiche Werkzeuge vor, die Sie im Rahmen der testgetriebenen Entwicklung, aber auch unabhängig davon bei der generellen Erstellung von Tests nutzen können. Den Anfang macht das wichtigste Werkzeug eines Entwicklers: die Entwicklungsumgebung.

10.1 Die Entwicklungsumgebung

Was unterscheidet einen einfachen Texteditor von einer Entwicklungsumgebung? Mit beiden können Sie JavaScript-Quellcode erstellen. Eine Entwicklungsumgebung besteht allerdings neben einem einfachen Editor aus einer Sammlung zahlreicher Werkzeuge, die Sie bei der täglichen Arbeit mit der Programmiersprache Ihrer Wahl unterstützen. Eines dieser Werkzeuge ist die Integration der Testumgebung. Gängige Entwicklungsumgebungen wie Eclipse oder WebStorm von JetBrains bieten Ihnen die Möglichkeit, Ihre Tests direkt aus der Entwicklungsumgebung heraus auszuführen.

Der Vorteil dieser Integration liegt klar auf der Hand. Sie sehen direkt während der Entwicklung, wie sich Änderungen auf Ihre Tests auswirken. Für den Red-Green-Refactor-Zyklus müssen Sie Ihre Umgebung nicht mehr verlassen, sondern bekommen die Resultate in einem Werkzeugfenster Ihrer Entwicklungsumgebung präsentiert.

Schlägt ein Test fehl, erhalten Sie im Normalfall auch eine detaillierte Fehlermeldung, die Rückschlüsse auf die Ursache des Fehlers zulässt.

Plug-in-Infrastruktur   Größere Entwicklungsumgebungen wie Eclipse oder WebStorm besitzen eine Plug-in-Infrastruktur, die es für Entwickler leichter macht, zusätzliche Werkzeuge in die Entwicklungsumgebung zu integrieren. So können Sie beispielsweise Karma als Test-Runner in Ihre Entwicklungsumgebung einbinden, um Ihre Tests ausführen zu lassen.

Im Folgenden wird die Integration von Karma in WebStorm beschrieben. Für zahlreiche andere Entwicklungsumgebungen existieren Tutorials für die Integration von Karma und anderen Test-Runnern. So finden Sie zum Beispiel unter *http://litebyte.net/blog/how-to-run-karmajs-from-eclipse/* eine Anleitung, wie Sie Karma in Eclipse integrieren können.

10.1.1   WebStorm

WebStorm ist eine von JetBrains entwickelte Entwicklungsumgebung speziell für die Webentwicklung, also für HTML, CSS und JavaScript. WebStorm bietet Syntax-Highlighting, Autocompletion und viele weitere hilfreiche Features. Der einzige Haken dieser Entwicklungsumgebung im Vergleich zu Eclipse ist, dass diese Software im Normalfall nicht kostenlos ist. Eine Lizenz kostet derzeit 44 Euro. Für die Arbeit an Open-Source-Projekten stellt JetBrains kostenlose Lizenzen zur Verfügung. Außerdem können Sie WebStorm für 30 Tage kostenlos testen.

Bei der aktuellen Version von WebStorm ist das Karma-Plug-in bereits vorinstalliert, sodass Sie ohne weiteren Aufwand direkt mit der testgetriebenen Entwicklung beginnen können.

Zur Demonstration der Kombination aus Karma und WebStorm gehen Sie am besten von einer bereits konfigurierten und funktionierenden Applikation aus. Damit die Tests funktionieren können, muss Karma auf Ihrem System installiert sein. Sollte die ausführbare Datei nicht gefunden werden, erscheint ein Dialogfenster, in dem Sie den Pfad zu Karma angeben können.

Zusätzlich zu Karma müssen noch der Jasmine-Adapter und die entsprechenden Browser-Lauchner installiert sein.

Den Ausgang für die Tests bildet dabei die Datei karma.conf.js. Mit einem Rechtsklick auf diese Datei können Sie im Kontextmenü den Punkt *Run »karma.conf.js«* auswählen. Im Hintergrund wird dadurch der Karma-Runner gestartet und die konfigurierten werden Browser geöffnet und mit dem Server verbunden. Im Anschluss werden die Tests ausgeführt.

Abb. 10–1

Karma in WebStorm ausführen

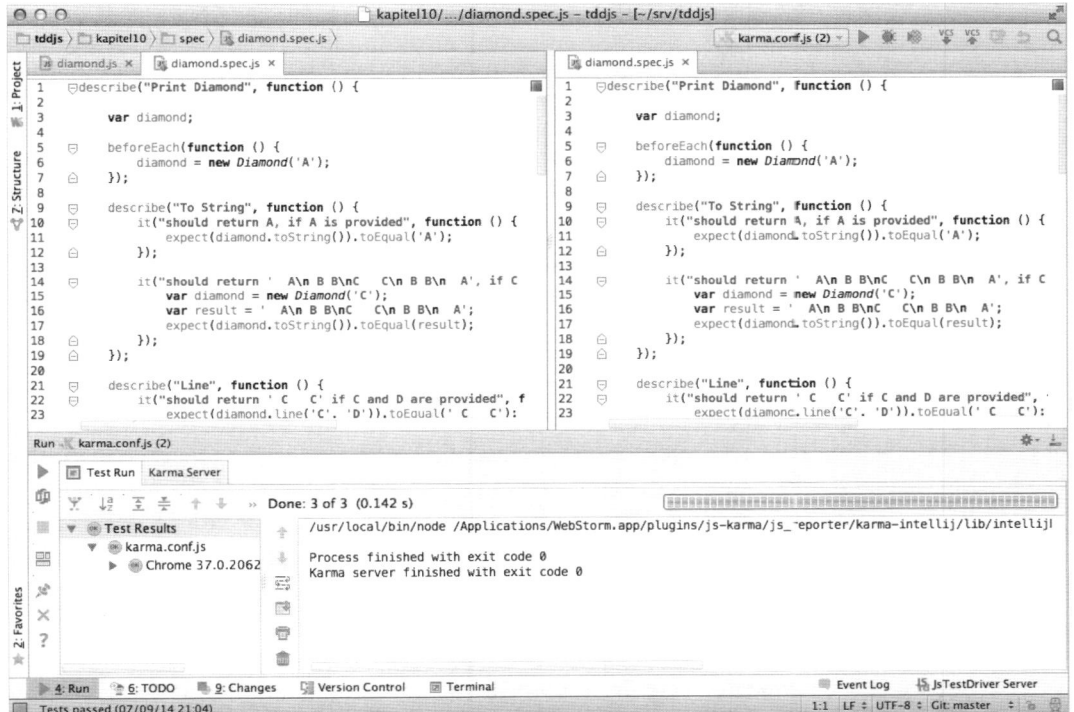

Abbildung 10–1 zeigt Ihnen beispielhaft die Integration von Karma in WebStorm. Im unteren Bildschirmabschnitt sehen Sie das run-Werkzeugfenster. In diesem sind die beiden Tabs *Karma Server* und *Test Run* verfügbar.

Der Karma Server-Tab gibt Ihnen Informationen zum Status des Karma-Servers. Hier sehen Sie vor allem Meldungen, die die verbundenen Browser betreffen, beispielsweise wenn sich ein Browser mit dem Server verbindet, ein Browser abstürzt oder neu gestartet wird.

Der *Test Run*-Tab ist zweigeteilt. In der linken Hälfte wird Ihnen eine Übersicht über die ausgeführten Tests gegeben. Hierbei sind die Tests in eine Baumstruktur unterteilt. Sie sehen auf einen Blick, welche Tests erfolgreich waren und welche fehlgeschlagen sind. Der rechte Teil des Tabs gibt Aufschluss über die einzelnen Tests. Hier finden Sie n erster Linie die Fehlermeldungen, die ausgegeben werden, wenn ein Test fehlschlägt. Diese enthalten beispielsweise die vom Test erwarteten Werte und die Werte, die Ihr Quellcode tatsächlich produziert hat. Außerdem erhalten Sie einen Stacktrace des Fehlers. Dabei ist jede Zeile mit dem Quellcode verlinkt. Das bedeutet, dass Sie über einen Klick direkt zum betreffenden Teil des Quellcodes im Editor geleitet werden.

Wählen Sie im linken Teil des Werkzeugfensters einen Test aus, werden Sie im Editorfenster direkt zum Quellcode dieses Tests weitergeleitet.

auto-test   Sie haben die Möglichkeit, in Ihrer Karma-Konfiguration anzugeben, dass die Tests automatisch ausgeführt werden sollen, sobald Sie an Ihren Dateien etwas ändern. Dieses Feature wird in dieser Form nicht von WebStorm unterstützt. Möchten Sie sich nicht selbst darum kümmern, Ihre Tests auszuführen, können Sie allerdings auf ein WebStorm-Feature zurückgreifen, das Ihnen die automatische Ausführung erlaubt. Dieses Feature trägt den Namen auto-test und ist als Icon im Run-Werkzeugfenster zu finden. Über das zweite Icon auf der linken Seite können Sie das auto-test-Feature an- beziehungsweise abschalten. Sobald Sie dieses Feature aktiviert haben, werden Ihre Tests zehn Sekunden nach jedem Speichervorgang automatisch ausgeführt, ohne dass eine Interaktion von Ihrer Seite erforderlich ist. Die Ergebnisse der Testläufe werden wie gewohnt im Run-Werkzeugfenster dargestellt.

In diesem Abschnitt haben Sie gesehen, dass Sie durch das Karma-Plug-in für WebStorm eine Verbesserung in Ihrer Arbeit erhalten, da Sie nicht für die Ausführung Ihrer Tests aus Ihrer Entwicklungsumgebung herauswechseln müssen. Außerdem können Sie die Tests automatisch bei jedem Speichervorgang ausführen lassen. Ähnliche Möglichkeiten wie in WebStorm stehen Ihnen auch in anderen Entwicklungsumgebungen zur Verfügung.

Mittlerweile haben Sie viel über den Workflow der testgetriebenen Entwicklung erfahren. Im Folgenden lernen Sie ein Werkzeug und eine Metrik kennen, die Ihnen hilft, den Überblick über Ihren Quellcode zu behalten.

10.2 Code Coverage

Gehen Sie strikt testgetrieben vor, ist die Wahrscheinlichkeit, dass Zeilen in Ihrem Quellcode ungetestet bleiben, relativ gering. In der Realität ist es jedoch häufig der Fall, dass Sie ab und zu die testgetriebene Entwicklung nicht konsequent über die gesamte Entwicklungszeit Ihrer Applikation verfolgen. Dies kann aus verschiedenen Gründen passieren. Implementieren Sie beispielsweise ein Feature Ihrer Applikation lediglich als Prototyp, werden Sie dafür wahrscheinlich nur wenige oder gar keine Tests schreiben. Auch wenn Zeitdruck in der Entwicklung herrscht, lässt man sich nur allzu gern dazu verführen, die Tests zu einem späteren Zeitpunkt – also nie – zu erstellen.

Finden Sie sich jetzt also in einer derartigen Situation wieder, in der Sie nicht wissen, welche Teile Ihrer Applikation durch Tests abgedeckt sind und welche nicht, benötigen Sie ein Tool, das Ihnen hier weiterhilft. Die Metrik, auf die Sie in diesem Fall zurückgreifen sollten, trägt den Namen Code Coverage und existiert bereits seit langer Zeit.

Die Code Coverage (zu Deutsch: Code-Abdeckung) bezeichnet den Anteil des Quellcodes, der durch Tests abgedeckt ist. Diese Metrik gehört in vielen anderen Sprachen wie Java oder PHP schon seit Langem zum guten Ton und ist dort aus der Qualitätssicherung kaum wegzudenken.

Glücklicherweise gibt es auch in JavaScript Werkzeuge, die Ihnen diese Metrik erstellen. In diesem Kapitel wird die Code Coverage für Karma näher behandelt. Sollten Sie einen anderen Test-Runner verwenden, empfehle ich Ihnen die Recherche in der Online-Dokumentation Ihres Tools für weitere Informationen.

10.2.1 Installation des Coverage-Plug-ins

Karma ist modular aufgebaut, also ist auch die Unterstützung zur Messung der Code Coverage kein fester Bestandteil von Karma, sondern muss nachträglich eingefügt werden. Die Installation erfolgt wie gewohnt über den NPM. Mit dem Kommando `npm install karma-coverage` installieren Sie das Coverage-Plug-in lokal für Ihr Projekt. Optional können Sie die Option `--save-dev` angeben, um karma-coverage als DevDependency in die `package.json`-Datei Ihres Projekts einzutragen.

Nach erfolgter Installation des Plug-ins müssen Sie die Konfiguration Ihres Projekts anpassen, damit ein Coverage-Report generiert wird.

10.2.2 Konfiguration des Coverage-Plug-ins

Die Steuerung des Coverage-Plug-ins von Karma findet wie auch die übrige Konfiguration in der Datei `karma.conf.js`, also der zentralen Konfigurationsdatei, statt. Listing 10–1 zeigt Ihnen die angepasste Konfiguration.

Listing 10–1
Konfiguration mit
Coverage

```
module.exports = function (config) {
    config.set({
        frameworks: ['jasmine'],
        files: [
            'src/*.js',
            'spec/*.js'
        ],
        preprocessors: {
            'src/*.js': ['coverage']
        },
        reporters: ['progress', 'coverage'],
        coverageReporter: {
            type: 'html',
            dir: 'coverage/'
        },
        browsers: ['Chrome']
    });
};
```

Bei der Konfiguration der Code Coverage für Karma sind drei Stellen in der Konfigurationsdatei von Bedeutung. Zunächst müssen Sie den coverage-Preprocessor konfigurieren. Mit der Angabe, die Sie unter dem Punkt *preprocessors* sehen, legen Sie fest, dass für sämtliche Dateien unter src, die auf .js enden, der coverage-Preprocessor verwendet werden soll. Danach binden Sie den coverage-Reporter ein, damit Sie eine Ausgabe erzeugen können. Der coverage-Reporter wird zusätzlich zum bestehenden progress-Reporter eingebunden. Der progress-Reporter ist der Standardreporter, der eine Ausgabe auf der Kommandozeile erzeugt. Schließlich müssen Sie den coverage-Reporter noch konfigurieren. Unter dem Punkt *coverageReporter* geben Sie den Typ der Ausgabe, in diesem Fall html, und das Zielverzeichnis, im Beispiel ist das der Ordner coverage, an. Beim nächsten Testlauf wird dann von Karma der Coverage-Report im Verzeichnis coverage erstellt.

10.2.3   Der Coverage-Report

Der Kern des Coverage-Reports ist die Datei index.html. Öffnen Sie diese Datei im Browser, erhalten Sie eine Darstellung wie in Abbildung 10–2.

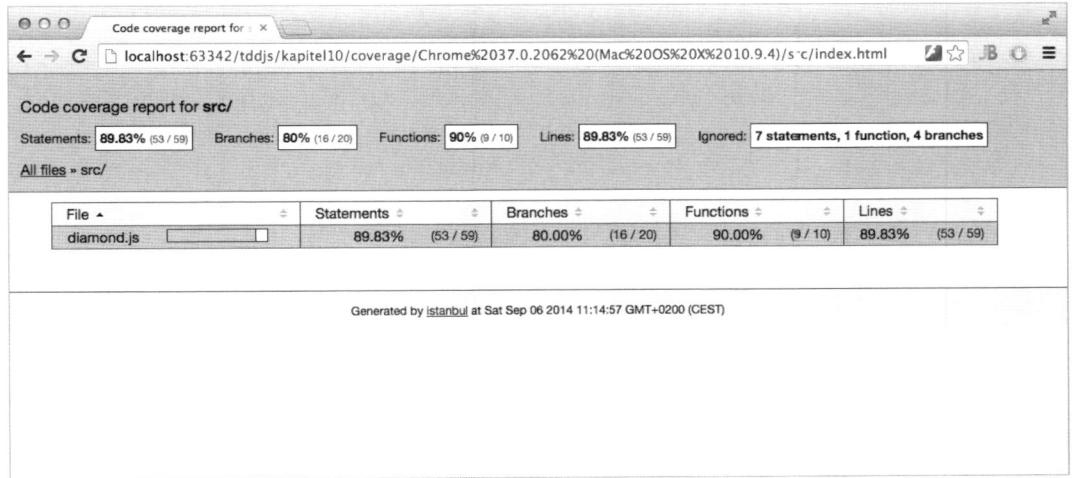

Abb. 10–2
Coverage-Report

Im Coverage-Report erhalten Sie für sämtliche Quellcode-Dateien eine Übersicht, welche Zeilen getestet sind und welche nicht. Ausgehend vom Basisverzeichnis können Sie sich durch die gesamte Verzeichnisstruktur Ihrer Applikation bewegen. In der Übersicht sehen Sie außerdem, welcher Anteil Ihrer Applikation durch Tests abgesichert ist.

Statement Coverage

Die wichtigste Maßzahl des Karma-Coverage-Plug-ins ist die Statement Coverage. Sie gibt an, wie viele der Statements im Quellcode von Tests abgesichert werden. Dabei geht diese Metrik nicht nur auf die Zeilen des Quellcodes, sondern wirklich auf Statement-Ebene. Das bedeutet, dass das Plug-in auch zwischen mehreren Statements auf einer Zeile differenziert und Sie so nicht die Möglichkeit haben, die Metrik zu überlisten.

Branch Coverage

Neben der Statement-Coverage können Sie außerdem auf die Branch Coverage zurückgreifen. Die Branch Coverage bezeichnet die Abdeckung der möglichen Wege in der Software. Ein if-else-Statement bedeutet beispielsweise zwei Branches.

Function und Line Coverage

Zu diesen Metriken kommen noch die Function und die Line Coverage. Beide Metriken sind weitestgehend selbsterklärend. Die Function Coverage gibt an, wie viele Funktionen der Applikation durch Tests abgesichert sind. Die Line Coverage beschreibt im Gegensatz zur Statement Coverage nur, welcher Anteil der Zeilen der Applikation abgesichert sind.

10.2.4 WebStorm und Code Coverage

Da das Karma-Coverage-Plug-in eine HTML-Ausgabe erzeugt, ist es erforderlich, dass Sie zur Anzeige der Metriken aus Ihrer Entwicklungsumgebung heraus in den Browser wechseln. Dieser Aspekt weist gleich mehrere Nachteile auf. Zunächst haben Sie den störenden Wechsel in eine andere Applikation. Das ist so lange kein Problem, wie Sie die Metrik nicht häufig benötigen.

Eine größere Schwierigkeit stellt die Tatsache dar, dass Sie die HTML-Repräsentation Ihres Quellcodes nicht editieren können. Wollen Sie beispielsweise eine ungetestete Zeile löschen, weil sie nicht weiter benötigt wird, einen Kommentar einfügen oder sonstige Anpassungen am Quellcode vornehmen, ist das nicht möglich. Hierzu müssen Sie von der Anzeige des Coverage-Reports wieder zurück in Ihre Entwicklungsumgebung wechseln.

Die Option Run with Coverage

Abhilfe für diese Probleme schafft ein weiteres Feature von WebStorm. Öffnen Sie das Kontextmenü für die karma.conf.js-Datei, können Sie neben der Option *run* auch *run with Coverage* auswählen. In diesem Fall wird ebenfalls die Code Coverage aufgezeichnet, jedoch nicht in Form von HTML-Dateien, sondern direkt in der Entwicklungsumgebung. Abbildung 10–3 zeigt Ihnen das Resultat.

Im rechten Teil des Fensters sehen Sie eine Übersicht der Dateien und Verzeichnisse Ihres Projekts mit statistischen Daten zur Testabdeckung. So sind in diesem Beispiel 100 Prozent der Dateien im src-Verzeichnis abgesichert, allerdings nur 86 Prozent der Zeilen des Quellcodes.

Viel wichtiger als die Statistik sind die eher unauffälligen Marker im Editorfenster. Jede Zeile ist am Zeilenanfang neben der Zeilennummer entweder mit einem grünen oder roten Marker versehen. Grün bedeutet, dass diese Zeile getestet ist. Rot steht für eine nicht getestete Zeile.

Mit dieser Darstellung ist es Ihnen nun möglich, direkt mit der Code Coverage zu arbeiten und Ihren Quellcode entsprechend zu editieren, ohne dass Sie aus Ihrer Entwicklungsumgebung herauswechseln müssen.

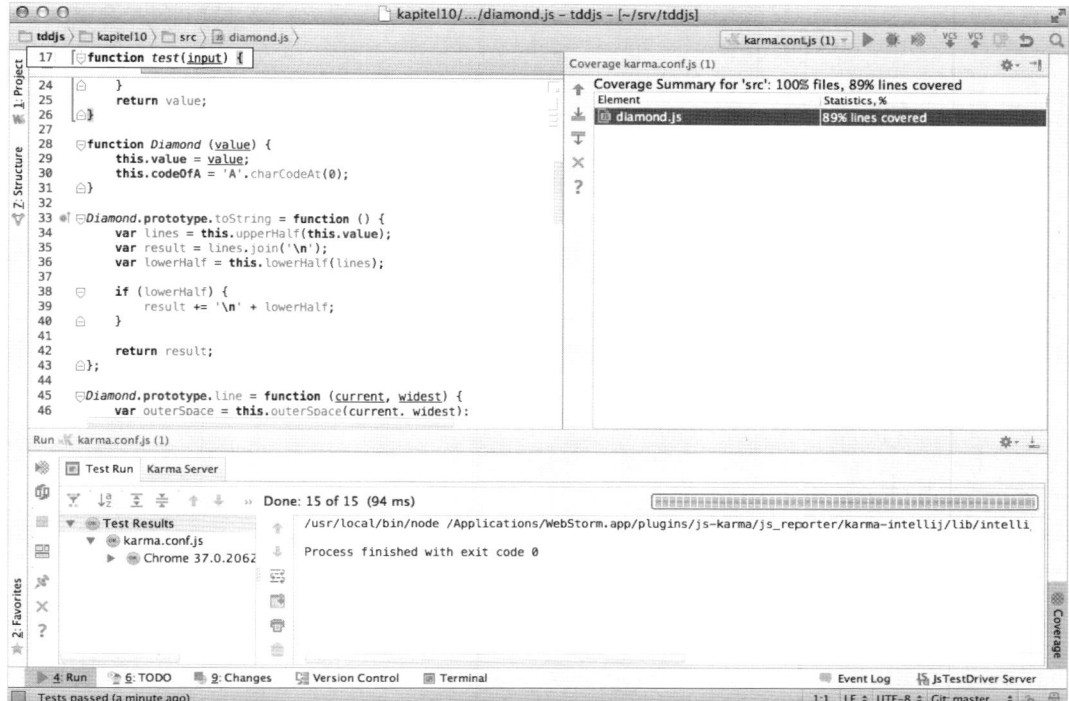

Abb. 10–3

WebStorm Code Coverage

10.2.5 Ignorieren von Quellcode

Beschäftigt man sich mit der Code-Coverage-Metrik, gelangt man schnell zur Frage, ob eine hundertprozentige Abdeckung des Quellcodes einer Applikation sinnvoll ist. Diese Frage ist recht einfach zu beantworten: Nein, es ist weder sinnvoll noch erstrebenswert, die 100 Prozent zu erreichen. Das Ziel bei der Erstellung von Tests ist es, die Teile des Quellcodes zu testen, die potenziell kaputtgehen können. Es ist natürlich kaum möglich vorherzusagen, ob eine bestimmte Funktion Fehler enthält oder nicht. In diesem Fall sollten Sie lieber einen Test zu viel als zu wenig erstellen.

Setter- und Getter-Methoden nicht testen

Bei der testgetriebenen Entwicklung erreichen Sie natürlich einen sehr hohen Coverage-Wert. Aber auch hier sollten Sie darauf achten, dass Sie nur sinnvolle Tests schreiben. Ein Klassiker ist die Diskussion, ob Setter- und Getter-Methoden getestet werden müssen oder nicht. Weist eine solche Zugriffsfunktion keine weitere Logik auf, kann sie getrost ungetestet bleiben.

Wissen Sie allerdings von ganzen Dateien, die Sie bewusst nicht testen, weil sie beispielsweise von Drittanbietern zur Verfügung gestellt sind oder aus anderen Gründen, können Sie diese von der Code Coverage ausnehmen. Der Ausschluss dieser Dateien ist sehr einfach zu erreichen, indem Sie sie nicht in die preprocessor-Konfiguration in Ihrer Konfigurationsdatei aufnehmen.

Istanbul

Interessanter wird die Situation, wenn es darum geht, einzelne Statements, Blöcke oder Funktionen auszuschließen. Um zu verstehen, wie der Ausschluss funktioniert, müssen Sie wissen, dass das Karma-Coverage-Plug-in auf Istanbul, einem JavaScript-Code-Coverage-Tool, aufbaut. Dieses Werkzeug sammelt die Informationen über Statement-, Branch-, Funktions- und Zeilen-Coverage.

Über Annotationen im Quellcode können Sie bestimmte Teile von der Erhebung der Metrik ausschließen. Listing 10–2 enthält Beispiele für solche Excludes.

Listing 10–2
Quellcode in der
Coverage ignorieren

```
/* istanbul ignore next */
function toBeExcluded() {
    return ‚do something';
}

/* istanbul ignore if */
if (true) {
    // this will be excluded
} else {
    // this will not be excluded
}
```

Mit der Angabe istanbul ignore next ignorieren Sie das auf den Kommentar folgende Statement. Dies kann jedes gültige JavaScript-Statement von einer Funktionsdefinition bis zu einer einfachen Zuweisung sein. Mit diesem Kommentar können Sie eigentlich alle relevanten Fälle bereits abdecken. Mit dem spezifischeren istanbul ignore if beziehungsweise else können Sie bestimmte Zweige in einem if-else-Konstrukt von der Coverage ausnehmen.

Grundsätzlich handelt es sich beim Ignorieren von Code Coverage lediglich um Kosmetik. Daher sollten Sie sich weniger mit dem Ignorieren einzelner Codezeilen beschäftigen, sondern vielmehr damit zu akzeptieren, dass eine hundertprozentige Coverage nicht erstrebenswert ist.

10.2.6   Nachteile der Code Coverage

Es gibt noch einen weiteren Grund, wegen dem die Code-Coverage-Metrik mit Vorsicht zu genießen ist. Eine Coverage von 100 Prozent ist trügerisch. Suggeriert sie doch, dass der gesamte Quellcode getestet ist. Das gilt sowohl für Dateien, aber auch für einzelne Funktionen. Die Abhängigkeit innerhalb einer Funktion wird aber nicht betrachtet. Der Quellcode in Listing 10–3 verdeutlicht diesen Sachverhalt.

```
function test(input) {
    var value = 1;
    if (input < 10) {
        value = 2;
    }
    if (input % 2 === 0) {
        value *= input;
    }
    return value;
}
```

Listing 10–3
Coverage von 100 Prozent

Die Funktion aus Listing 10–3 ist ein Beispiel, wie trotz einer Code Coverage von 100 Prozent nicht sämtliche Aspekte einer Funktion abgedeckt sind. Das gilt nicht nur für alle möglichen Werte des Wertebereichs, sondern auch für bestimmte Kombinationen innerhalb der Funktionslogik. Sie können diese Funktion mit einem Eingabewert von 9 testen. Damit hätten Sie das erste if-Statement überprüft. Ein weiterer Test mit einem Eingabewert von beispielsweise 20 sichert das zweite if ab. Mit diesen beiden Tests haben Sie eine Coverage von 100 Prozent erreicht – sämtliche Zeilen, Statements und Branches wurden durchlaufen. Eine Kombination aus beiden if-Statements, wie es beispielsweise mit einem Eingabewert von 8 erreicht werden kann, ist allerdings nicht abgedeckt.

In dieser Beispielfunktion stellt die fehlende Absicherung aller Möglichkeiten keine Schwierigkeit dar. Gehen Sie allerdings von umfangreicherer Logik aus, kann diese Situation sehr wohl zum Problem werden, da sich in solchen Kombinationen leicht Bugs verbergen können.

Die nächsten Abschnitte dieses Kapitels beschäftigen sich mit der Automatisierung von Tests abseits der Entwicklungsumgebung.

10.3 Grunt und Gulp

Grunt und Gulp sind sogenannte Task Runner auf JavaScript-Basis. Das bedeutet, dass es sich hierbei um Applikationen handelt, die zur Ausführung von Aufgaben eingesetzt werden. Als Aufgabe eignet sich alles, was mehrmals während des Entwicklungs- oder Release-Prozesses ausgeführt werden muss. Beispiele sind die Überprüfung des Quellcodes auf Syntaxfehler und Antipatterns mit Werkzeugen wie jslint, jshint oder eslint. Andere Beispiele für Aufgaben sind das Bauen und Komprimieren einer Applikation oder eben das Testen.

10.3.1 Installation von Grunt

Grunt ist ein Werkzeug, das auf Node.js basiert. Dadurch gestaltet sich die Installation sehr einfach. Haben Sie Karma installiert, haben Sie als Abhängigkeit Node.js ohnehin auf Ihrem System eingerichtet.

Grunt besteht aus zwei Komponenten. Der erste Teil, die grunt-cli, muss global mit dem Befehl

```
npm install –g grunt-cli
```

installiert werden. Mit dieser Komponente können Sie auf Ihrem System den Befehl grunt auf der Kommandozeile absetzen. Der eigentliche Task Runner ist dadurch allerdings noch nicht installiert. Mit dem Kommando

```
npm install grunt
```

installieren Sie den Task Runner lokal für Ihre Applikation.

Führen Sie nun auf der Kommandozeile den Befehl

```
grunt
```

aus, sucht die grunt-cli nach einer lokalen Installation von Grunt und führt den Task Runner mit der Konfiguration, die in einer Datei mit dem Namen Gruntfile.js liegt, aus.

Die Konfiguration von Grunt findet komplett in der Gruntfile.js-Datei statt. Das Format dieser Datei ist reines JavaScript. Das bedeutet, dass Sie bei der Konfiguration von Grunt auf den kompletten Befehlssatz von JavaScript und Node.js zurückgreifen können. Listing 10–4 zeigt Ihnen den grundsätzlichen Aufbau einer Gruntfile.js-Datei.

Listing 10–4
Gerüst einer
Gruntfile.js-Datei

```
module.exports = function(grunt) {
    grunt.initConfig({});

    grunt.loadNpmTasks();

    grunt.registerTask('default', []);
};
```

Das module.exports ist erforderlich, weil Grunt in Node.js implementiert ist und auch das Modulsystem von Node.js verwendet. Die drei wichtigsten Teile der Gruntfile sind der Aufruf der initConfig-Methode, mit der Sie die eigentliche Konfiguration durchführen. Über loadNpmTasks können Sie verschiedene Tasks laden, mit denen Sie die einzelnen Aufgaben erledigen. Die registerTask-Methode bietet Ihnen schließlich die Möglichkeit, mehrere Tasks unter einem Namen zu bündeln.

Ausgestattet mit diesem Grundwissen, können Sie nun dazu übergehen, Ihre Tests mit Karma und Grunt zu automatisieren.

10.3.2   Testen mit Grunt

Ihre Tests mit Grunt zu automatisieren, erfordert relativ wenig zusätzlichen Aufwand. Wie im vorangegangenen Abschnitt beschrieben, müssen Sie die grunt-cli und grunt selbst installieren. Danach müssen Sie das Grunt-Karma-Plug-in, also die Schnittstelle zwischen Grunt und Karma, installieren. Dies geschieht mit dem Kommando npm install grunt-karma.

Sobald die Installation abgeschlossen ist, können Sie das Plug-in in Ihrer Gruntfile laden. Dies erfolgt mit dem Methodenaufruf grunt.loadNpmTasks('grunt-karma');. Danach fügen Sie einen Verweis auf die Konfigurationsdatei von Karma ein und integrieren Sie Ihre Unit-Tests in den Default-Task. Als Resultat können Sie im Verzeichnis mit der Gruntfile das Kommando grunt ausführen und Ihre Unit-Tests werden aktiviert.

Listing 10–5 zeigt Ihnen die komplette Konfigurationsdatei.

```
module.exports = function (grunt) {
    grunt.initConfig({
        karma: {
            unit: {
                configFile: 'karma.conf.js',
                singleRun: true
            }
        }
    });

    grunt.loadNpmTasks('grunt-karma');

    grunt.registerTask('default', ['karma:unit']);
};
```

Listing 10–5
Gruntfile mit Karma-Tests

Die hier gezeigte Konfiguration stellt den denkbar einfachsten Fall dar. Sie haben zusätzlich die Möglichkeit, Optionen, die Sie in der Konfigurationsdatei angegeben haben, in der Gruntfile zu überschreiben. So können Sie beispielsweise den Port des Karma-Servers ändern oder eine neue Liste von Browsern angeben.

Nach diesen Schritten können Sie nun endlich Ihre Tests ausführen lassen. Das funktioniert ganz einfach, indem Sie auf der Kommandozeile im Verzeichnis, in dem die Gruntfile-Datei liegt, den Befehl grunt ausführen. Das Resultat sehen Sie in Abbildung 10–4.

Grunt ist jedoch nicht der einzige Task Runner, den es für JavaScript-Projekte gibt. Im Folgenden wird Ihnen Gulp als Alternative zu Grunt vorgestellt.

Abb. 10–4
Ausführung der Tests
mit Grunt

```
sebastians-mbp:kapitel10 sspringer$ grunt
Running "karma:unit" (karma) task
INFO [karma]: Karma v0.12.23 server started at http://localhost:9876/
INFO [launcher]: Starting browser Chrome
INFO [Chrome 37.0.2062 (Mac OS X 10.9.4)]: Connected on socket 59jWWZJHRhoXmrBZXsGo with id 31199274
Chrome 37.0.2062 (Mac OS X 10.9.4): Executed 15 of 15 SUCCESS (0.018 secs / 0.013 secs)

Done, without errors.
sebastians-mbp:kapitel10 sspringer$
```

10.3.3   Installation von Gulp

Im Vergleich zu Grunt ist der Task Runner Gulp jünger und weniger weit verbreitet. Auch die Herangehensweise ist eine komplett andere. Wo Sie bei Grunt einfach Ihre Konfiguration erstellt haben, programmieren Sie bei Gulp mehr, als Sie konfigurieren. Außerdem betrachtet Gulp alle Vorgänge als Datenströme.

Gemeinsam haben beide Task Runner die Basis, nämlich Node.js. Und so installieren Sie auch Gulp über den Node Package Manager. Damit Sie Gulp einsetzen können, müssen Sie zunächst die globale Komponente installieren, die Ihnen das Kommandozeilenwerkzeug auf Ihrem System zur Verfügung stellt. Dies geschieht über den Befehl

```
npm install –g gulp
```

Diese Komponente ist jedoch nur eine Hälfte. Für eine funktionsfähige Installation müssen Sie Gulp auch noch lokal in Ihrer Applikation mit dem Befehl

```
npm install gulp
```

installieren.

Danach können Sie Gulp für Ihre Applikation verwenden. Konfiguriert wird Gulp über eine Datei mit dem Namen gulpfile.js. Wie die Dateiendung vermuten lässt, handelt es sich bei dieser Datei um eine JavaScript-Datei, bei der Sie auf den gesamten Umfang von Node.js zurückgreifen können. Ein Beispiel für den Einsatz dieser Möglichkeiten ist die Auslagerung einzelner Aufgabenkonfigurationen in separate Dateien, die dann durch das Node.js-Modulsystem eingebunden werden können.

In Listing 10–6 sehen Sie, wie eine solche `gulpfile.js`-Datei aufgebaut wird.

```
var gulp = require('gulp');
gulp.task(‚myTask', function() {
    return gulp.src(‚js/*.js')
        .pipe()
});
```

Listing 10–6
*Beispiel einer
gulpfile.js-Datei*

Bevor Sie mit der Konfiguration beginnen, müssen Sie Gulp selbst durch `require('gulp')` einbinden. Das daraus entstehende Objekt stellt Ihnen eine Reihe von Methoden zur Verfügung, mit denen Sie Ihre Konfiguration erstellen können.

Einen neuen Task definieren Sie über den Aufruf der `task`-Methode. Das erste Argument ist der Name des Tasks, das zweite die Callback-Funktion, in der der Task definiert wird.

Mit der `src`-Methode geben Sie die Dateien an, die Sie in eine Pipe schicken möchten, um sie zu bearbeiten. Wie in Unix-Systemen üblich, können Sie auch hier mehrere Aufgaben miteinander verketten und so hintereinander ausführen lassen. Diese Pipes erstellen Sie mit der `pipe`-Methode, die wiederum eine Callback-Funktion als Argument akzeptiert. Mithilfe einer solchen Callback-Funktion können Sie auch Ihre Unit-Tests ausführen lassen. Wie das genau funktioniert, erklärt Ihnen der nun folgende Abschnitt.

10.3.4   Testen mit Gulp

Gulp baut auf eine ähnliche Struktur auf wie Grunt. Für die verschiedenen Aufgaben existieren Plug-ins, die sich per npm installieren lassen. Wollen Sie jetzt Ihre Tests mit Gulp automatisieren, müssen Sie zunächst das passende Plug-in installieren. Es trägt den Namen gulp-karma und lässt sich mit dem Kommando `npm install gulp-karma` installieren.

Nach der Installation können Sie Gulp konfigurieren. In Listing 10–7 finden Sie die entsprechende Konfigurationsdatei.

```
var gulp = require('gulp');
var karma = require('gulp-karma');

var testFiles = [
    'src/*.js',
    'spec/*.js'
];
```

Listing 10–7
*gulpfile.js für die
Ausführung der Tests*

```
gulp.task('myTask', function() {
    return gulp.src(testFiles)
        .pipe(karma({
            configFile: 'karma.conf.js',
            action: 'run',
            port: 9999
        }));
});
```

Im einfachsten Fall binden Sie gulp-karma per require in Ihre Konfiguration ein und rufen die Funktion karma als Callback-Funktion in der pipe-Methode auf. Grundsätzlich reichen hier zwei Konfigurationsoptionen, nämlich die Konfigurationsdatei, in diesem Fall karma.conf.js, und die action, also was getan werden soll. Im Beispiel kommt die action run zum Einsatz. Diese bewirkt, dass die Tests einfach ausgeführt werden sollen. Alternativ können Sie die action watch nutzen, um die Tests bei Änderungen am Quellcode automatisch auszuführen. Zusätzlich können Sie alle gültigen Karma-Konfigurationsoptionen angeben, die dann die Optionen aus der Karma-Konfigurationsdatei überschreiben. In Listing 10–7 sehen Sie dies anhand der port-Option, die vom Standardwert 9876 auf den Wert 9999 geändert wird.

Die Ausführung der Tests ist dann ähnlich wie auch schon bei Grunt. Sie geben einfach den Befehl gulp myTask auf der Kommandozeile im Verzeichnis der gulpfile.js-Datei ein. Dadurch werden alle Pipe-Funktionen aufgerufen, die diesem Task zugeordnet sind. Noch einfacher wird die Situation, wenn Sie einen Default-Task einführen. Hierzu müssen Sie lediglich die Zeile gulp.task('default', ['myTask']); in Ihre gulpfile aufnehmen. Dann müssen Sie nicht den Tasknamen bei der Ausführung angeben, sondern lediglich gulp im richtigen Verzeichnis aufrufen. Gulp sucht dann in der gulpfile.js-Datei nach dem Default-Task und führt ihn aus.

Wie das Ergebnis einer solchen Ausführung aussieht, sehen Sie in Abbildung 10–5.

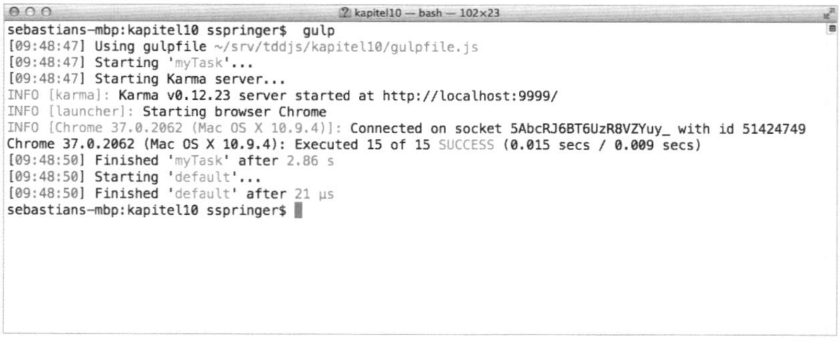

Abb. 10–5

Resultat eines Gulp-Laufs

```
sebastians-mbp:kapitel10 sspringer$  gulp
[09:48:47] Using gulpfile ~/srv/tddjs/kapitel10/gulpfile.js
[09:48:47] Starting 'myTask'...
[09:48:47] Starting Karma server...
INFO [karma]: Karma v0.12.23 server started at http://localhost:9999/
INFO [launcher]: Starting browser Chrome
INFO [Chrome 37.0.2062 (Mac OS X 10.9.4)]: Connected on socket 5AbcRJ6BT6UzR8VZYuy_ with id 51424749
Chrome 37.0.2062 (Mac OS X 10.9.4): Executed 15 of 15 SUCCESS (0.015 secs / 0.009 secs)
[09:48:50] Finished 'myTask' after 2.86 s
[09:48:50] Starting 'default'...
[09:48:50] Finished 'default' after 21 µs
sebastians-mbp:kapitel10 sspringer$ 
```

Gulp, aber auch Grunt bieten Ihnen die Möglichkeit, regelmäßig anfallende Aufgaben im JavaScript-Kontext automatisiert zu lösen. Sie sind jedoch nicht darauf beschränkt, Ihre Tests und andere Aufgaben nur mit diesen Werkzeugen zu automatisieren. Stattdessen können Sie auch andere Plattformen zur Automatisierung wie beispielsweise Jenkins nutzen. Die wichtigste Voraussetzung zur Integration von Werkzeugen in eine Continuous-Integration-Plattform wie Jenkins ist es, dass die Werkzeuge über die Kommandozeile ausführbar sind und eine standardkonforme Ausgabe erzeugen.

Eine standardkonforme Ausgabe ist im einfachsten Fall eine HTML-Datei, wie Sie sie aus dem Coverage-Report kennen. Für Unit-Tests bedeutet das, dass Sie eine xUnit-konforme Ausgabe erzeugen sollten, die Sie dann problemlos weiterverwenden können.

10.4 Zusammenfassung

In diesem Kapitel haben Sie einige Werkzeuge kennengelernt, die Sie einsetzen können, um komfortabler Tests zu erstellen und auszuführen.

Vom Einsatz in der Entwicklungsumgebung, um lästige Wechsel zwischen Applikationen zu vermeiden, über die Metrik der Code Coverage bis hin zu Tools zur Automatisierung von Testläufen können Sie alles konfigurieren und in Ihren Alltag integrieren.

Das Problem bei Routineaufgaben wie der Ausführung von Tests ist immer, dass sich bei derartigen Aufgaben leicht Flüchtigkeitsfehler einschleichen. Aus diesem Grund sollten Sie sämtliche wiederkehrende Aufgaben so gut wie möglich automatisieren, damit Sie sich auf Ihre eigentliche Arbeit, das Lösen von Problemen durch Software, konzentrieren können.

Stichwortverzeichnis

MAS Management
und Software
GmbH
Irschenhauser Str. 16
81379 München

Philipp Tarasiewicz ·
Robin Böhm

AngularJS

Eine praktische Einführung in das JavaScript-Framework

AngularJS ist derzeit der neue Star am Himmel der JavaScript-MVC-Frameworks. Mit ihm können Sie auf effiziente Weise moderne clientseitige Webapplikationen erstellen.

Dieses Buch führt Sie anhand eines Beispielprojekts schrittweise an die Entwicklung mit AngularJS heran. Dabei lernen Sie die grundlegenden Konzepte kennen und können darauf aufbauend strukturierte, modularisierte und somit wartbare Applikation erstellen. Themen sind u.a. Direktiven, Zwei-Wege-Datenbindung, Dependency Injection, Routen, REST-basierte Web Services sowie Werkzeuge und Workflows mit Yo, Grunt, Bower und Karma.

Philipp Tarasiewicz · Robin Böhm

AngularJS

Eine praktische Einführung in
das JavaScript-Framework

dpunkt.verlag

2014, 354 Seiten, Broschur
€ 32,90 (D)
ISBN 978-3-86490-154-6

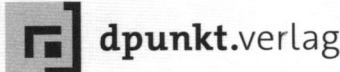

dpunkt.verlag

Wieblinger Weg 17 · 69123 Heidelberg
fon 0 62 21/14 83 40
fax 0 62 21/14 83 99
e-mail hallo@dpunkt.de
http://www.dpunkt.de